着ものリメイクのふだん着

基本型紙のアレンジで作る24の服

藤岡幸子

朝日新聞出版

CONTENTS

着ものについて

着ものリメイクを始める前に、
着もの各部の名称を覚えましょう。

◎着ものの名称

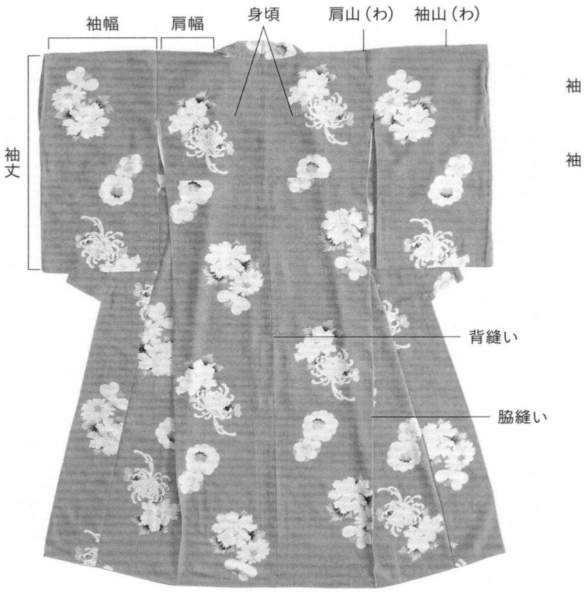

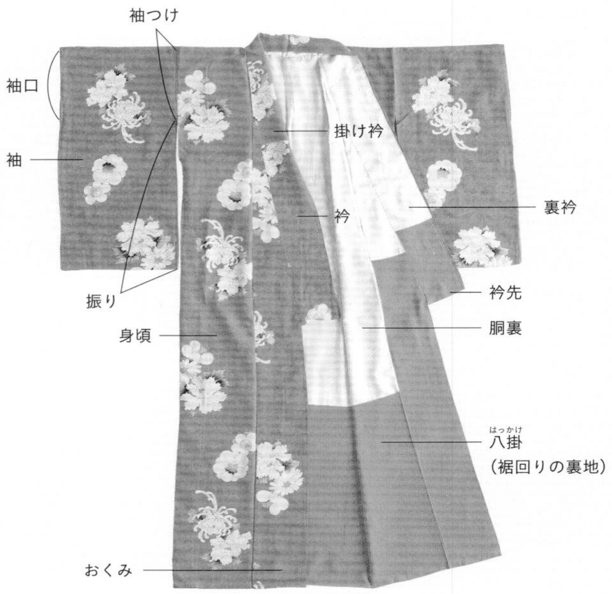

◎布幅について

- この本では着ものの反物の寸法に合わせて布幅を36cmとしています。
- 短い丈のトップスであれば、着もの１着からトップスが２枚作れます。
- ワンピースなど長めの丈の場合、見返しや衿などは着ものの袖分から裁ちます。
- 着ものの衿部分はジャンパースカートのひも、八掛は裏地や見返しなどに利用できます。

◎ほどいた寸法

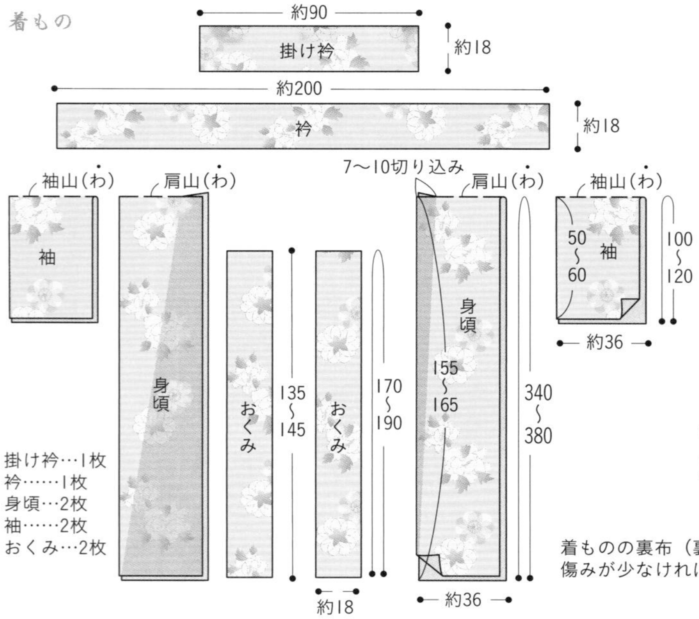

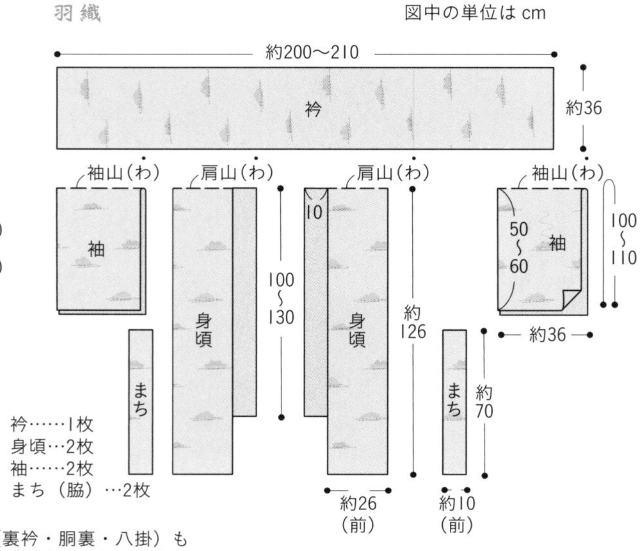

着ものの裏布（裏衿・胴裏・八掛）も
傷みが少なければ、素材として使えます。

この本の使い方

製図の記号

- 布目線
- 見返し線
- 補助線
- 接着芯
- 縫い線
- 縫い代線
- わに裁つ

- 作品のサイズはすべて、M～LのゆったりめのF（フリー）サイズです。サイズ調整をするときは、P.8の「サイズ調整の仕方」を参照して型紙を作りましょう。
- 図中の数字の単位はcmです。
- 布の裁ち方は参考例です。無地や柄に上下がない小紋や縞の場合は、布をわにして裁っても構いません。また、好きな柄の部分を選んで裁断したり、つながった柄はほどかずに仕立てる場合もあります。
- この本の型紙は、1枚の型紙を折りたたんで使うことで何種類もの洋服を作ることができます。以下を参考にして型紙を変化させて使いましょう。

P.10「基本のチュニック」の前身頃

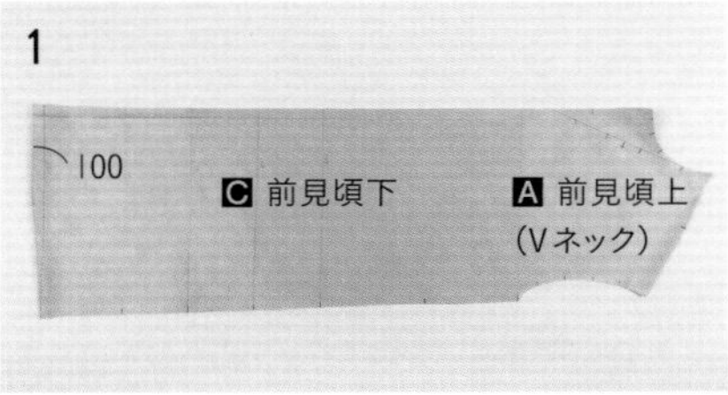
1
100
C 前見頃下
A 前見頃上
(Vネック)

とじ込み付録にハトロン紙やクラフト紙をのせて、着丈100cmの前身頃の型紙を写します。

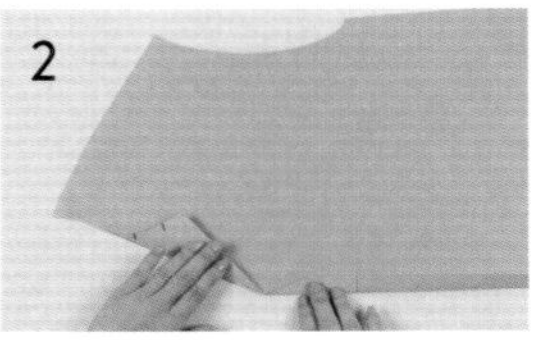
2

必要がない前端部分などを折ります。

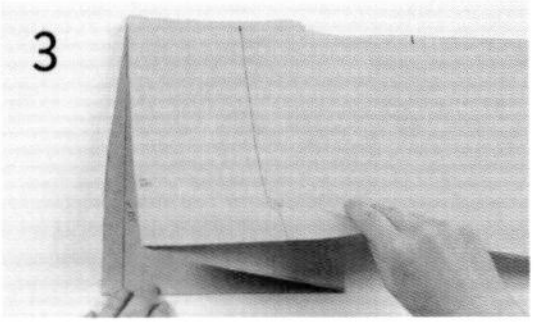
3

作りたい着丈の線（基本のチュニックは68cm）と100cmの着丈の線を合わせてZ字に折り、裾のカーブを利用します。

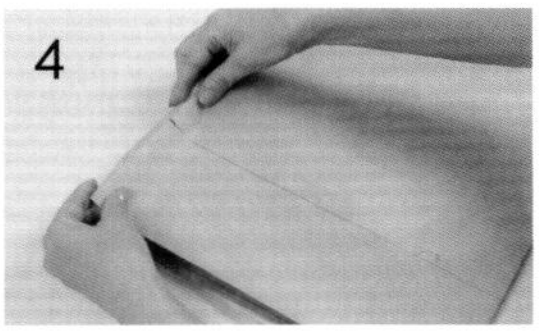
4

脇がストレートの場合はAラインの分を折り込みます。

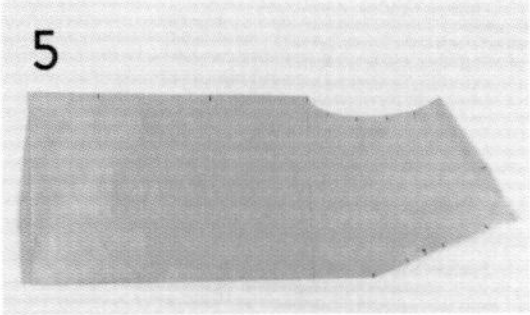
5

基本のチュニックの型紙が完成しました。B前見頃（ラウンドネック）を使用するときはBとCを貼り合わせます

「基本のチュニック」の後ろ身頃

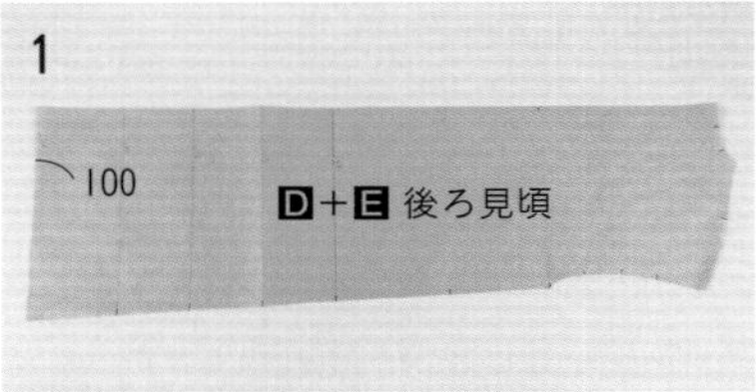
1
100
D＋E 後ろ見頃

着丈100cmの型紙を写します。

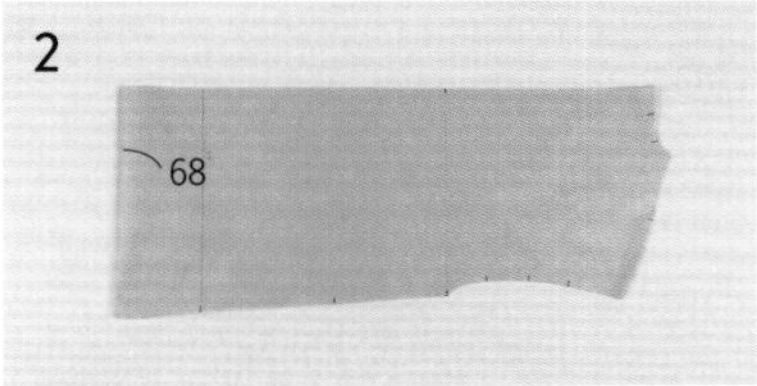
2
68

着丈68cmで折れば完成です。

裁ち方例

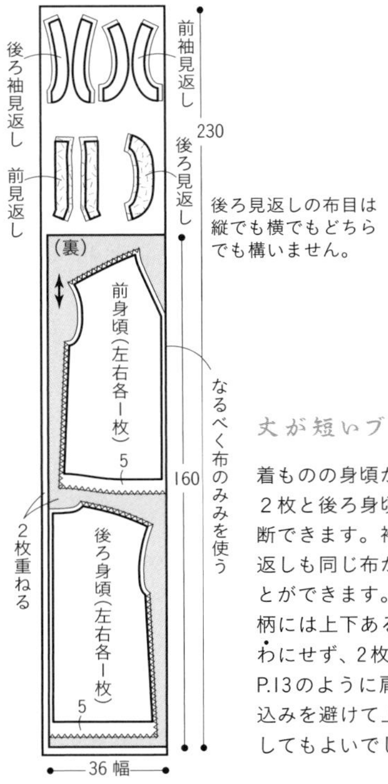
後ろ袖見返し
前袖見返し
前見返し
後ろ見返し
230
後ろ見返しの布目は縦でも横でもどちらでも構いません。
（裏）
前身頃（左右各1枚）
なるべく布のみみを使う
5
160
2枚重ねる
後ろ身頃（左右各1枚）
5
36幅

丈が短いブラウス

着ものの身頃から前身頃2枚と後ろ身頃2枚が裁断できます。衿や袖の見返しも同じ布から裁つことができます。着ものの柄には上下あるので布はわにせず、2枚重ねます。P.13のように肩山の切り込みを避けて上下に配置してもよいでしょう。

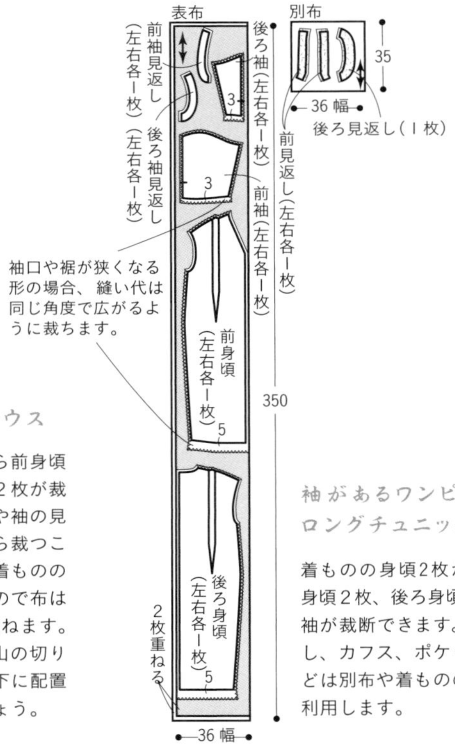
表布
別布
前袖見返し（左右各1枚）
後ろ袖（左右各1枚）
3
35
36幅
後ろ見返し（1枚）
前見返し（左右各1枚）
後ろ袖見返し（左右各1枚）
3
前袖（左右各1枚）
袖口や裾が狭くなる形の場合、縫い代は同じ角度で広がるように裁ちます。
前身頃（左右各1枚）
5
350
2枚重ねる
後ろ身頃（左右各1枚）
5
36幅

袖があるワンピースやロングチュニック

着ものの身頃2枚から前身頃2枚、後ろ身頃2枚、袖が裁断できます。見返し、カフス、ポケットなどは別布や着ものの袖を利用します。

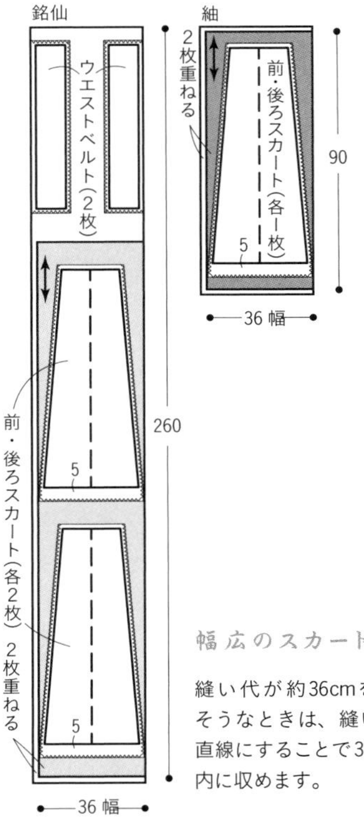
銘仙
紬
ウエストベルト（2枚）
2枚重ねる
前・後ろスカート（各1枚）
5
90
36幅
260
前・後ろスカート（各2枚）
5
2枚重ねる
5
36幅

幅広のスカート

縫い代が約36cmを越えそうなときは、縫い代を直線にすることで36cm幅内に収めます。

基本の縫い方

この本で使用する主な縫い方を紹介します。
本縫いはミシンで縫い、まつり縫いは手縫いが基本です。

直線縫い

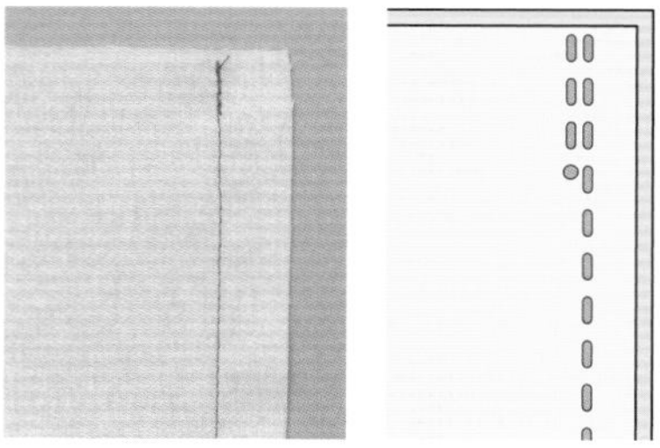

本縫いと返し縫い

あき止まりやスリットでは、印のところで返し縫いをし、縫い代は縫いません。それ以外は布端まで縫って構いません。

布端の始末

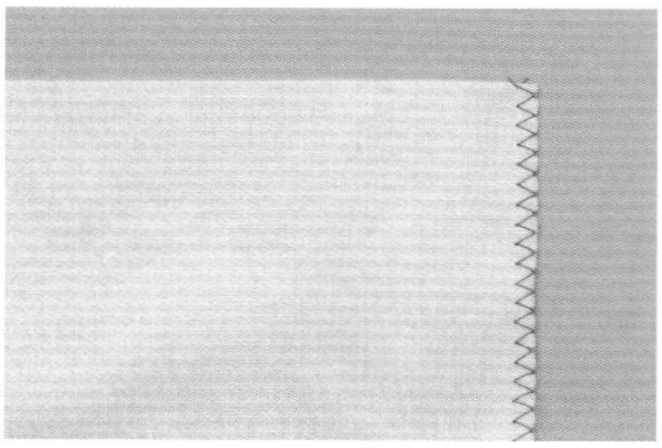

ジグザグミシン

布端は、ジグザグミシンで始末します。実際は布に近い色の糸を使うと、仕上がりがきれいです。

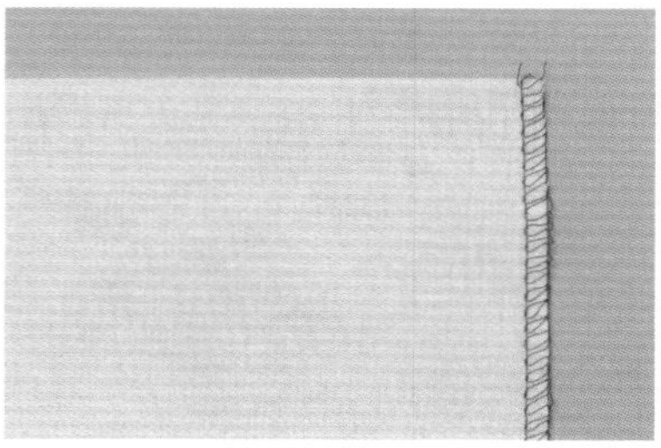

ロックミシン

この本では基本的にジグザグミシンで始末していますが、ロックミシンがあればロックミシンを使用しても構いません。

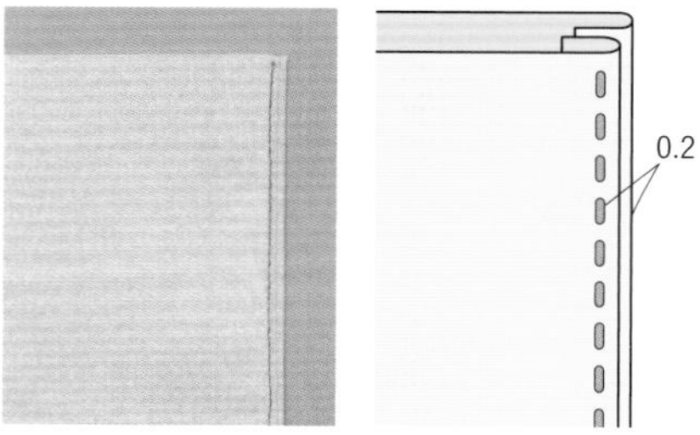

端ミシン

折り山や布端にかけるミシン。基本は0.2cmですが、薄い生地は0.1cm、厚みのある生地は0.3～0.4cmくらいの位置にかけます。

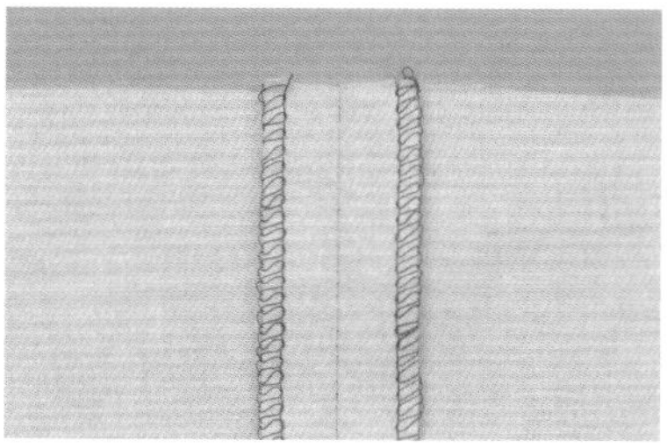

縫い代を割る

前中心や背中心、肩、脇などを縫ったあとは、基本的に縫い代を割ります。布端はあらかじめジグザグミシンかロックミシンで始末しておきましょう。

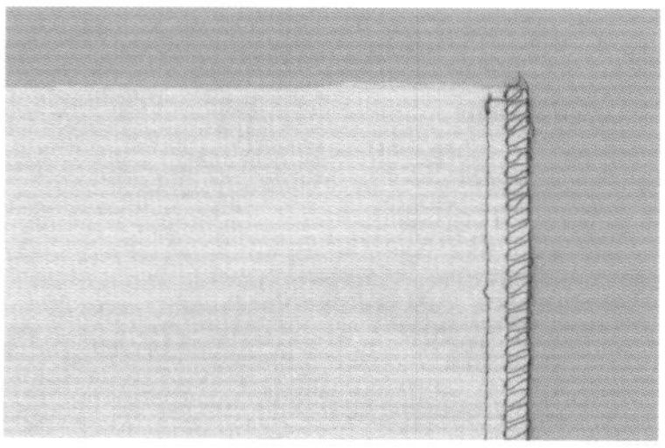

布をはぎ合わせる

布のはぎ目にステッチをする場合、２枚を縫い合わせてから布端を始末します。ジグザグミシンなら縫い代を0.7～１cmに裁ちそろえてから。

裾と衿ぐりの見返しの始末の仕方

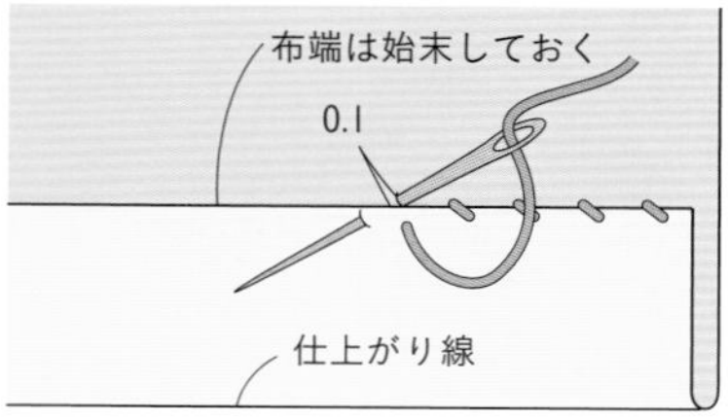

まつり縫い

裾や袖の布端はジグザグミシンやロックミシンで始末しておき、縫い代を折ってまつります。針目が表に出ないように、表布は0.1cmほどすくいます。

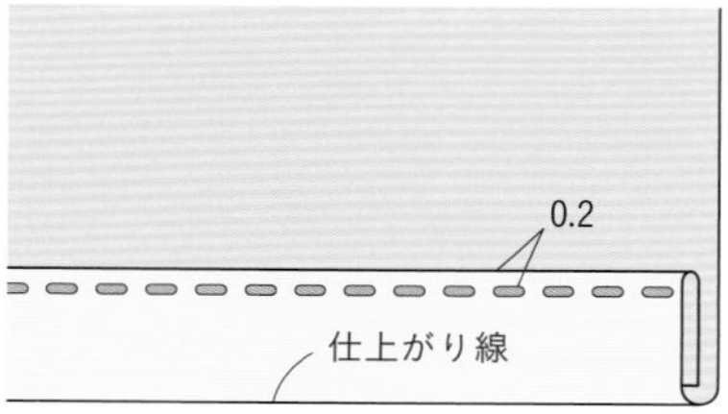

三つ折り縫い

絽などの薄い生地は三つ折りをして折り山に端ミシンをかけます。まず仕上がり線をアイロンで折り、その半分をさらに折り込むと簡単です。

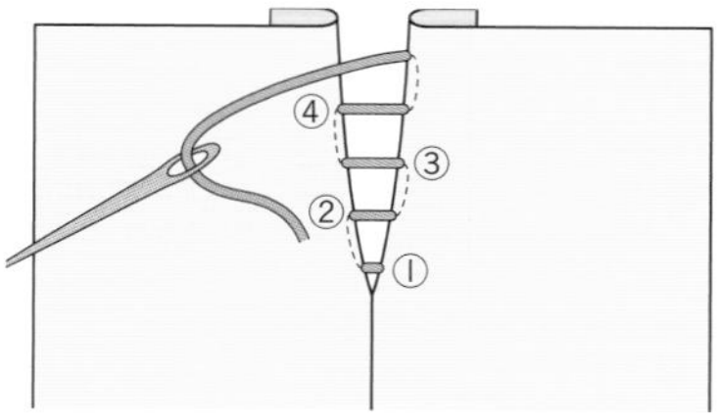

はしごまつり

衿ぐりの見返しは前中心で合わせて、折り山を交互にすくうはしごまつりでとじます。

道具とほどき方

普通の洋裁に使用する道具のほかに、特に着もの地に適した道具を紹介します。さらに着もののほどき方を学びましょう。

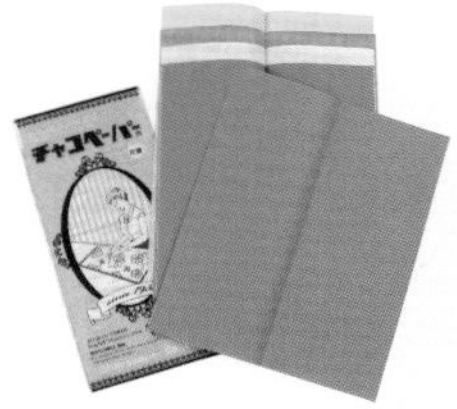

布用複写紙

両面と片面の複写紙がありますが、この本では片面の複写紙で写す方法を紹介しています。

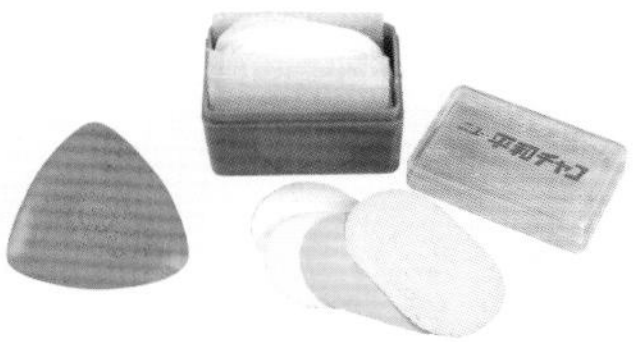

チャコ

色が濃い布や、ちりめんや絞りなど表面に凹凸がある場合、昔ながらのチャコが便利です。

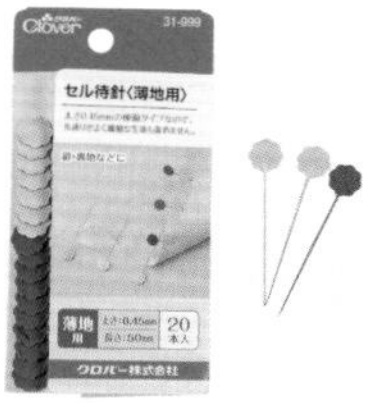

薄地用まち針

着ものによく使われる絹地は目が詰んでいて、普通地用のまち針は刺しにくいことが多く、薄地用のまち針がおすすめです。

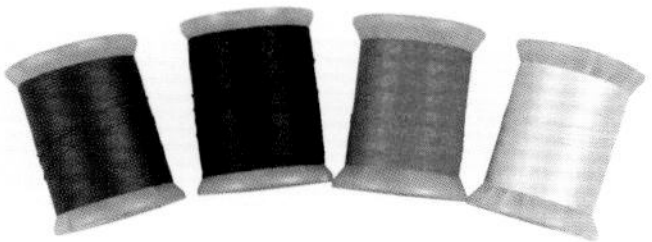

縫い糸

絹には絹糸でなければいけないということはなく、リメイクの場合はポリエステルの糸で十分です。

着もののほどき方

まず両袖、掛け衿、衿をはずし、次に胴裏や八掛といった裏地をほどいていきます。脇縫いや背縫いは、デザインによってはほどかずにそのまま使います。傷んでいる部分はあらかじめチェックし、しつけ糸などで印をつけておき、よけて裁ちます。

1

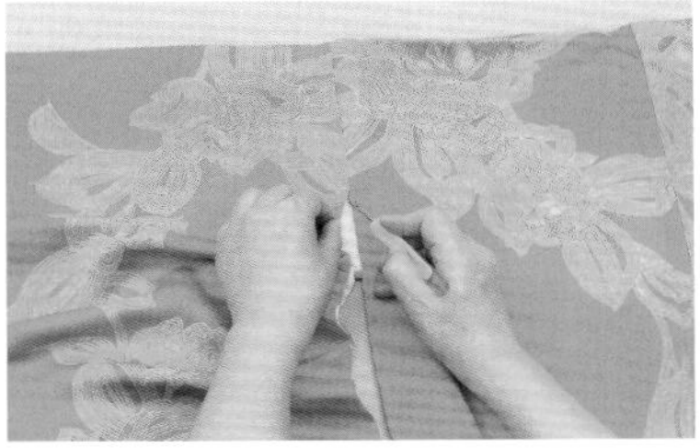

両袖をはずし、掛け衿・衿をはずします。まず大きなパーツに分け、そのあとで背縫いや脇縫いをほどきます。

2

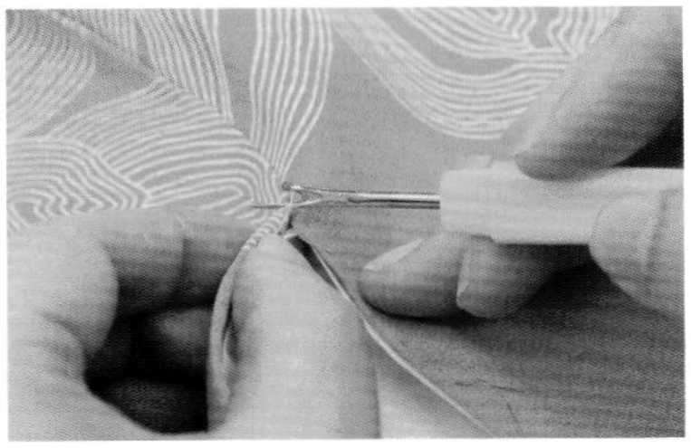

リッパーや糸切りばさみを使ってほどきます。縫い目を広げて糸を切り、布を軽く左右に引いてほどけた先の糸を切ります。

3

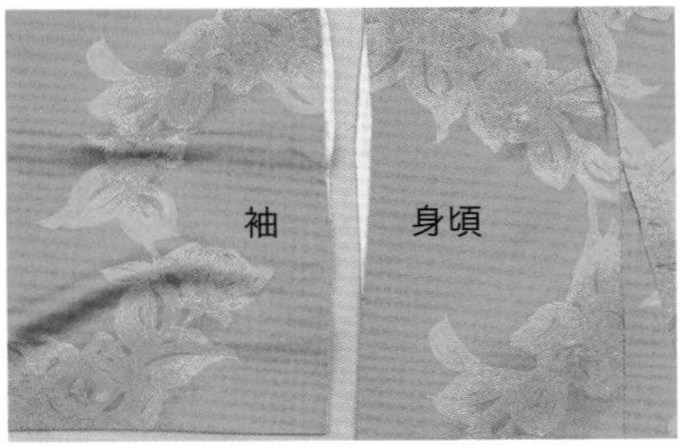

ていねいに少しずつほどき、身頃と袖に分けます。

4

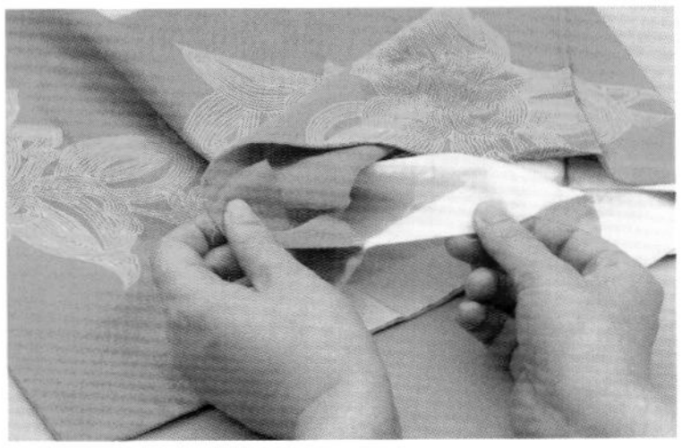

裏地をほどきます。糸が自然にほどけるところまで軽く引っ張り、ほどけない部分はリッパーで糸を切ります。

5

裏地も何かで使えるのでとっておきます。袖の下のたもと部分もほどくと1枚の布になります。

ほどいたあとは

古い着ものは汚れやほこりを落とすため、また新しい着ものでも折り目やシワをとるために一度手洗いをしましょう。布の素材がわかっていれば、ネットに入れて洗濯機で洗っても構いません。

1

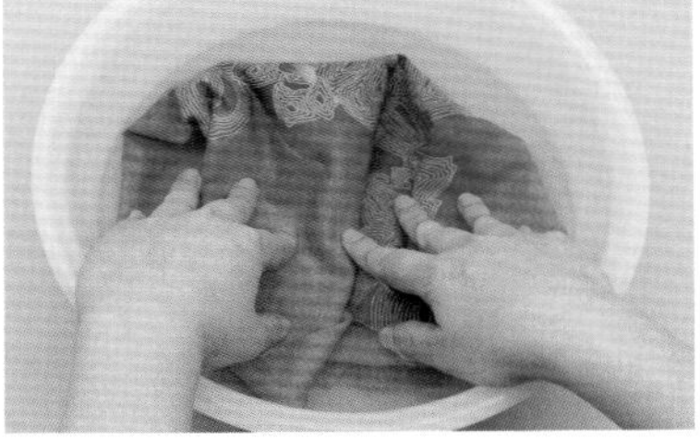

洗面器にぬるま湯と中性洗剤を入れて押し洗いをします。水がきれいになるまで３～４回すすぎます。

2

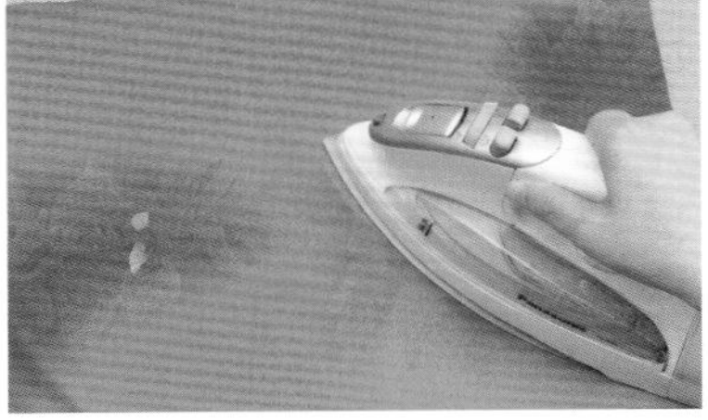

絞らずにバスタオルなどではさんで水気をとり、シワをのばし、直射日光を避けて陰干しします。生乾きの状態でアイロンをかけ、布目をそろえます。

サイズ調整の仕方

身幅や袖幅を変更するときは、型紙を切り、
必要な長さ分を足したり引いたりして型紙を調整します。

身頃

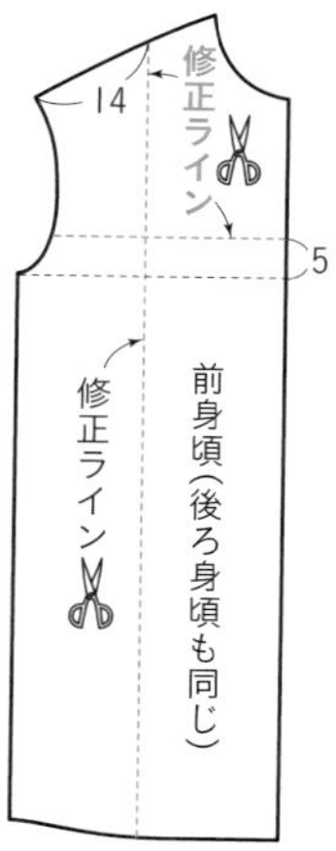

図の修正ラインを切り離します。広げたい幅分をあけて型紙を別な紙に置き、なめらかな線でつなげます。縮めるときは重ねます。全体のバランスが崩れてしまうので、広げるときは2cmまで、縮めるときは1.5cmまでにしておきましょう。また、着丈を長くするときは裾のラインを延長します。

広げるとき

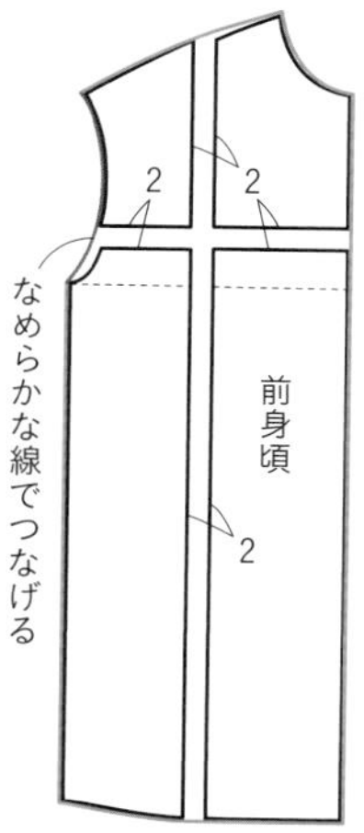

縮めるとき

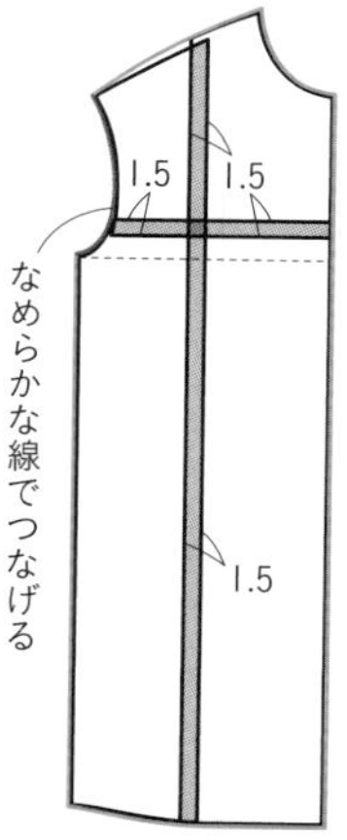

袖

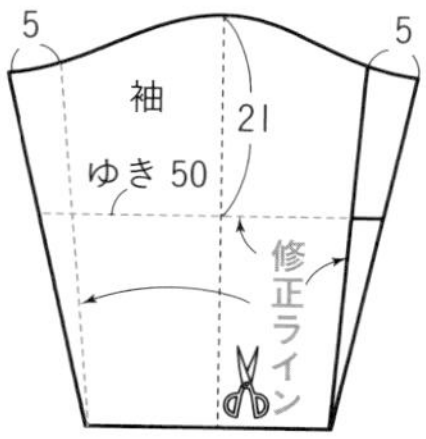

身頃と同様に、図の修正ラインを切り離し、広げたり縮めたりします。袖もバランスを考え、広げるときは2cmまで、縮めるときは1.5cmまでにします。このとき、身頃の袖つけ位置の長さを測り、袖山のラインを同じになるように微調整しましょう。

広げるとき

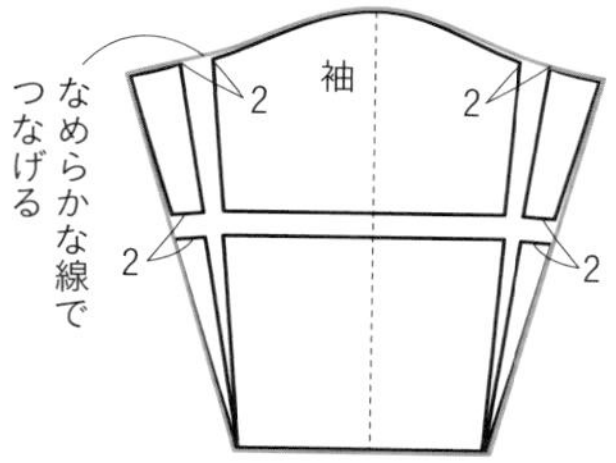

縮めるとき

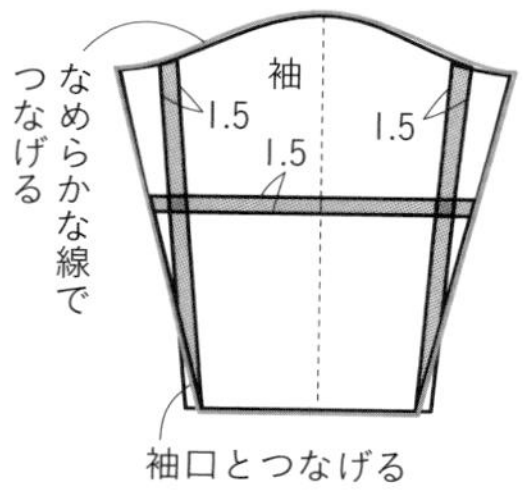

布幅が足りない場合

袖

袖は着もの幅の36cmでは足りないので、この本では前袖と後ろ袖に分けて縫い合わせています。着もの地が縮んでいたり、サイズ調整をして足りなくなった場合は、目立たない位置に切り替え線を入れて縫い合わせます。

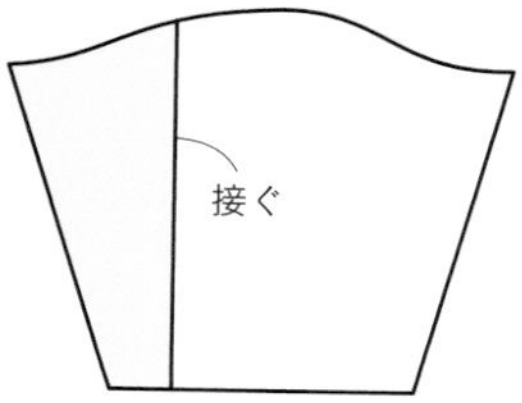

身頃

身頃も同様に、36cm幅で布が取れるように切り替え線を入れて裁つようにしてあります。布が36cm以下に縮んでしまっているときは身頃を縦に1/3に分割し、縫い合わせましょう。見返しなどの細いパーツは、おくみや衿を使用しましょう。

LESSON 1

衿なしトップス&ワンピース

基本のチュニックの作り方をていねいに写真解説し、仕立ての基礎を学びます。

アレンジ作品は基本のチュニックの着丈を変えたり衿を加えて作ります。

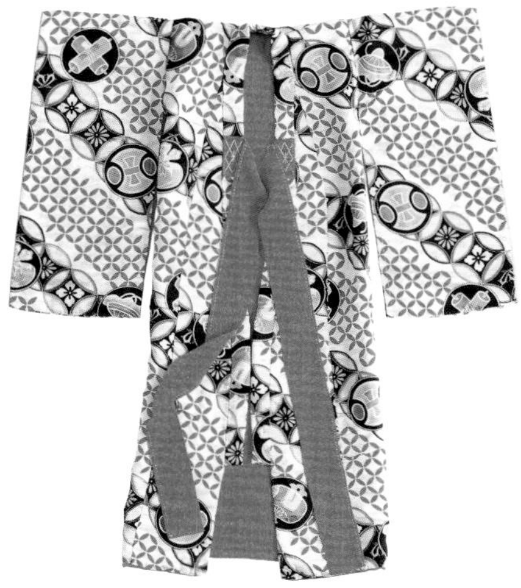

1、

HOW TO MAKE P.12

基本のチュニック

衿なし袖なしの基本のチュニック。
すっきりしたVネックはボタンなしでも
着やすいデザインです。
袖は袖つけなしのフレンチスリーブで、
二の腕を半分隠して
ほっそり見せてくれます。

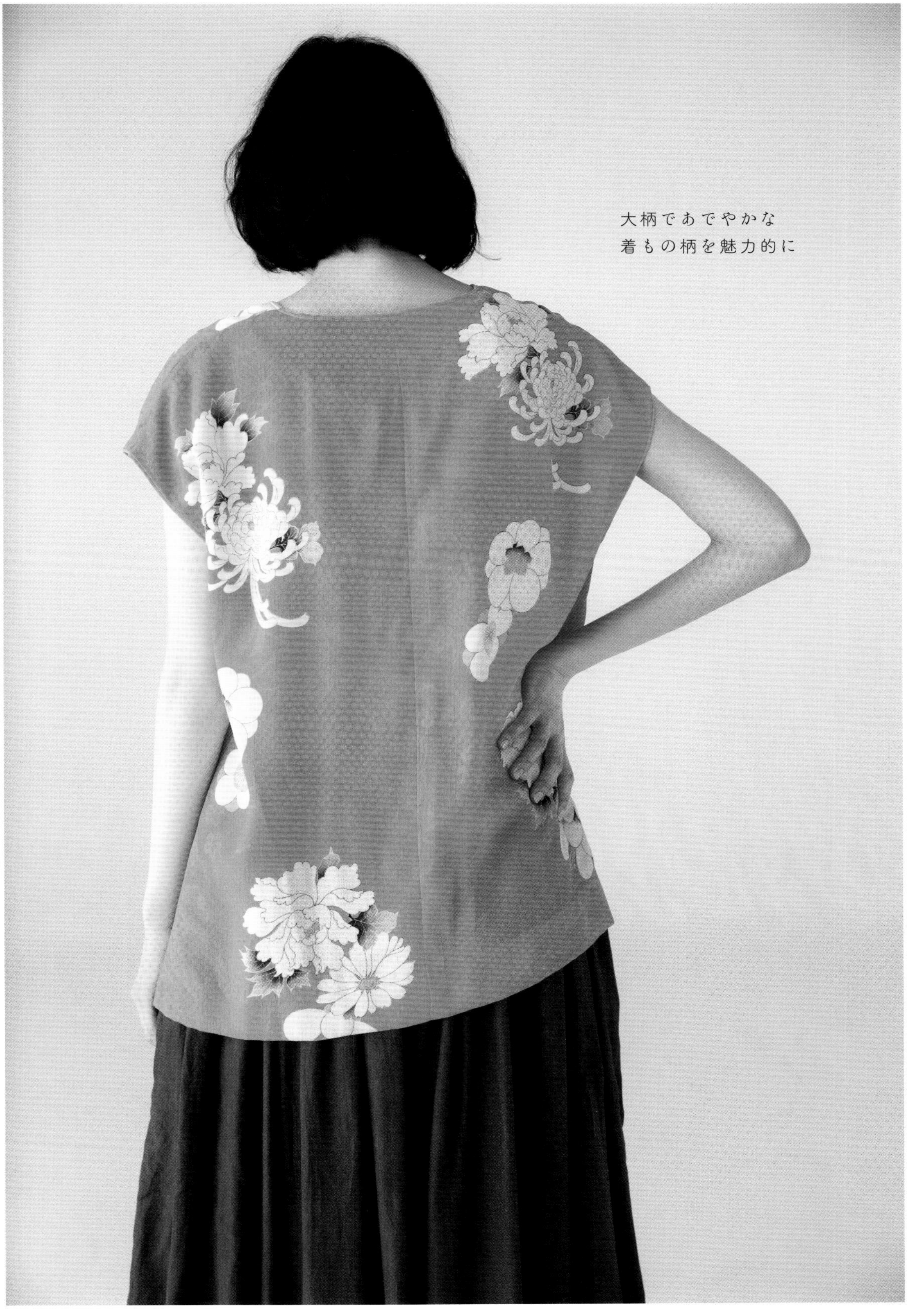

大柄であでやかな
着もの柄を魅力的に

1、基本のチュニック

PHOTO
P.10

材料

着もの地 ———— 36cm幅×390cm
ニット接着芯 ———— 40×40cm

作り方順序

1 前身頃と後ろ身頃の中心を縫う
2 肩を縫う
3 衿ぐりに見返しを縫いつける
4 脇を縫う
5 袖ぐりに見返しを縫い付ける
6 裾とスリットをまつる

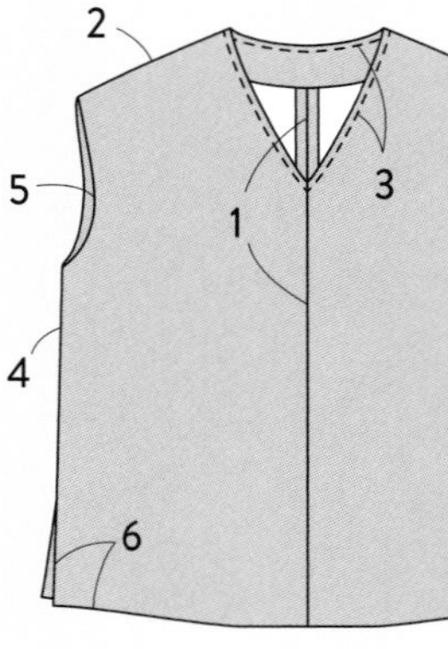

2
3
5
1
4
6

製図

実物大型紙 A C D E A面

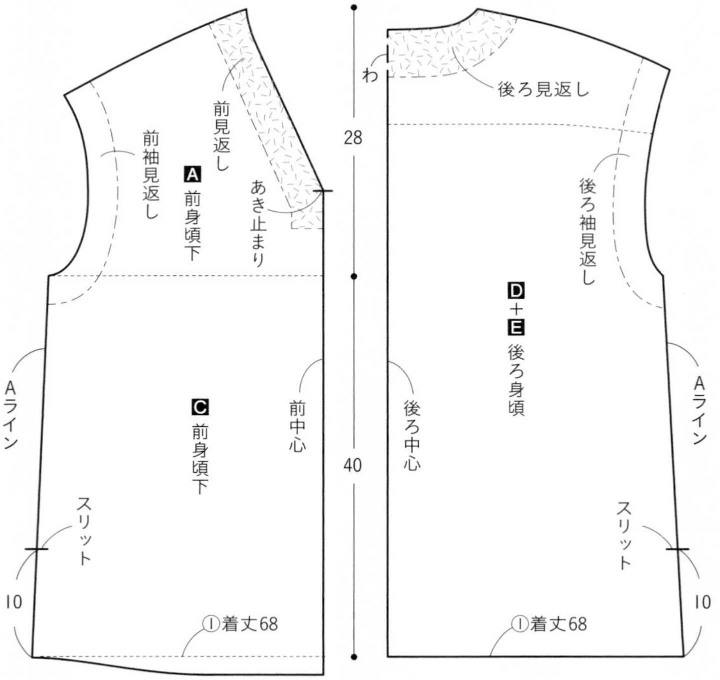

前見返し
前袖見返し
A 前身頃下
あき止まり
28
Aライン
C 前身頃下
前中心
40
スリット
10
①着丈68
わ
後ろ見返し
後ろ袖見返し
D+E 後ろ身頃
後ろ中心
Aライン
スリット
10
①着丈68

＊着丈 68 の線で型紙を折りたたむ(P.5 参照)

裁ち方

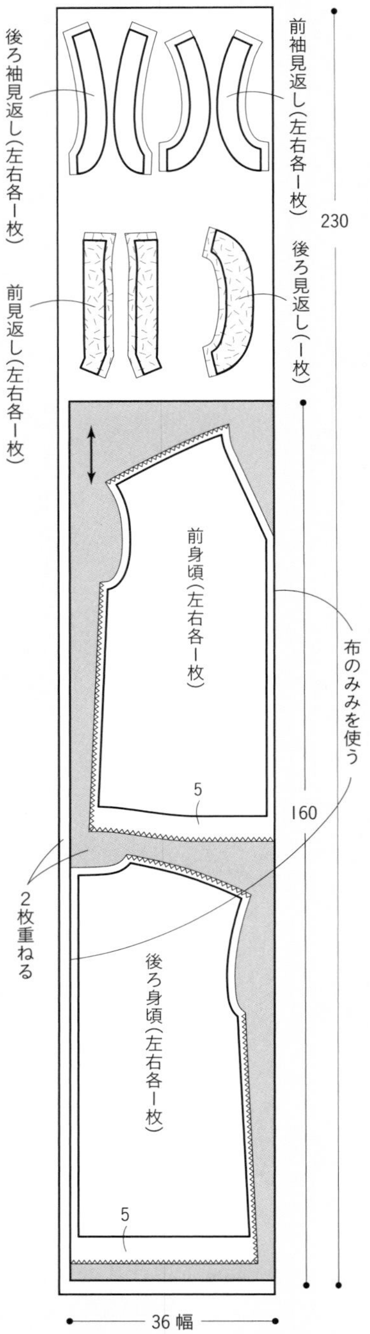

後ろ袖見返し(左右各1枚)
前袖見返し(左右各1枚)
230
前見返し(左右各1枚)
後ろ見返し(1枚)
前身頃(左右各1枚)
布のみみを使う
5
160
2枚重ねる
後ろ身頃(左右各1枚)
5
36幅

＊縫い代は指定以外は 1.5cm
＊衿ぐりの前見返しと後ろ見返しには接着芯 をつけ、外側の縫い代はつけずに裁つ
＊ ﹏ は、縫い代をジグザグミシンで始末しておく(布のみみは始末せずにそのまま使用)

SIZE
着丈：68cm

布を裁つ

＊この配置にすると着ものと同じ状態で仕上げることができます。迷ったときはおすすめです。

1

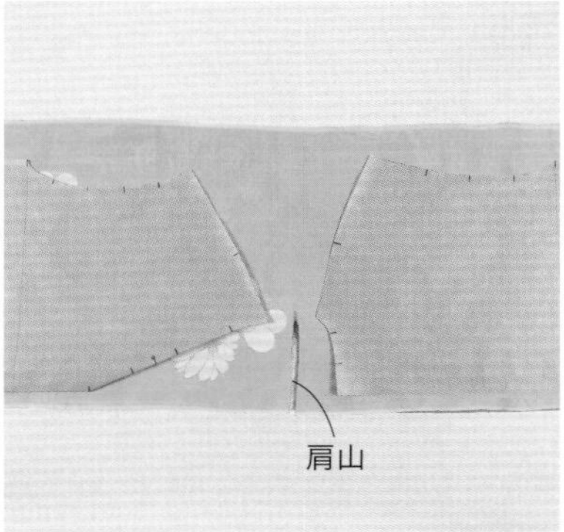

ほどいた着もの地は、肩山に切り込みが入っています。布２枚を中表に合わせ、肩山を避けて前身頃と後ろ身頃の型紙を置きます。

2

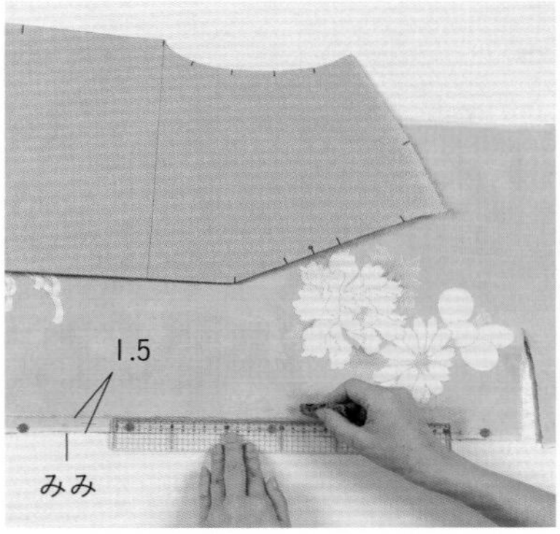

前中心と後ろ中心は布のみみを使うと布端の始末がいりません。みみを合わせてまち針をとめ、布端から縫い代1.5cmの位置に線を引きます。

3

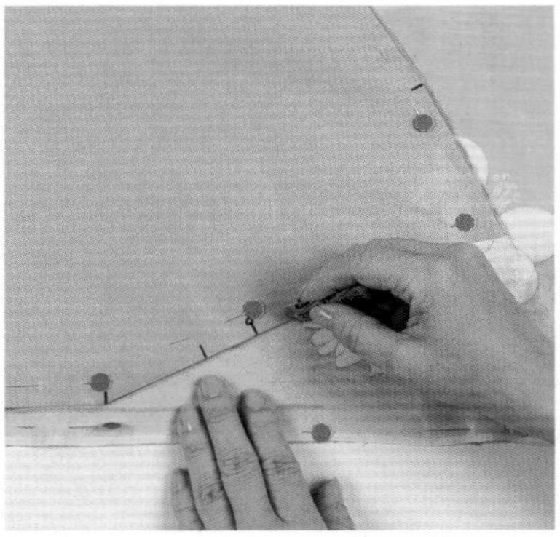

2の線に合わせて型紙を置きます。型紙をまち針でとめ、チャコやチャコペンで輪郭を写します。

4

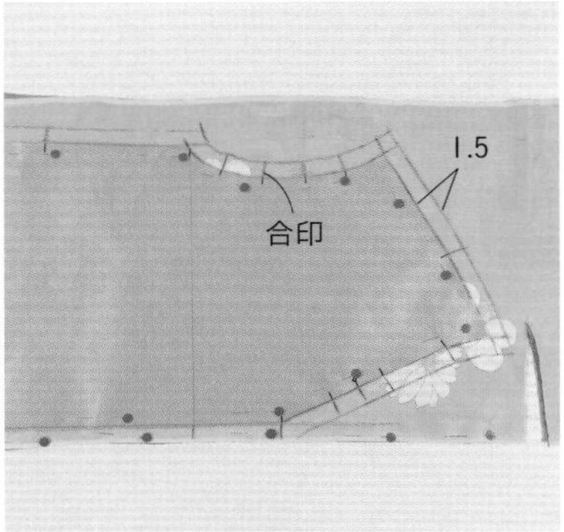

周囲に1.5cmの縫い代をつけて裁ち線を引きます。合印やあき止まり、スリットの線も入れます。

5

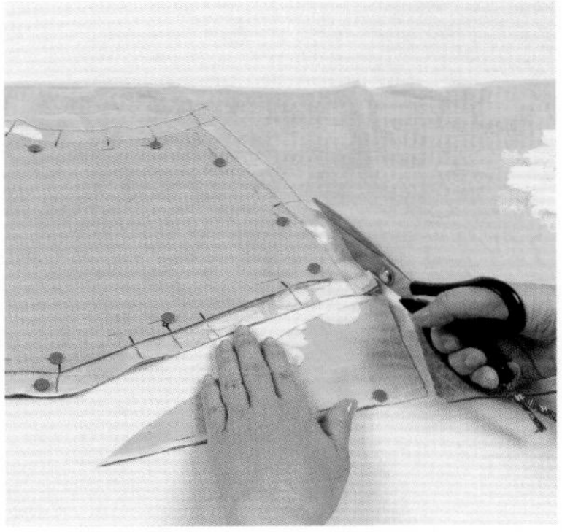

裁ち線に沿って布を2枚一緒に裁ちます。布を持ち上げず、裁ちばさみを台につけてすべらせるように。

6

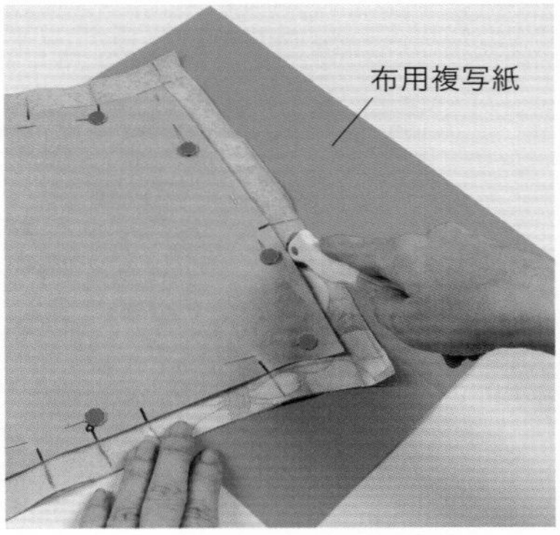

片面の布用複写紙を上に向けて5を置き、ルレットで型紙の輪郭線をなぞります。

7

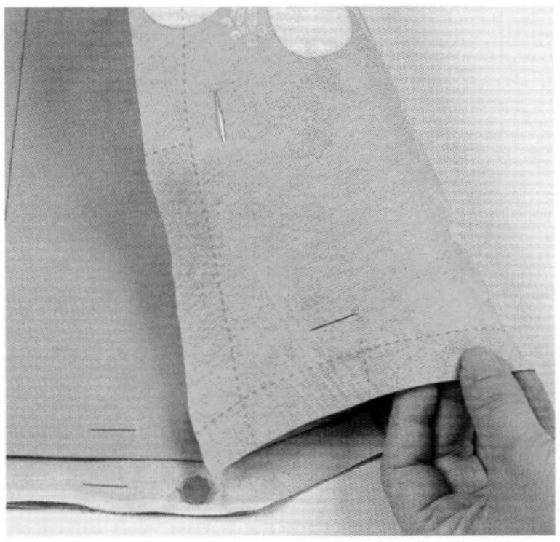

裏側にもできあがり線がつきました。合印とあき止まりも忘れずにルレットで印つけをしましょう。

8

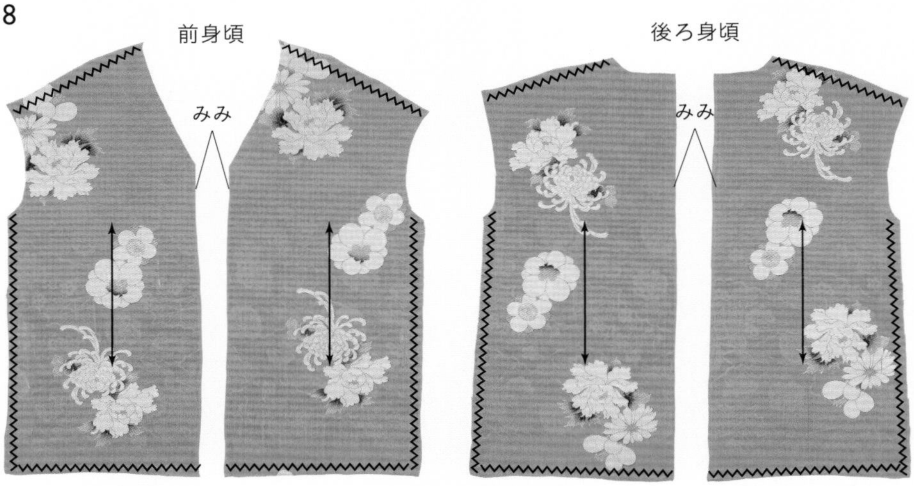

＊ここで肩、脇、裾の布端にジグザグミシンかロックミシンをかけます。

1 前身頃と後ろ身頃の中心を縫う ＊わかりやすいように目立つ色の糸を使っています。

1

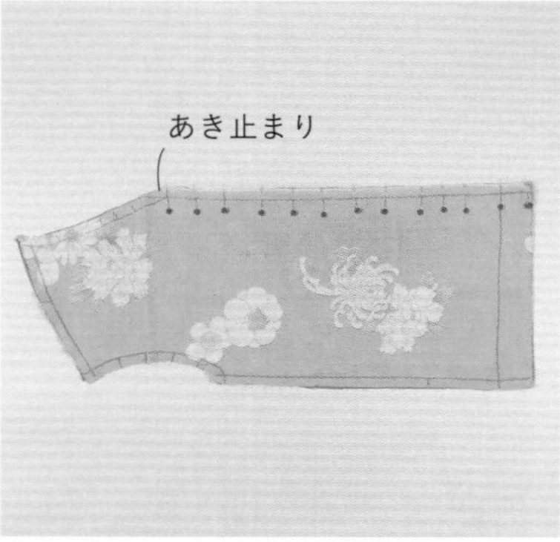

左右の前身頃の前中心を中表に合わせて、衿のあき止まりから裾までをまち針でとめます。

2

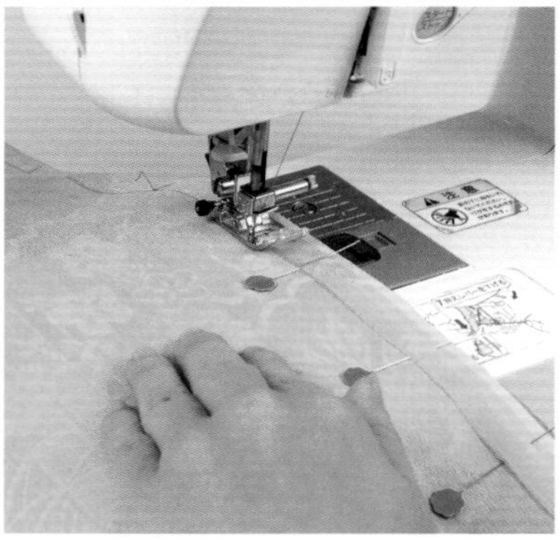

あき止まりで返し縫いをして、ミシンで裾までを縫います。裾側は布端まで縫い切ります。

3

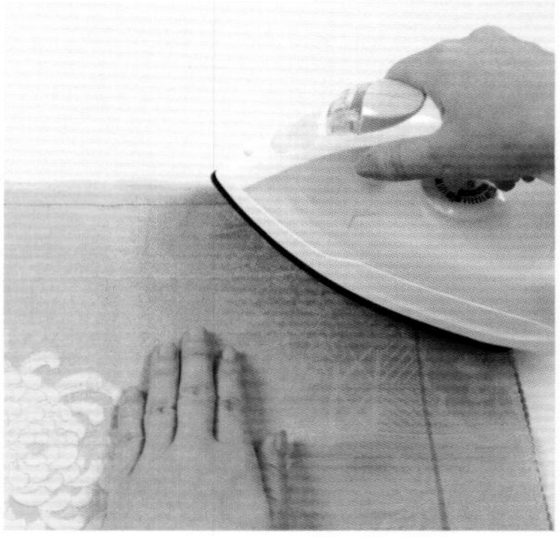

ミシン縫いで縮んだ縫い目を整えるため、縫ったあとは必ずアイロンをかけましょう。

4

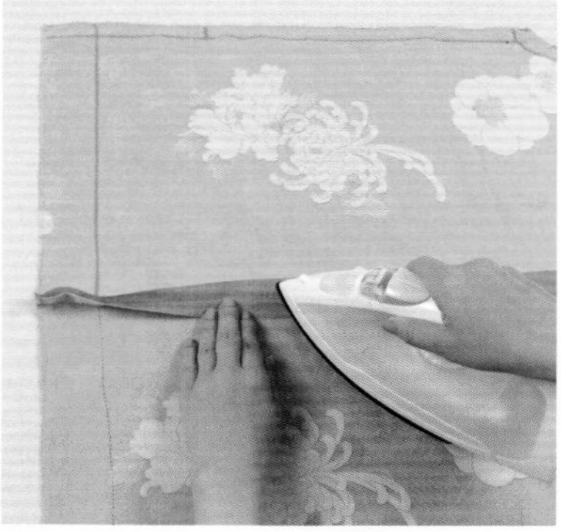

縫い代は、アイロンの先端部分を使って割ります。

5

前身頃が完成しました。

6

後ろ身頃も同様に、左右を２枚中表に合わせて後ろ中心を縫います。

2 肩を縫う

1

前身頃と後ろ身頃を中表に合わせ、肩線にまち針をとめて縫います。

2

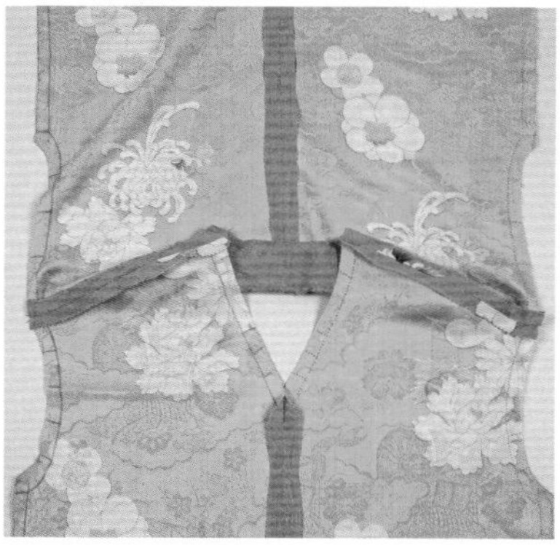

縫い代はアイロンで割ります。

3　衿ぐりに見返しを縫いつける

1

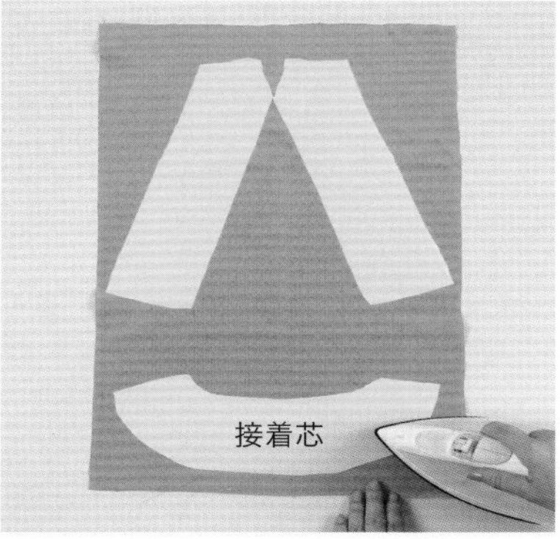

見返しの裏側には接着芯を貼ります。まず実際よりも大きめに裁った接着芯を布の裏にアイロンで接着します。

2

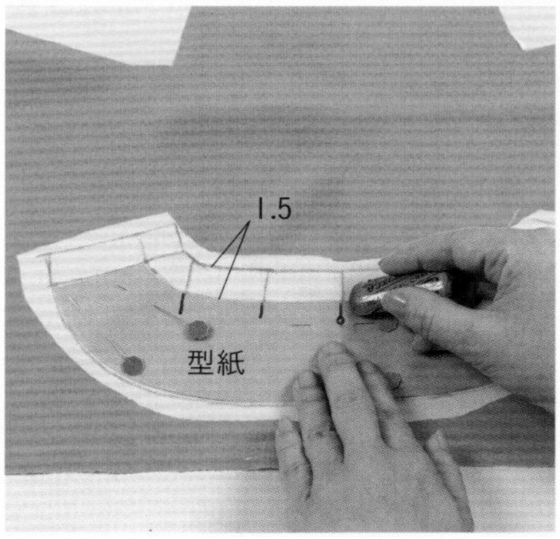

接着芯の上に型紙を置き、型紙に沿って印をつけ、さらに内側のみに縫い代1.5cmをつけて裁ち線を引きます。合印もしっかりつけましょう。

3

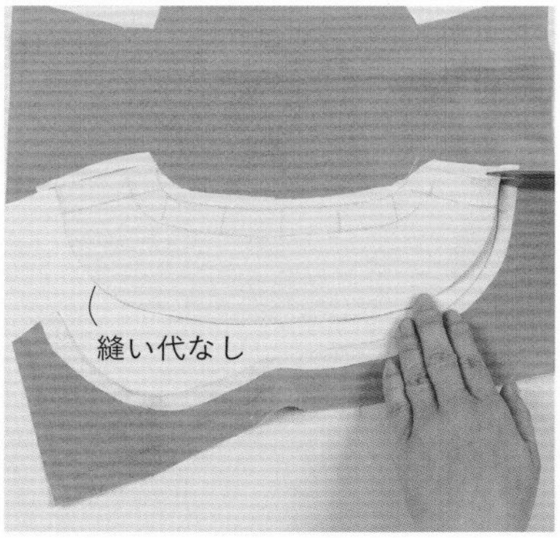

裁ち線に沿って裁ちばさみで裁ちます。見返しの外側は縫い代をつけずに裁ちます。

4

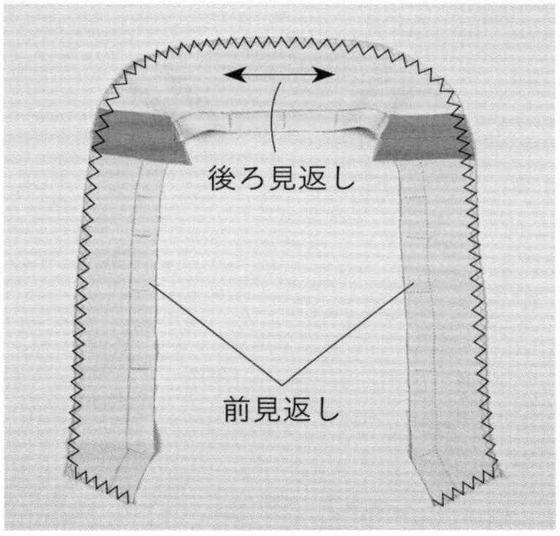

前見返しと後ろ見返しの肩を中表に合わせて縫い、縫い代はアイロンで割ります。外側はジグザグミシンで始末します。

5

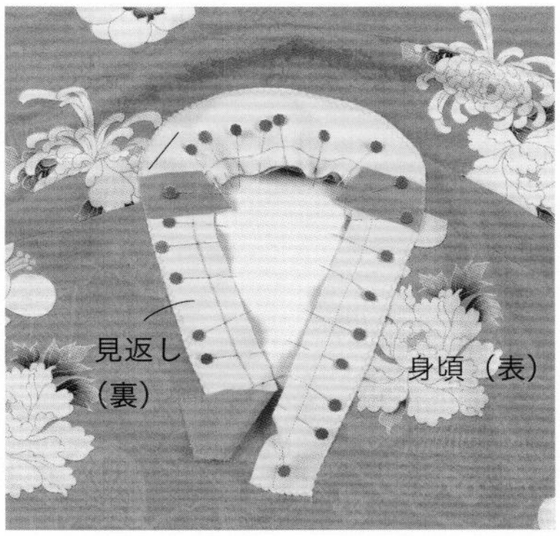

身頃の衿ぐりに見返しをつけます。後ろ中心と肩を合わせてまち針でとめ、さらに合印とその間を細かくとめます。

6

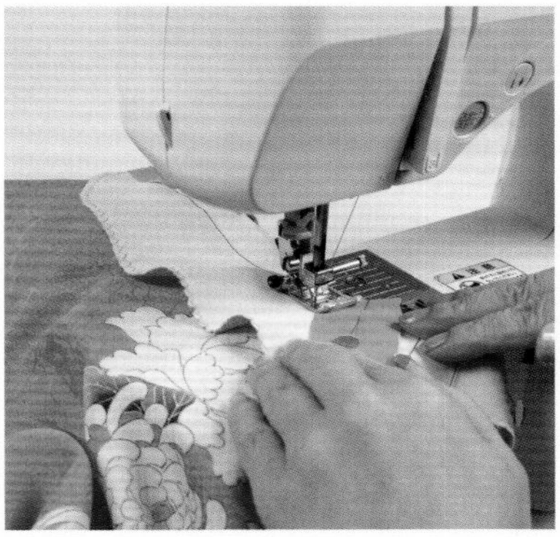

見返し側を上にして、あき止まりからミシンで縫います。カーブは速度を落とし、ゆっくりていねいに縫いましょう。

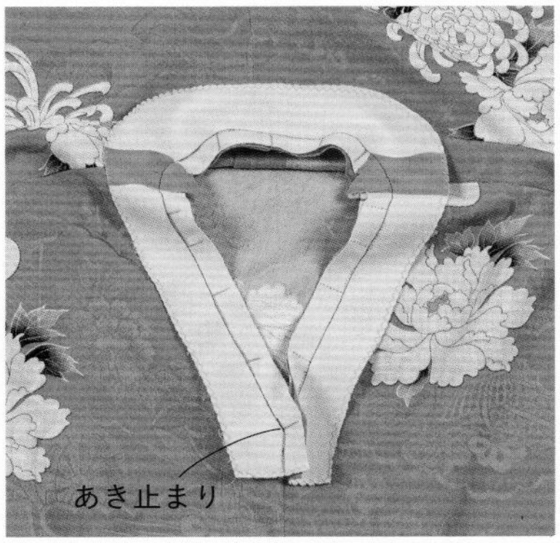

衿ぐりを1周してあき止まりまで縫います。縫い始めと縫い終わりは返し縫いをします。

8

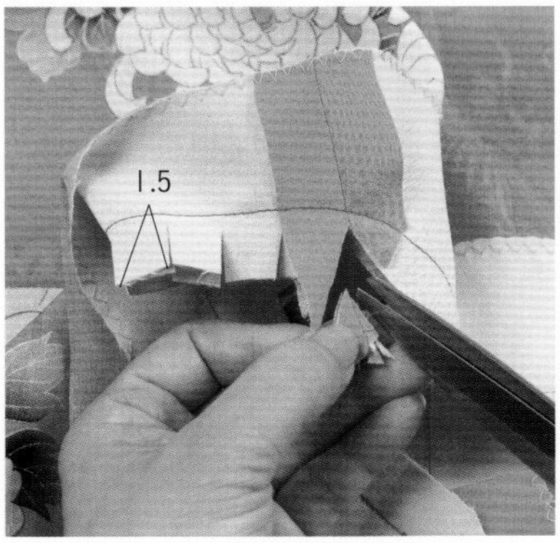

衿ぐりのカーブに1.5cm間隔で切り込みを入れます。肩は縫い代が重なってゴロゴロするため、V字にカットします。

9

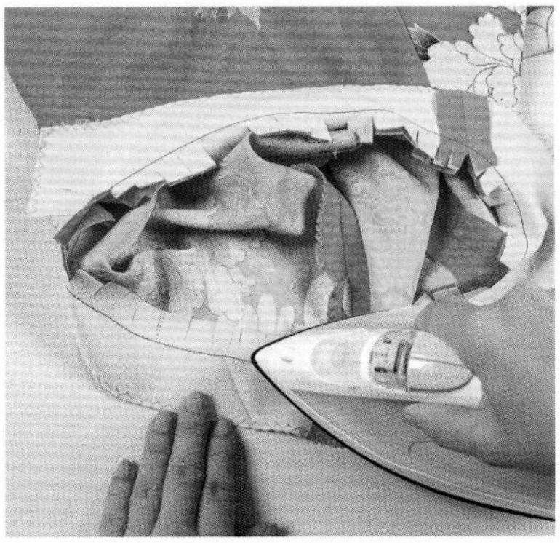

見返しを表に返す前の下準備をします。見返しが表から見えるように折る場合、まず見返しの縫い代を身頃側に倒してアイロンをかけます。

10

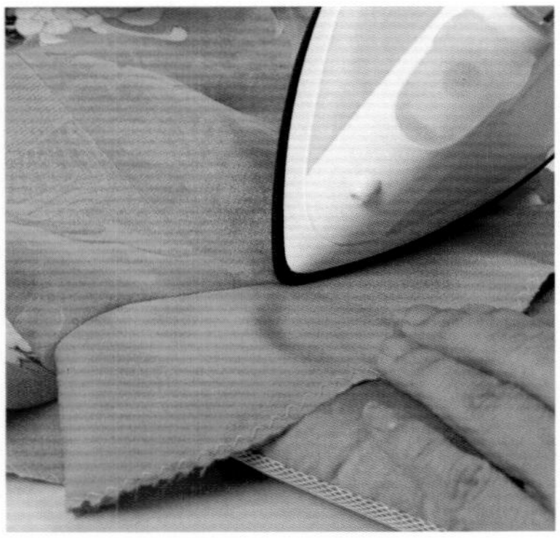

さらに表からもアイロンをかけておきます。

11

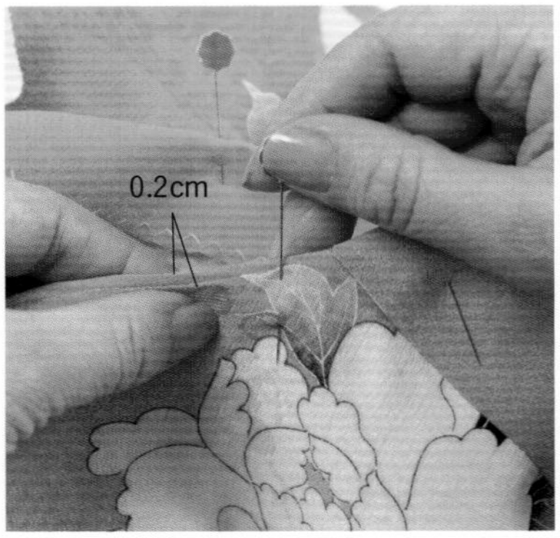

見返しを表に返し、0.2cmほど見返しが見えるように折り、まち針でとめます。

12

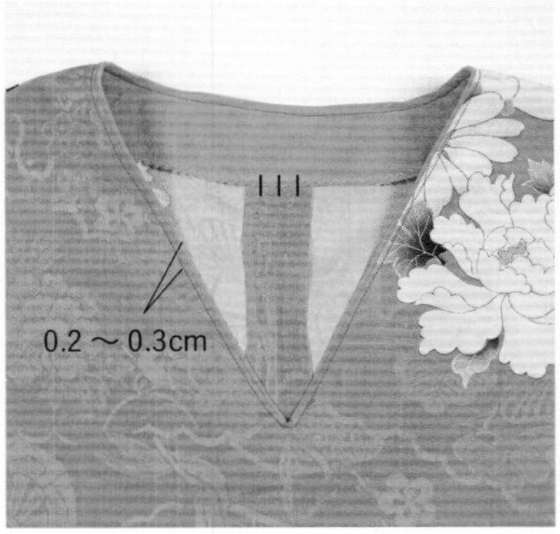

表から0.2 ～ 0.3cmのところに端ミシンをかけます。後ろ中心の縫い代に見返しの端を2 ～ 3針ずつ縫いとめます。

13

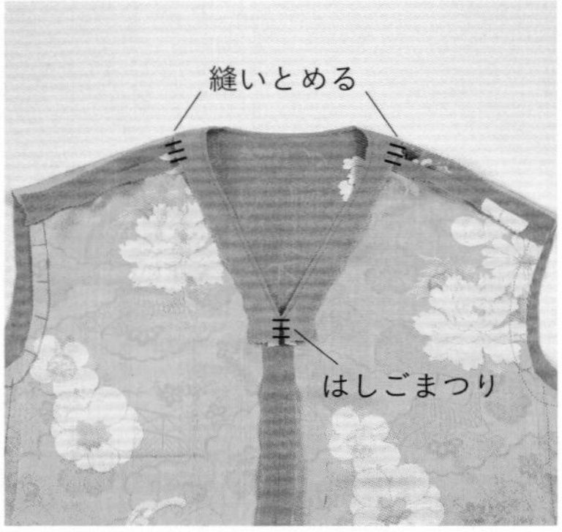

裏側の前中心のあき止まり部分をはしごまつりします。さらに肩の縫い代を2～3針ずつ縫いとめます。

見返しを控える場合

1

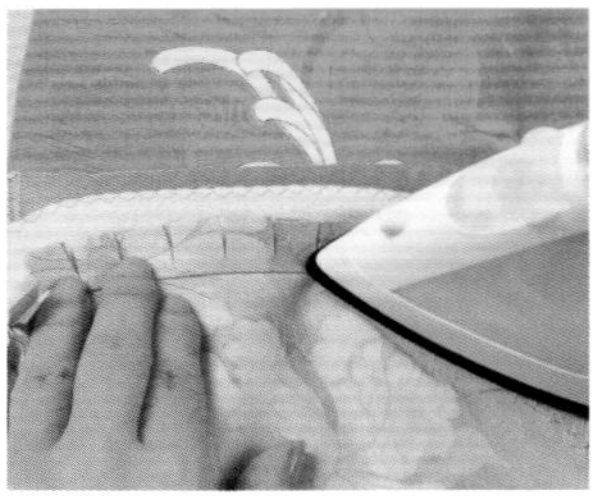

見返しと身頃の縫い代を見返し側に倒し、アイロンをかけます。

2

見返し側を0.1cm控えて、表から見えないようにしてまち針でとめ、ミシンをかけます。

4 脇を縫う

1

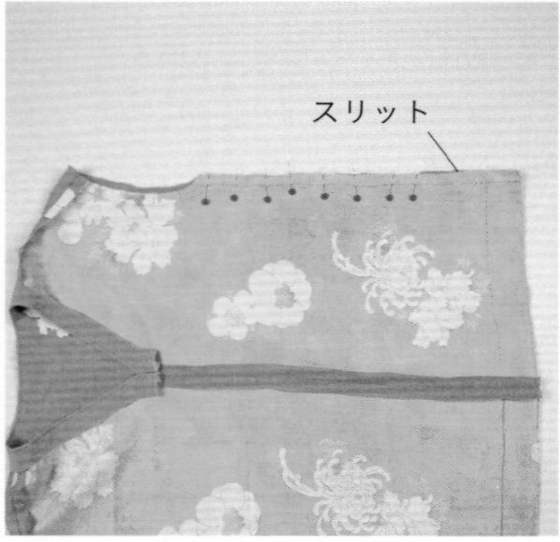

前身頃と後ろ身頃を中表に合わせて脇を縫います。袖側と裾側のスリットのあき止まりまで、まち針でとめます。

2

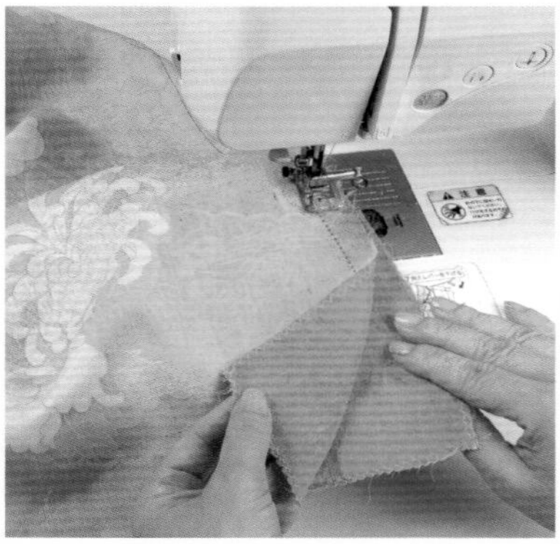

あき止まりで返し縫いをして縫い始めます。縫い終わりもあき止まりで返し縫いをします。両脇を縫います。

3

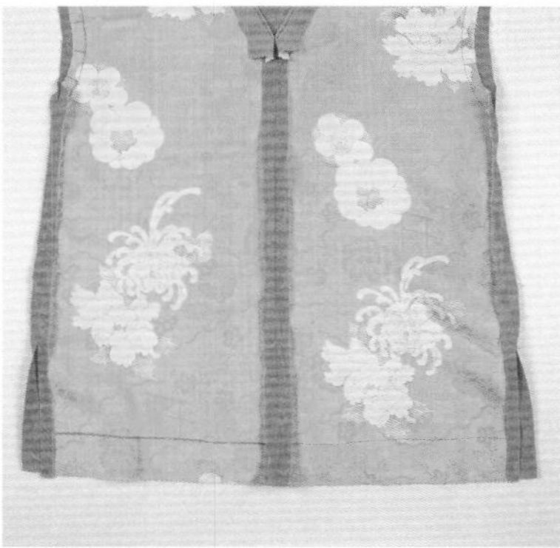

脇の縫い代をアイロンで割ります。スリット部分もできあがり線に沿って縫い代を折っておきます。

5 袖ぐりに見返しを縫いつける

1

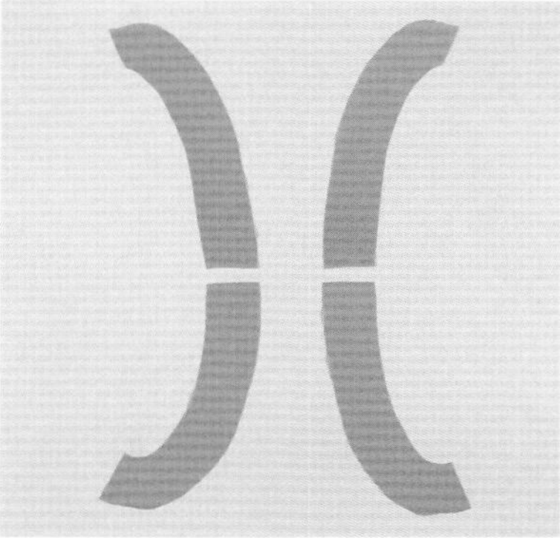

見返しの内側は縫い代を1.5cmつけて裁ち、外側は縫い代をつけません。肩で中表に縫い合わせて縫い代を割り、ジグザグミシンで始末します。

2

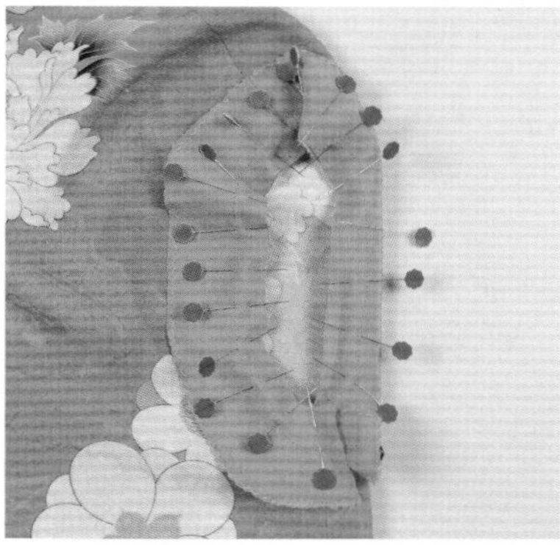

見返しと袖ぐりの肩線を中表に合わせてまち針でとめます。下側は袖のあき止まりまでをとめます。

3

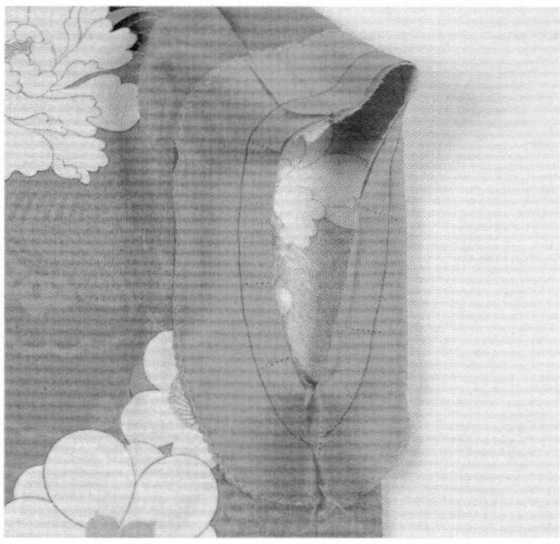

袖下のあき止まりから返し縫いをし、ぐるりと1周縫って再びあき止まりで返し縫いをします。

4

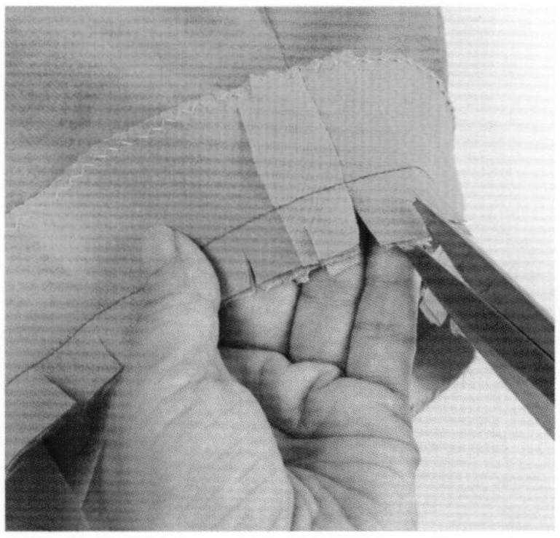

縫い代に1.5cm間隔で切り込みを入れます。切り込みは縫い目の0.2cm手前でストップし、ミシンの糸を切らないようにしましょう。

5

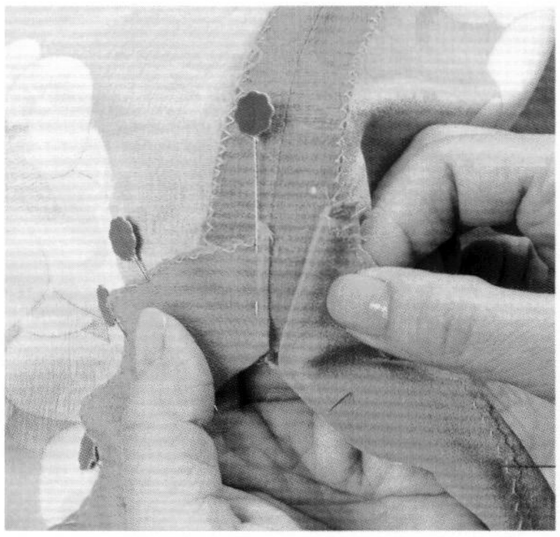

見返しを表に返してアイロンをかけます。袖下の縫い代を内側に折り込み、はしごまつりでとじます。

6

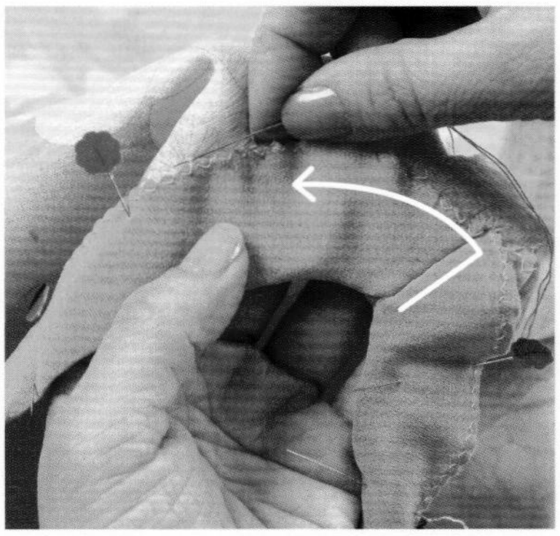

そのまま見返しの周囲を0.1cmほどの針目で布をすくってまつり縫いし、袖を1周します。実際は表の布と同色の糸を使います。

6 裾とスリットをまつる

完成

1

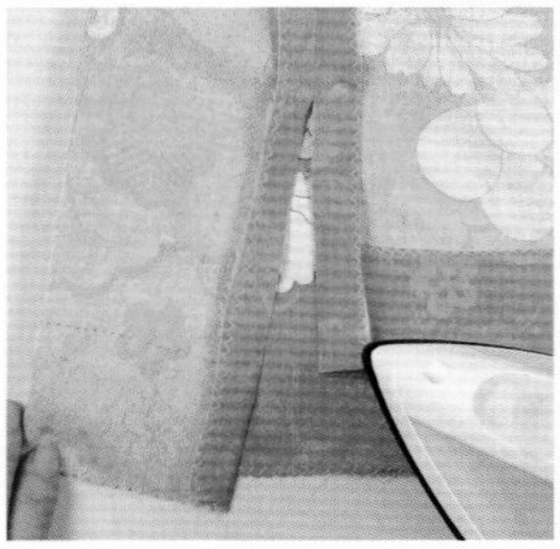

裾をできあがり線で折り、アイロンで押さえます。脇はスリットの縫い代が上にくるように折り直します。

2

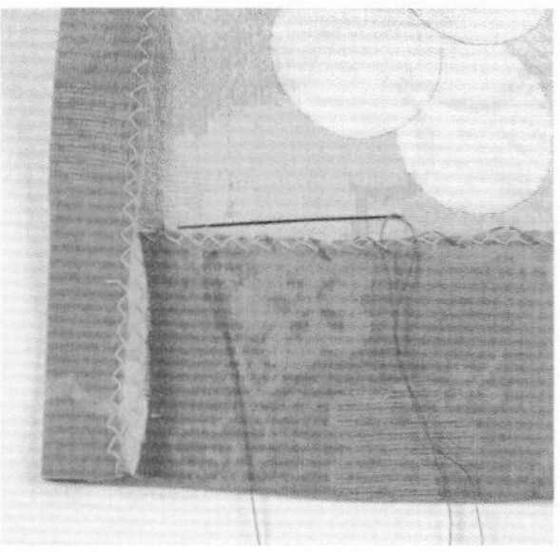

裾の縫い代をまつり縫いします。表側の針目が目立たないように、実際は布と同色の糸でまつります。

3

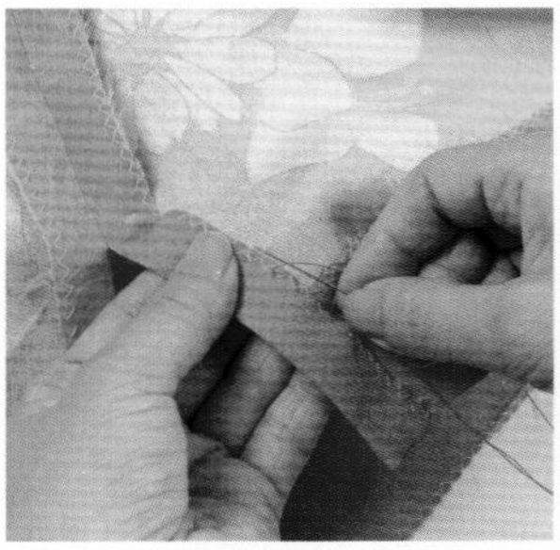

スリット部分の縫い代も針目が目立たないようにまつります。裾の縫い代の上は縫い代のみをすくいます。

4

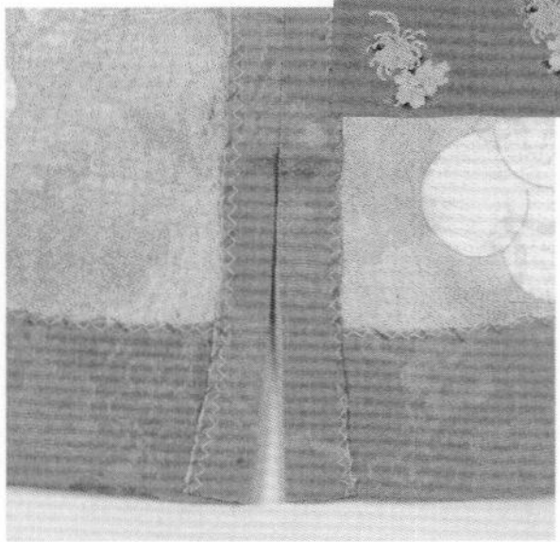

裾とスリットの始末が終わりました。

2、

HOW TO MAKE P.20

パッチワークのブラウス

P.10の基本のチュニックの丈を
短めにしたブラウス。
喪服と紬のモノトーンの生地２種を、
パッチワーク風に切り替えています。
シャツの裾を出して
ベスト風に着こなして。

肩にワンポイントの
家紋を残して

後ろ身頃はさらに細かく
はぎ合わせを

2、

PHOTO
P.18

パッチワークのブラウス

SIZE
着丈：58cm

材料

着もの地（紬）———— 36cm幅×250cm
着もの地（喪服）———— 36cm幅×180cm
ニット用接着芯 ———— 90×20cm

作り方順序

1 前身頃と後ろ身頃を縫う
2 肩を縫う
3 衿ぐりの見返しを縫う
4 衿ぐりに見返しを縫いつける
5 脇を縫う
6 袖ぐりに見返しを縫いつける
7 裾とスリットをまつる

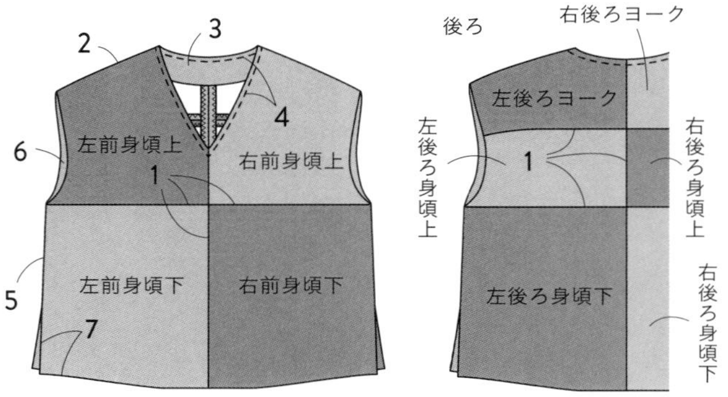

製図

実物大型紙 A C D E A面

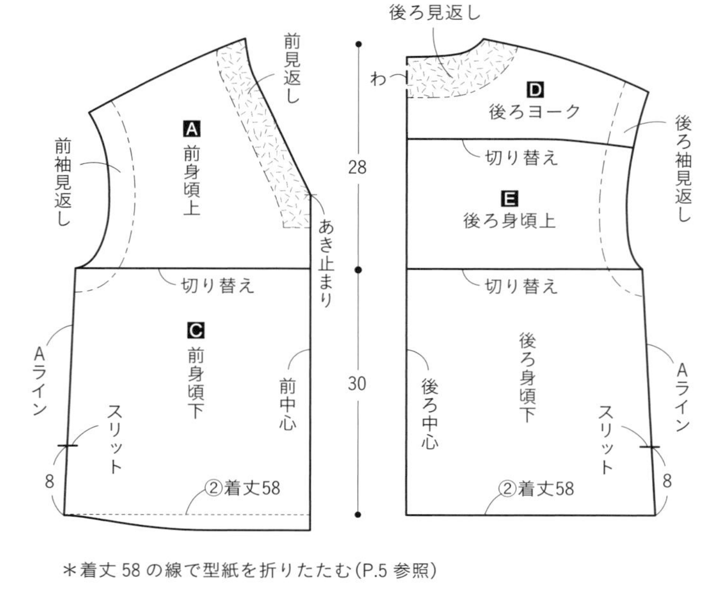

＊着丈58の線で型紙を折りたたむ（P.5参照）

裁ち方

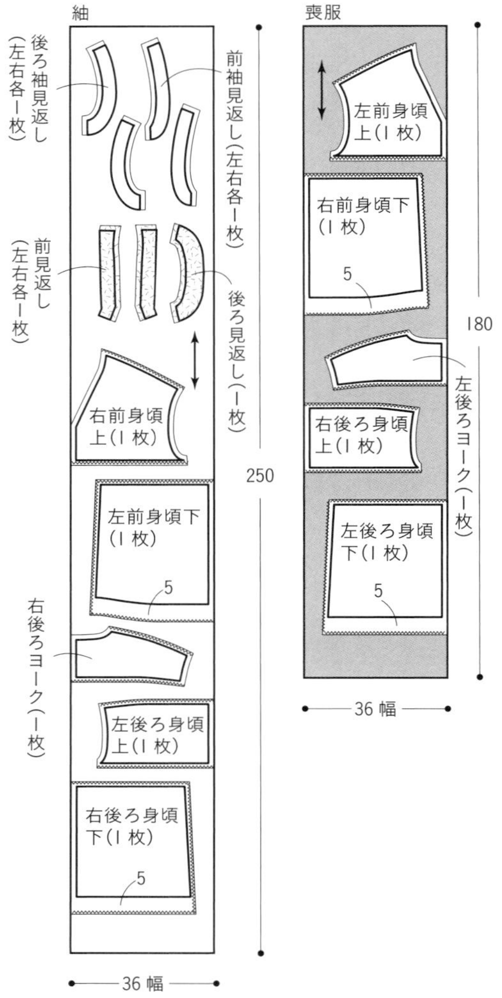

＊縫い代は指定以外は1.5cm
＊衿ぐりの前見返しと後ろ見返しには接着芯をつけ、外側の縫い代はつけずに裁つ
＊ は、縫い代をジグザグミシンで始末しておく（布のみみは始末せずにそのまま使用）

1 前身頃と後ろ身頃を縫う

＊ジグザグミシンの図は一部省略しています

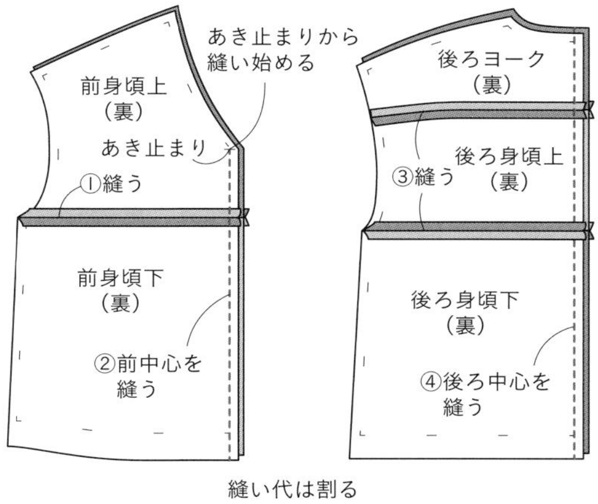
前身頃上
（裏）
あき止まりから
縫い始める
あき止まり
①縫う
前身頃下
（裏）
②前中心を
縫う
後ろヨーク
（裏）
③縫う
後ろ身頃上
（裏）
後ろ身頃下
（裏）
④後ろ中心を
縫う
縫い代は割る

2 肩を縫う

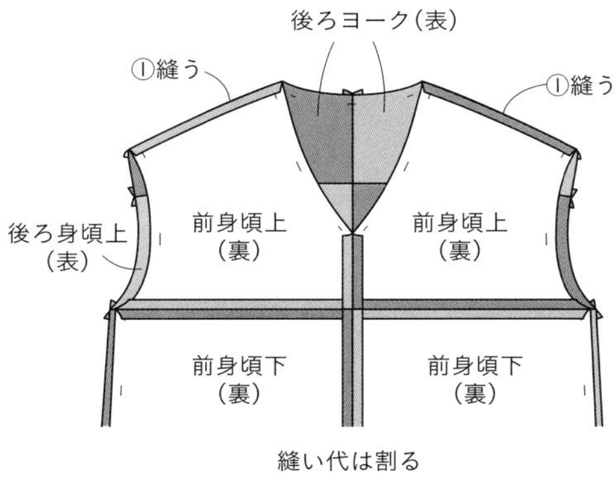
後ろヨーク（表）
①縫う
①縫う
後ろ身頃上
（表）
前身頃上
（裏）
前身頃上
（裏）
前身頃下
（裏）
前身頃下
（裏）
縫い代は割る

3 衿ぐりの見返しを縫う

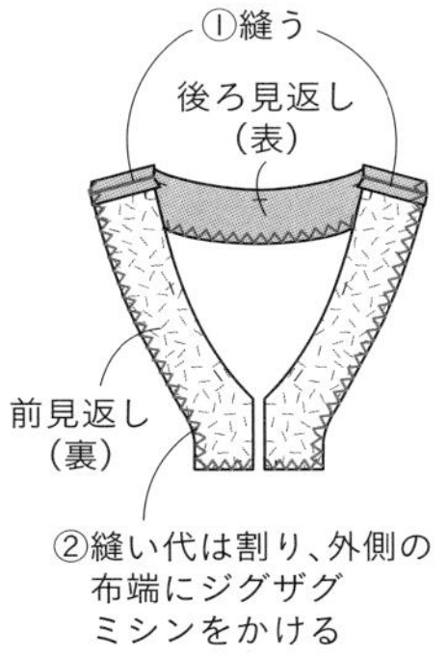
①縫う
後ろ見返し
（表）
前見返し
（裏）
②縫い代は割り、外側の
布端にジグザグ
ミシンをかける

4 衿ぐりに見返しを縫いつける

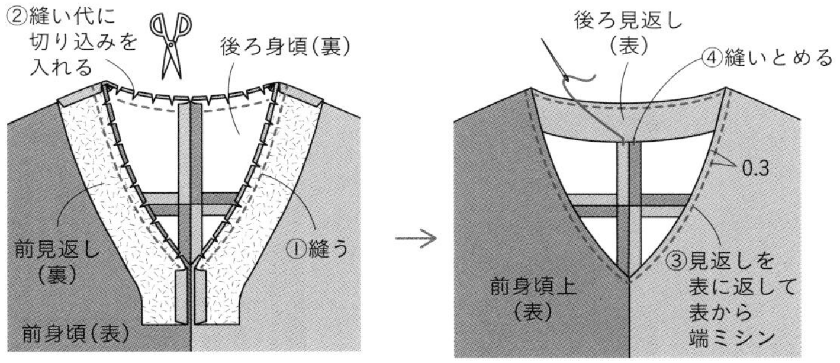
②縫い代に
切り込みを
入れる
後ろ身頃（裏）
前見返し
（裏）
①縫う
前身頃（表）
後ろ見返し
（表）
④縫いとめる
0.3
前身頃上
（表）
③見返しを
表に返して
表から
端ミシン

5 脇を縫う

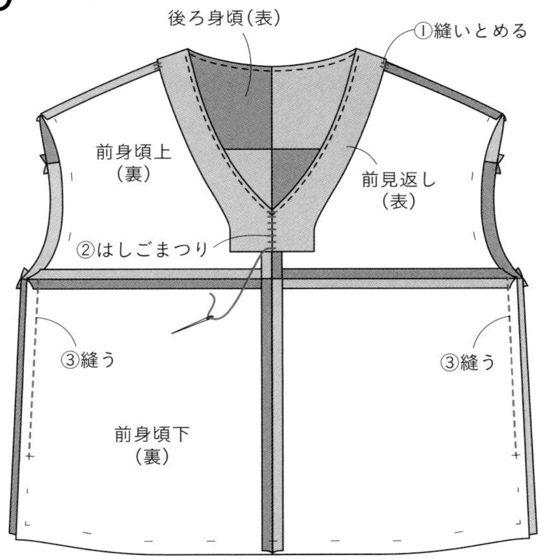
後ろ身頃（表）
①縫いとめる
前身頃上
（裏）
前見返し
（表）
②はしごまつり
③縫う
③縫う
前身頃下
（裏）

6 袖ぐりに見返しを縫いつける

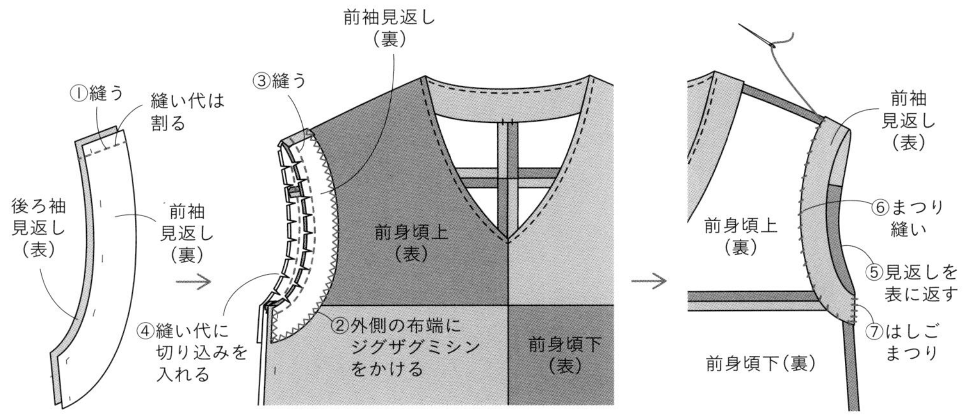
①縫う
縫い代は
割る
後ろ袖
見返し
（表）
前袖
見返し
（裏）
④縫い代に
切り込みを
入れる
前袖見返し
（裏）
③縫う
前身頃上
（表）
②外側の布端に
ジグザグミシン
をかける
前身頃下
（表）
前袖
見返し
（表）
前身頃上
（裏）
⑥まつり
縫い
⑤見返しを
表に返す
⑦はしご
まつり
前身頃下（裏）

7 裾とスリットをまつる

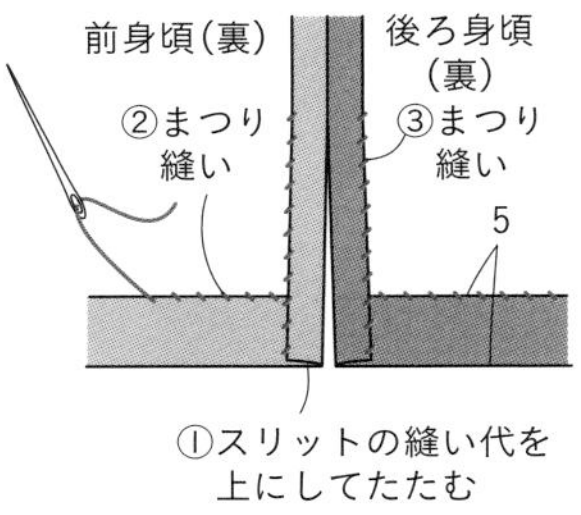
前身頃（裏）
後ろ身頃
（裏）
②まつり
縫い
③まつり
縫い
5
①スリットの縫い代を
上にしてたたむ

3、

HOW TO MAKE P.24

ロングチュニック

藍の結城紬を使ったロングチュニック。
デニム地のマチを脇に入れ、
ふんわりとしたAラインにしています。
カジュアルなチュニックだから、
ホームウエアとして活躍しそう。

衿の見返しから
デニムをちらりと
見せて着るのもすてき

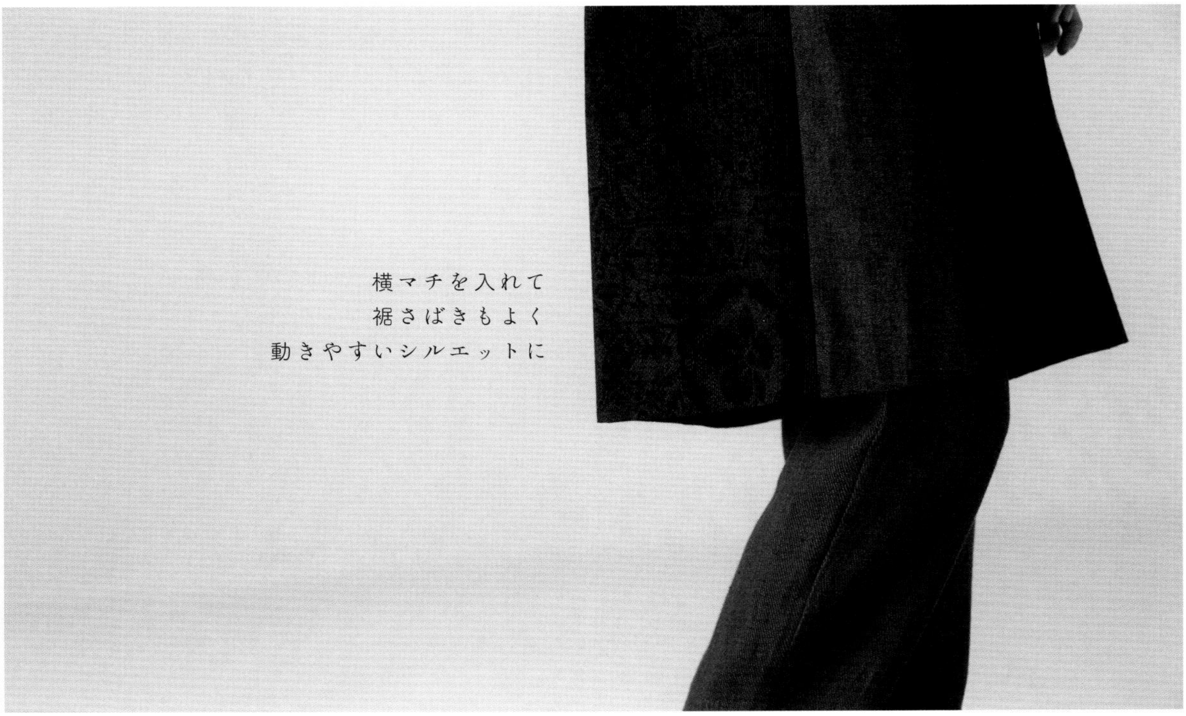

横マチを入れて
裾さばきもよく
動きやすいシルエットに

3、

PHOTO
P. 22

ロングチュニック

材料

着もの地（結城紬）—— 36cm幅×500cm
デニム地 —— 90cm幅×100cm
ニット用接着芯 —— 90×20cm

作り方順序

1 前前身頃と後ろ身頃を縫う
2 肩を縫う
3 衿ぐりの見返しを縫う
4 衿ぐりに見返しを縫いつける
5 横マチを縫う
6 袖ぐりに見返しを縫いつける
7 裾をまつる

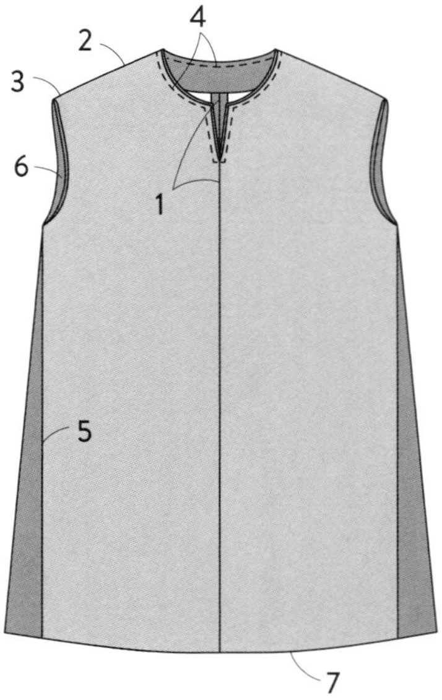

1
2
3
4
5
6
7

裁ち方

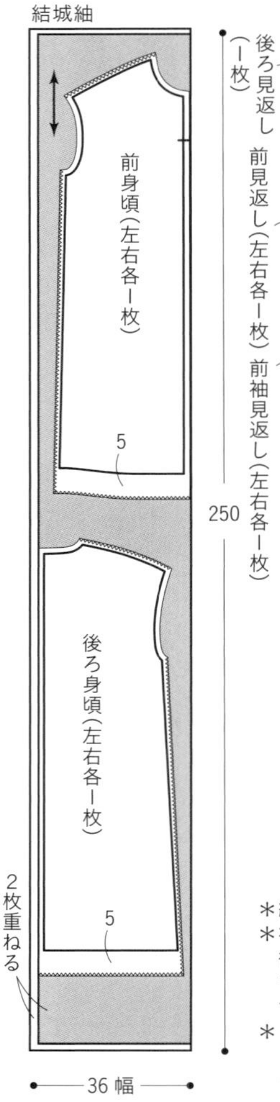

結城紬
前身頃（左右各1枚）
5
後ろ身頃（左右各1枚）
5
2枚重ねる
36幅
250
後ろ見返し（1枚）
前見返し（左右各1枚）
前袖見返し（左右各1枚）

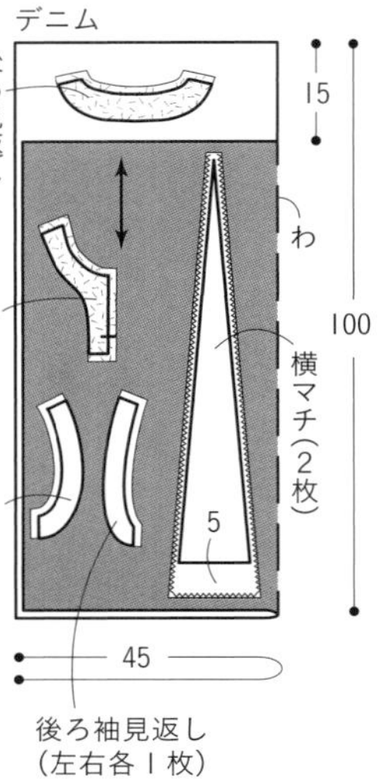

デニム
15
わ
100
横マチ（2枚）
5
45
後ろ袖見返し（左右各1枚）

＊縫い代は指定以外は1.5cm
＊衿ぐりの前見返しと後ろ見返しには接着芯をつけ、外側の縫い代はつけずに裁つ
＊ は、縫い代をジグザグミシンで始末しておく（布のみみは始末せずにそのまま使用）

製図

実物大型紙 B C D E F A面

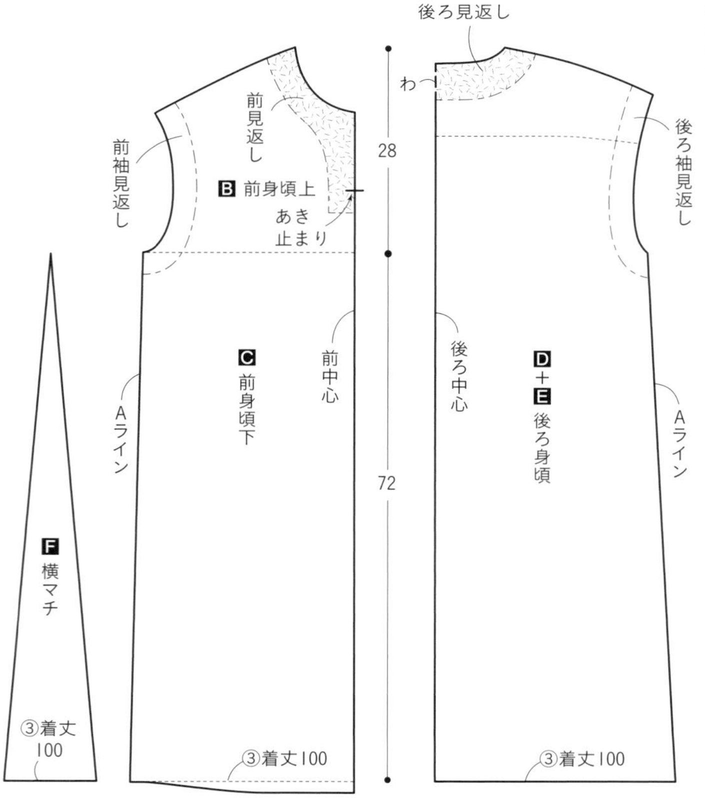

前袖見返し
前見返し
B 前身頃上
あき止まり
28
72
C 前身頃下
前中心
Aライン
F 横マチ
③着丈100
③着丈100
後ろ見返し
わ
後ろ袖見返し
後ろ中心
D+E 後ろ身頃
Aライン
③着丈100

SIZE
着丈：100cm

1 前身頃と後ろ身頃を縫う

＊ジグザグミシンの図は一部省略しています

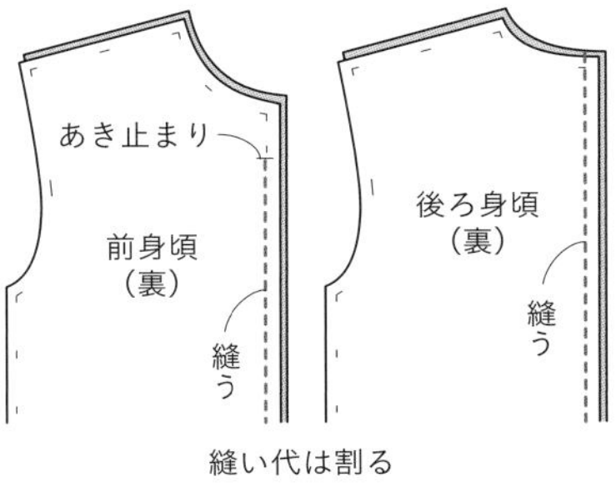

あき止まり
前身頃
（裏）
縫う
後ろ身頃
（裏）
縫う
縫い代は割る

2 肩を縫う

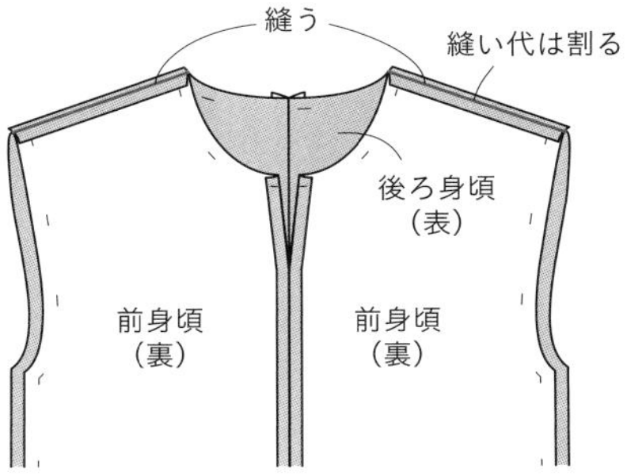

縫う
縫い代は割る
後ろ身頃
（表）
前身頃
（裏）
前身頃
（裏）

3 衿ぐりの見返しを縫う

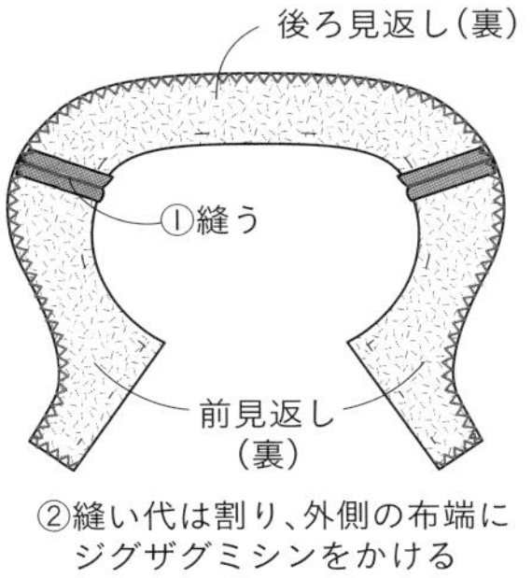

後ろ見返し（裏）
①縫う
前見返し
（裏）
②縫い代は割り、外側の布端に
ジグザグミシンをかける

4 衿ぐりに見返しを縫いつける

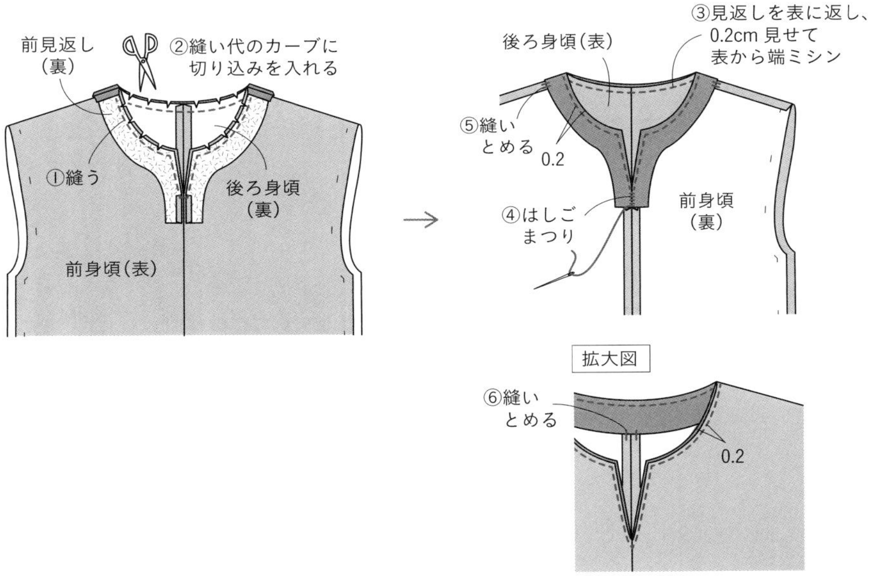

前見返し
（裏）
②縫い代のカーブに
切り込みを入れる
①縫う
後ろ身頃
（裏）
前身頃（表）
後ろ身頃（表）
③見返しを表に返し、
0.2cm 見せて
表から端ミシン
⑤縫い
とめる
0.2
④はしご
まつり
前身頃
（裏）
拡大図
⑥縫い
とめる
0.2

5 横マチを縫う

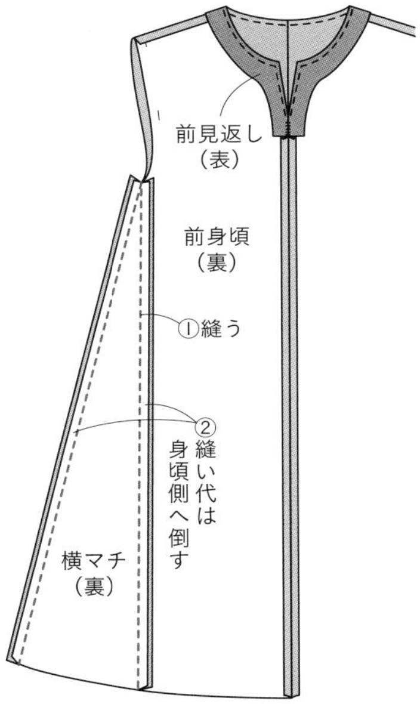

前見返し
（表）
前身頃
（裏）
①縫う
②
縫い代は
身頃側へ倒す
横マチ
（裏）

6 袖ぐりに見返しを縫いつける

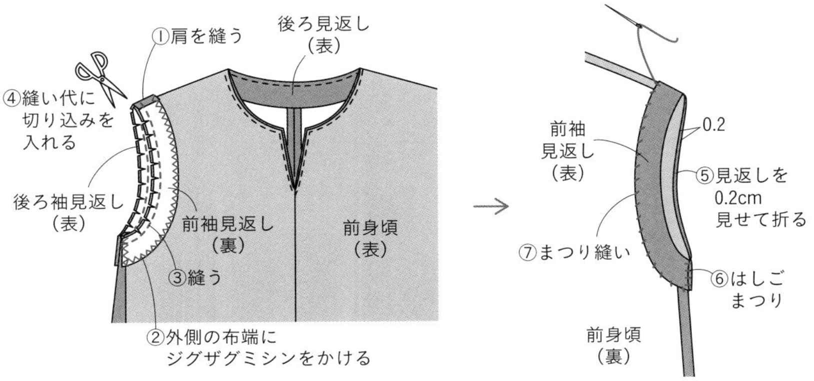

①肩を縫う
後ろ見返し
（表）
④縫い代に
切り込みを
入れる
後ろ袖見返し
（表）
前袖見返し
（裏）
前身頃
（表）
③縫う
②外側の布端に
ジグザグミシンをかける
前袖
見返し
（表）
0.2
⑤見返しを
0.2cm
見せて折る
⑦まつり縫い
⑥はしご
まつり
前身頃
（裏）

7 裾をまつる

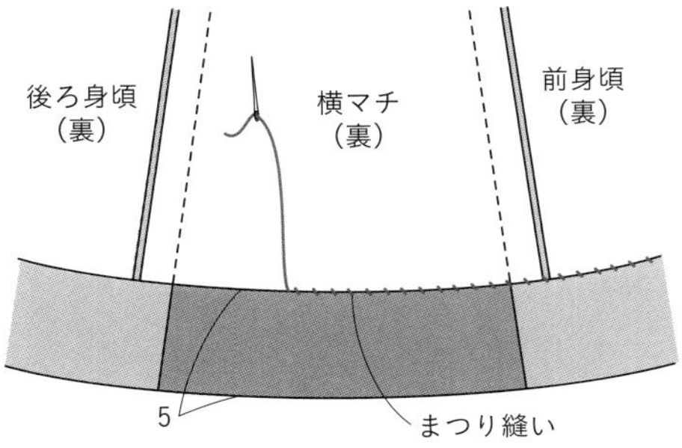

後ろ身頃
（裏）
横マチ
（裏）
前身頃
（裏）
5
まつり縫い

4、 HOW TO MAKE P.28

七宝模様のワンピース

子ども用のカラフルな着ものをワンピースに仕立てました。中央に喪服の黒を足しています。縦に黒のラインが入るため、スリムな印象に。

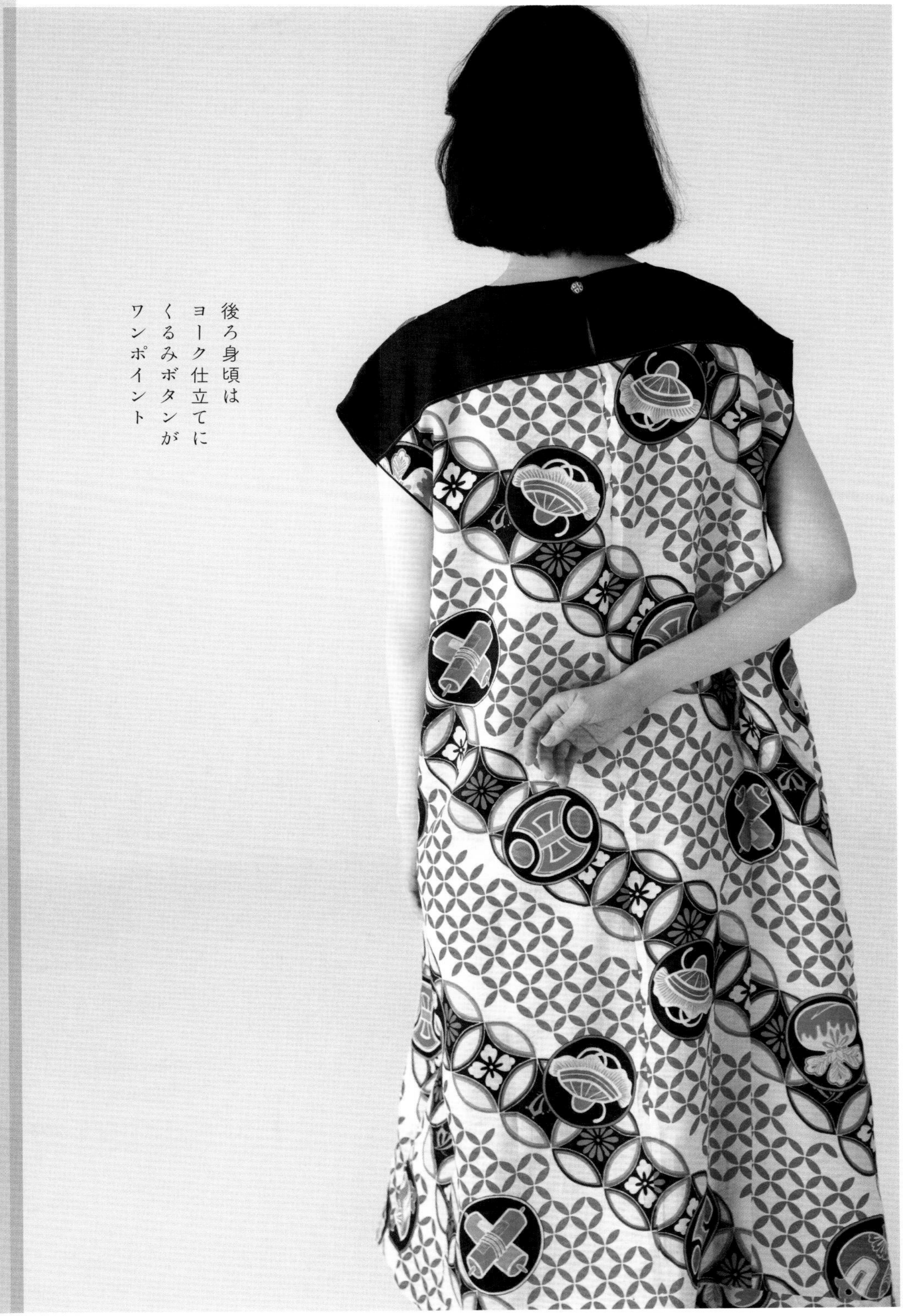

後ろ身頃は
ヨーク仕立てに
くるみボタンが
ワンポイント

4、

PHOTO
P. 26

七宝模様のワンピース

材料

着もの地（子ども用）— 36cm幅×740cm
着もの地（喪服）——— 36cm幅×210cm
ニット用接着芯 ——— 90×20cm
直径1.2cmのくるみボタン —— 1個
（くるみボタンキットを
使って作る→P.81参照）

作り方順序

1 前身頃と後ろ身頃を縫う
2 肩を縫う
3 衿ぐりに見返しを縫いつける
4 横マチを縫う
5 袖ぐりに見返しを縫いつける
6 裾をまつる
7 ボタンをつける

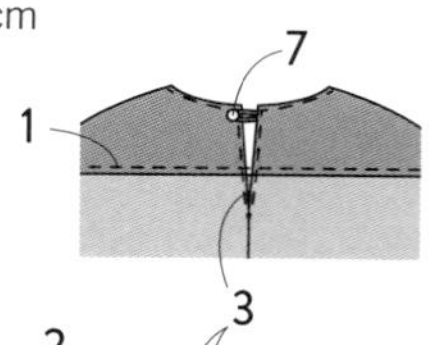

7
1
3

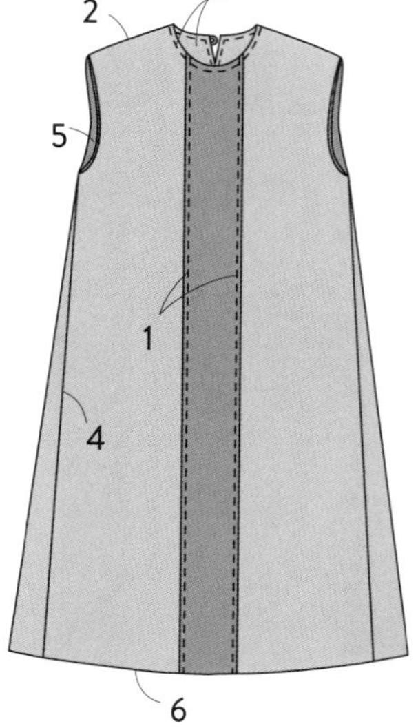

2
5
1
4
6

裁ち方

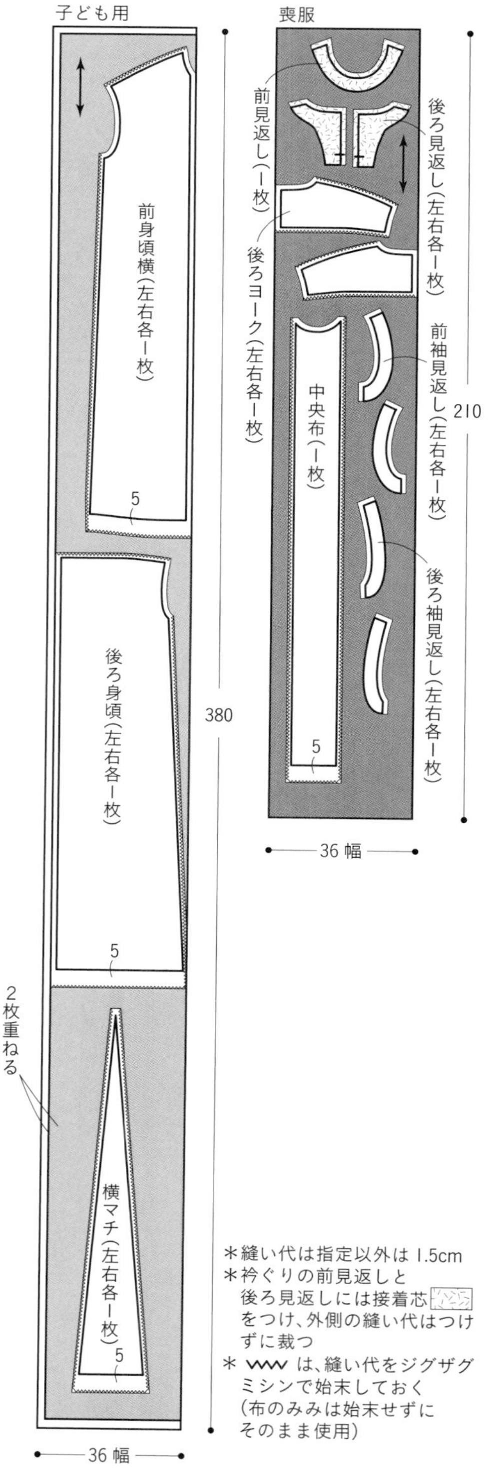

子ども用
前身頃横（左右各1枚）
5
後ろ身頃（左右各1枚）
5
2枚重ねる
横マチ（左右各1枚）
5
380
36幅
喪服
前見返し（1枚）
後ろ見返し（左右各1枚）
後ろヨーク（左右各1枚）
中央布（1枚）
5
前袖見返し（左右各1枚）
後ろ袖見返し（左右各1枚）
210
36幅

＊縫い代は指定以外は1.5cm
＊衿ぐりの前見返しと後ろ見返しには接着芯をつけ、外側の縫い代はつけずに裁つ
＊ は、縫い代をジグザグミシンで始末しておく（布のみみは始末せずにそのまま使用）

製図　実物大型紙 B C D E F G A面

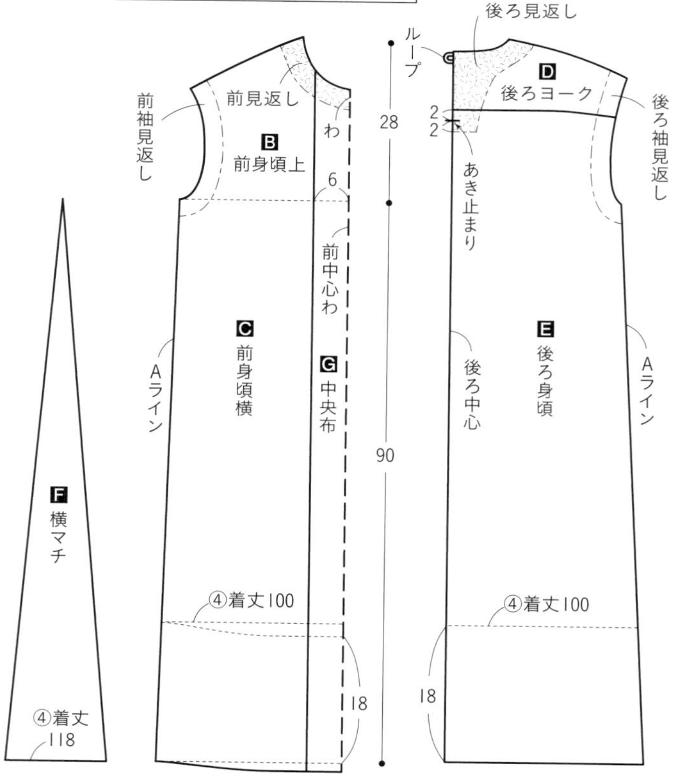

F
横マチ
④着丈
118
前袖見返し
前見返し
B
前身頃上
わ
6
前中心わ
C
前身頃横
G
中央布
Aライン
④着丈100
18
28
90
ループ
後ろ見返し
D
後ろヨーク
2
2
あき止まり
後ろ袖見返し
E
後ろ身頃
後ろ中心
Aライン
④着丈100
18

＊着丈100の型紙の裾をそれぞれ18cm伸ばし、前身頃は裾のカーブを足す

SIZE
着丈：118cm

1 前身頃と後ろ身頃を縫う

＊ジグザグミシンの図は
一部省略しています

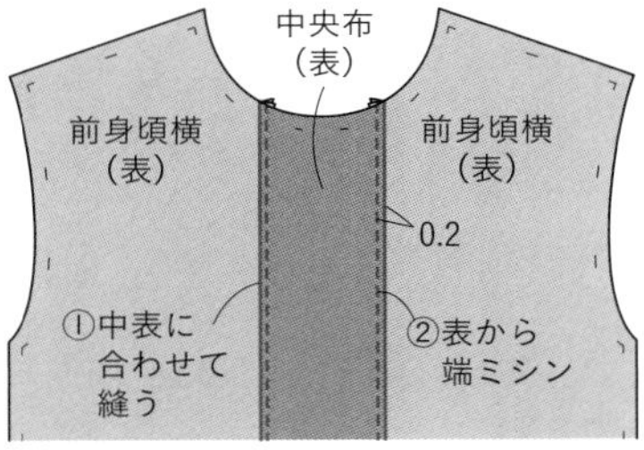
中央布
(表)
前身頃横
(表)
前身頃横
(表)
0.2
①中表に
合わせて
縫う
②表から
端ミシン

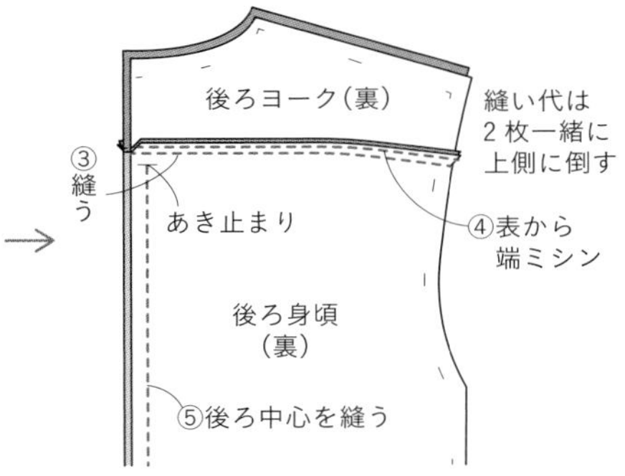
後ろヨーク(裏)
縫い代は
2枚一緒に
上側に倒す
③
縫
う
あき止まり
④表から
端ミシン
後ろ身頃
(裏)
⑤後ろ中心を縫う

2 肩を縫う

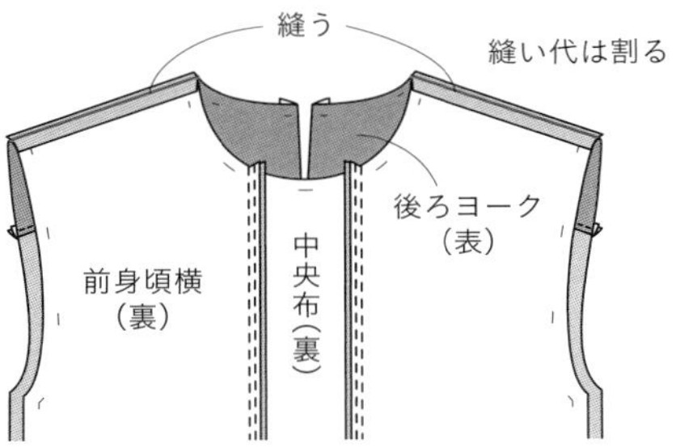
縫う
縫い代は割る
後ろヨーク
(表)
前身頃横
(裏)
中央布(裏)

3 衿ぐりに見返しを縫いつける

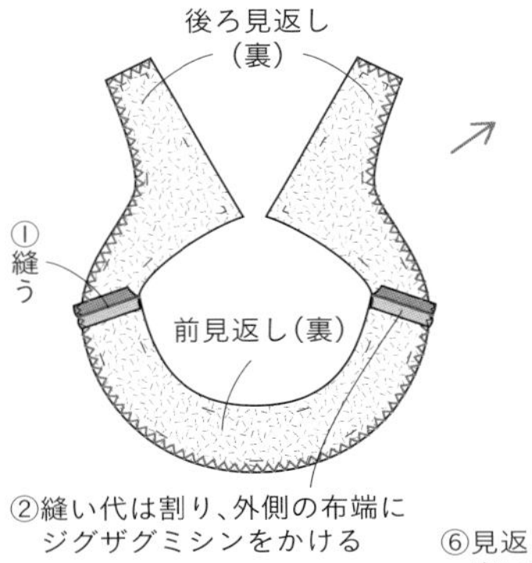
後ろ見返し
(裏)
①
縫
う
前見返し(裏)
②縫い代は割り、外側の布端に
ジグザグミシンをかける

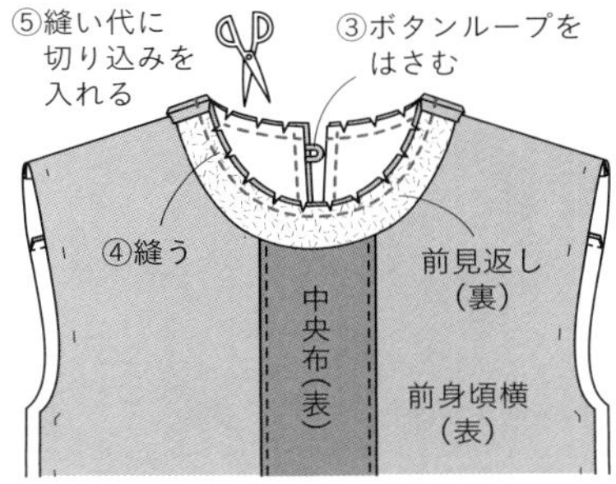
⑤縫い代に
切り込みを
入れる
③ボタンループを
はさむ
④縫う
前見返し
(裏)
中央布(表)
前身頃横
(表)

＊ボタンループの作り方はP.81参照

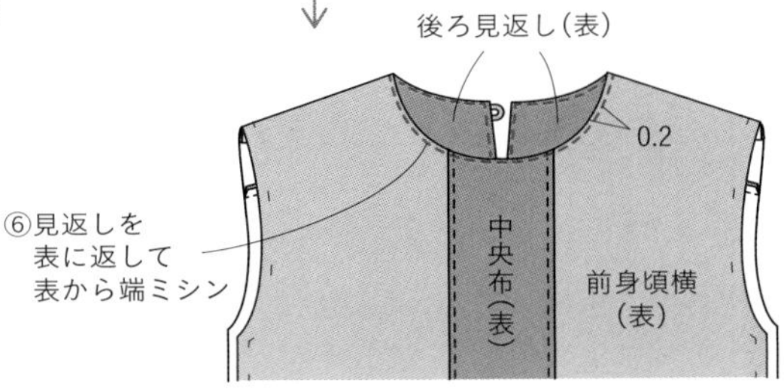
後ろ見返し(表)
0.2
⑥見返しを
表に返して
表から端ミシン
中央布(表)
前身頃横
(表)

4 横マチを縫う

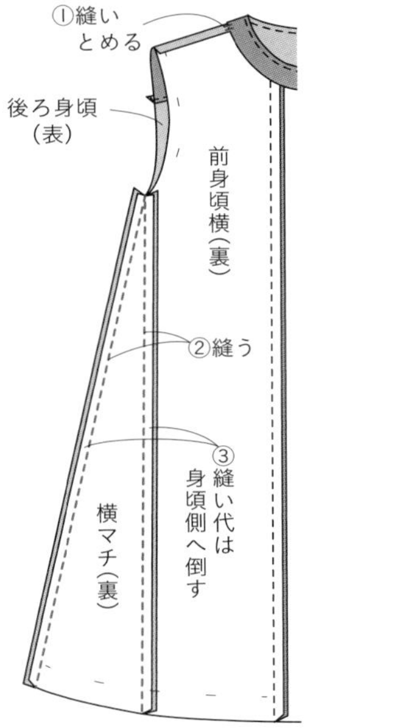
①縫い
とめる
後ろ身頃
(表)
前身頃横(裏)
②縫う
③縫い代は身頃側へ倒す
横マチ(裏)

5 袖ぐりに見返しを縫いつける

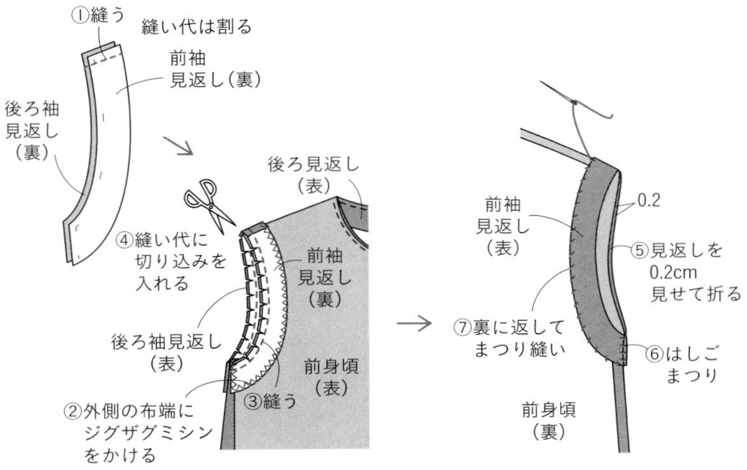
①縫う
縫い代は割る
前袖
見返し(裏)
後ろ袖
見返し
(裏)
後ろ見返し
(表)
④縫い代に
切り込みを
入れる
前袖
見返し
(裏)
後ろ袖見返し
(表)
前身頃
(表)
②外側の布端に
ジグザグミシン
をかける
③縫う
前袖
見返し
(表)
0.2
⑤見返しを
0.2cm
見せて折る
⑦裏に返して
まつり縫い
⑥はしご
まつり
前身頃
(裏)

6 裾をまつる

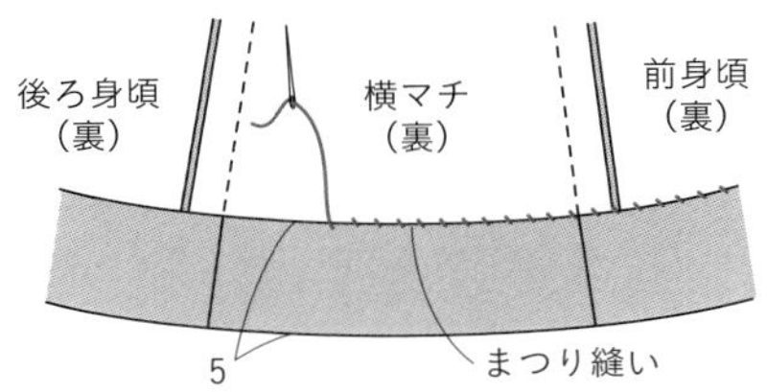
後ろ身頃
(裏)
横マチ
(裏)
前身頃
(裏)
5
まつり縫い

7 ボタンをつける

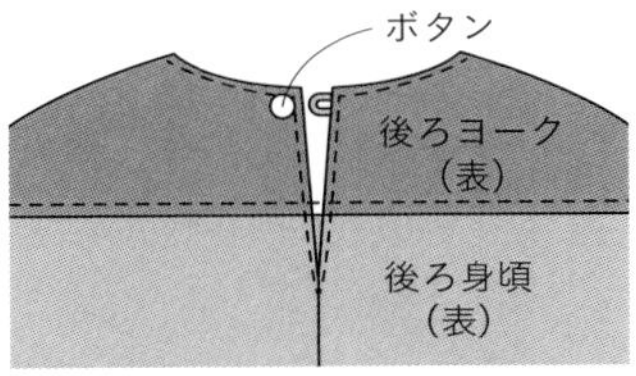
ボタン
後ろヨーク
(表)
後ろ身頃
(表)

＊くるみボタンの作り方はP.81参照

綸子の地模様と合わせた
紗《さ》綾《や》形《がた》文様の別布を
後ろ身頃の横マチに

5、 HOW TO MAKE P.32

綸《りん》子《ず》の
フレアブラウス

光沢と地模様が美しい綸子のブラウス。
身頃に横マチを入れることで
裾に向かってふんわり広がる
シルエットになりました。
ボリューム多めの
ギャザースカートと合わせて。

5、

PHOTO P.30

綸子のフレアブラウス

材料

着もの地（綸子）—— 36cm幅×780cm
横マチ用別布 —— 36cm幅×90cm
ニット用接着芯 —— 90×20cm
1cm幅のゴムテープ —— 40cm×2本

作り方順序

1 前身頃と後ろ身頃を縫う
2 肩を縫う
3 衿ぐりに見返しを縫いつける
4 袖をつけて脇を縫う
5 袖口を始末する
6 裾をまつる

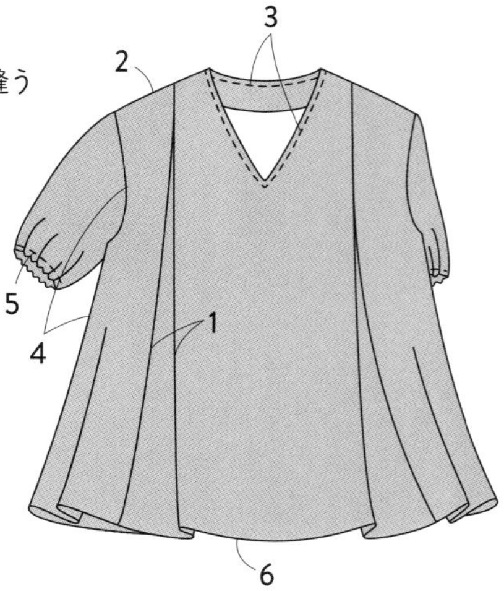

製図

実物大型紙 B C D E G H A面

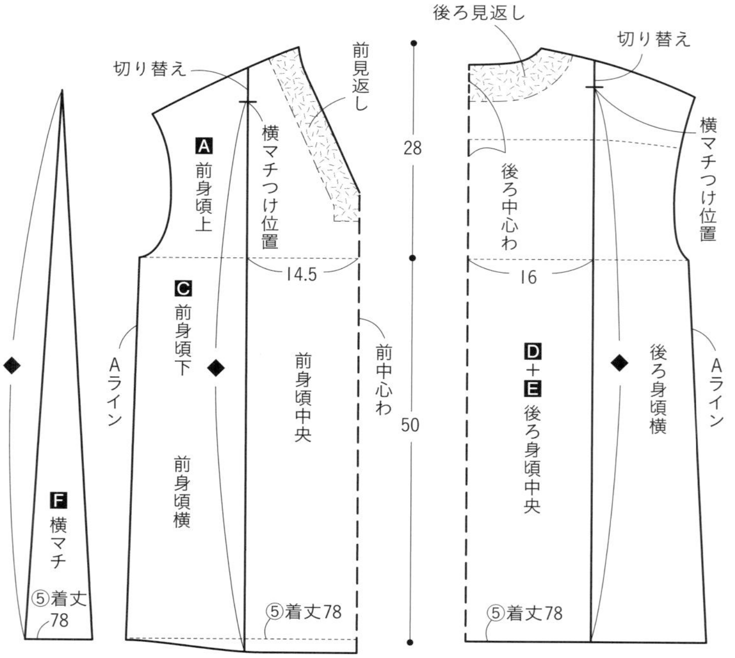

＊着丈78の線で型紙を折りたたむ（P.5参照）
＊型紙を切り替えラインで切り、前身頃横と前身頃中央に分ける

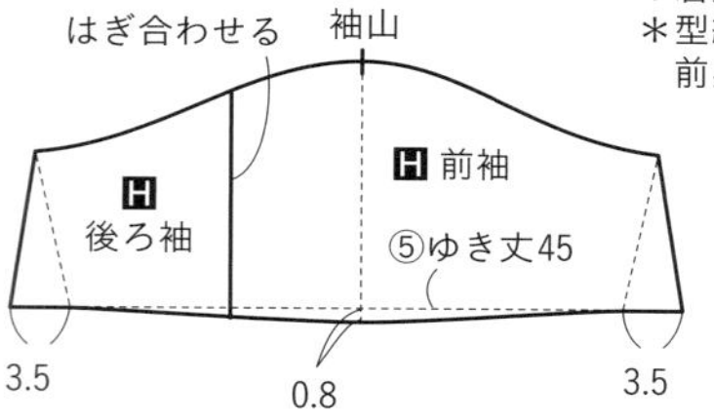

SIZE
着丈：78cm

裁ち方

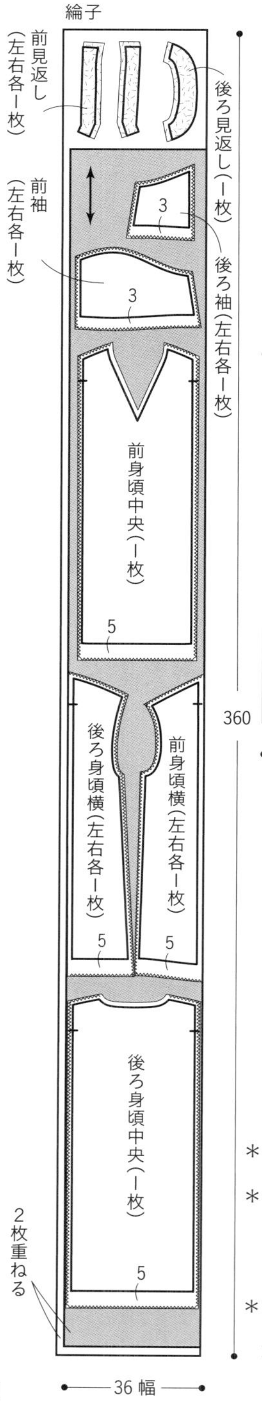

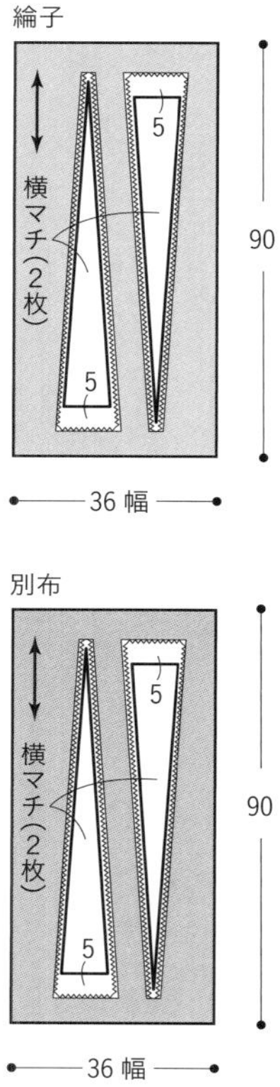

＊縫い代は指定以外は1.5cm
＊衿ぐりの前見返しと後ろ見返しには接着芯 をつけ、外側の縫い代はつけずに裁つ
＊ は、縫い代をジグザグミシンで始末しておく（布のみみは始末せずにそのまま使用）

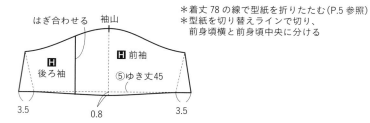

1 前身頃と後ろ身頃を縫う

＊ジグザグミシンの図は一部省略しています

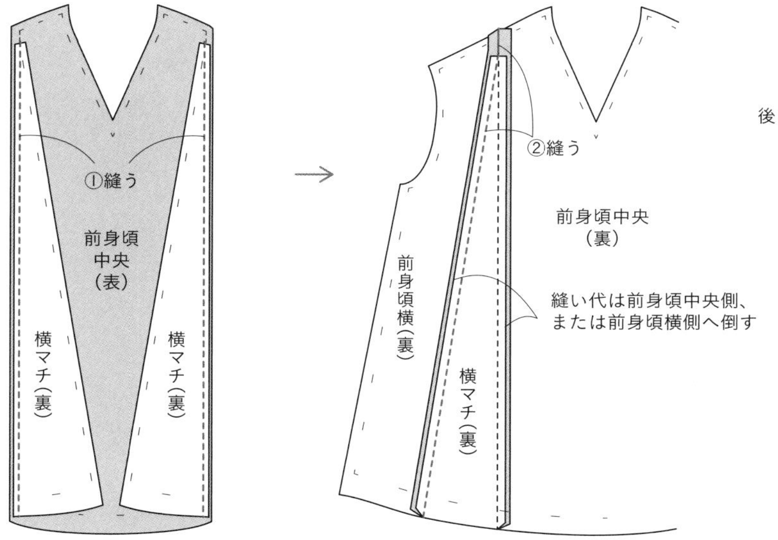
①縫う
前身頃
中央
（表）
横マチ（裏）
横マチ（裏）
②縫う
前身頃中央
（裏）
前身頃横（裏）
横マチ（裏）
縫い代は前身頃中央側、
または前身頃横側へ倒す

後ろ身頃も同様に縫い合わせる

2 肩を縫う

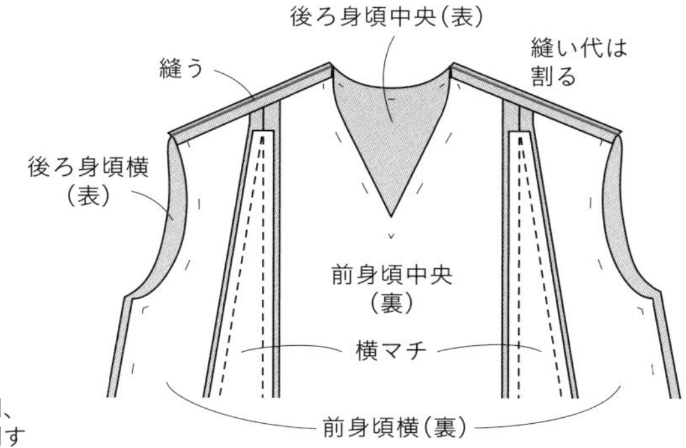
後ろ身頃中央（表）
縫う
縫い代は
割る
後ろ身頃横
（表）
前身頃中央
（裏）
横マチ
前身頃横（裏）

3 衿ぐりに見返しを縫いつける

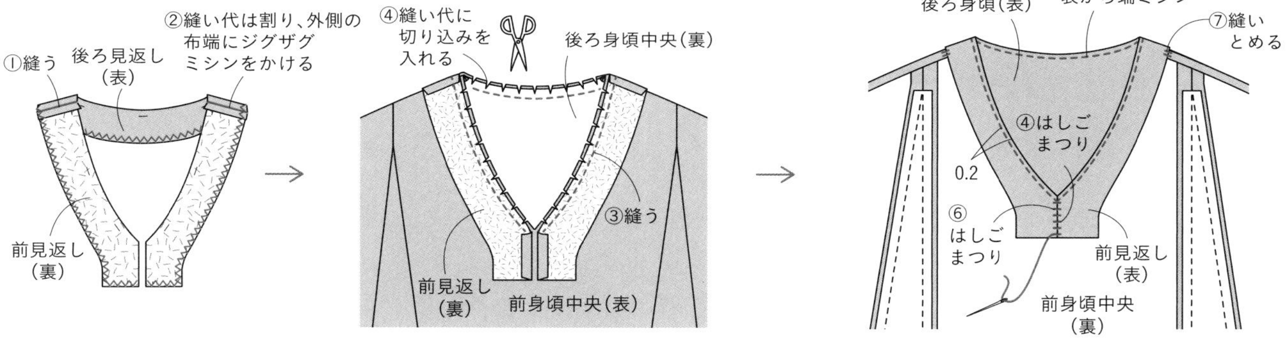
①縫う
後ろ見返し
（表）
②縫い代は割り、外側の
布端にジグザグ
ミシンをかける
前見返し
（裏）
④縫い代に
切り込みを
入れる
後ろ身頃中央（裏）
③縫う
前見返し
（裏）
前身頃中央（表）
後ろ身頃（表）
⑤見返しを表に返して
表から端ミシン
⑦縫い
とめる
④はしご
まつり
0.2
⑥
はしご
まつり
前見返し
（表）
前身頃中央
（裏）

4 袖をつけて脇を縫う

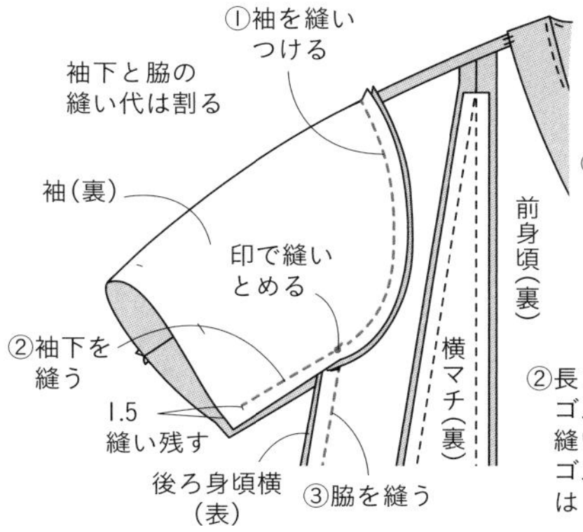
①袖を縫い
つける
袖下と脇の
縫い代は割る
袖（裏）
印で縫い
とめる
②袖下を
縫う
1.5
縫い残す
後ろ身頃横
（表）
③脇を縫う
前身頃（裏）
横マチ（裏）

5 袖口を始末する

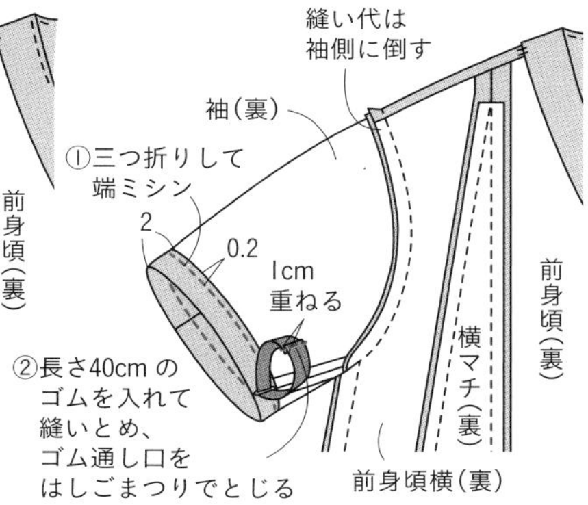
縫い代は
袖側に倒す
袖（裏）
①三つ折りして
端ミシン
2
0.2
1cm
重ねる
②長さ40cm の
ゴムを入れて
縫いとめ、
ゴム通し口を
はしごまつりでとじる
横マチ（裏）
前身頃（裏）
前身頃横（裏）

6 裾をまつる

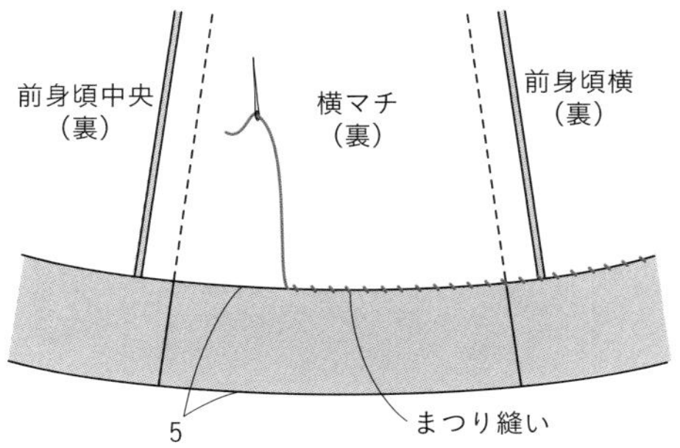
前身頃中央
（裏）
横マチ
（裏）
前身頃横
（裏）
5
まつり縫い

6、

HOW TO MAKE P.36

裾フリルのブラウス

小紋のウール地のブラウスです。
ウールは発色がよくシワになりにくいため、
ふだん着用にぴったりの素材。
衿にはスリットを入れて脱ぎ着しやすくしました。

ドロップショルダーで
ゆったり感を

ギャザーをよせた
フリル布を裾につけて
フェミニンに

6、

PHOTO
P. 34

裾フリルのブラウス

SIZE
着丈：62cm

材料

着もの地（ウール）―― 36cm幅×520cm
見返し用別布 ―― 36cm幅×50cm
ニット用接着芯 ―― 90×20cm

作り方順序

1 前身頃と後ろ身頃を縫う
2 肩を縫う
3 衿ぐりの見返しを縫う
4 衿ぐりに見返しを縫いつける
5 袖をつけて脇を縫う
6 袖口を始末する
7 裾フリルを縫いつける

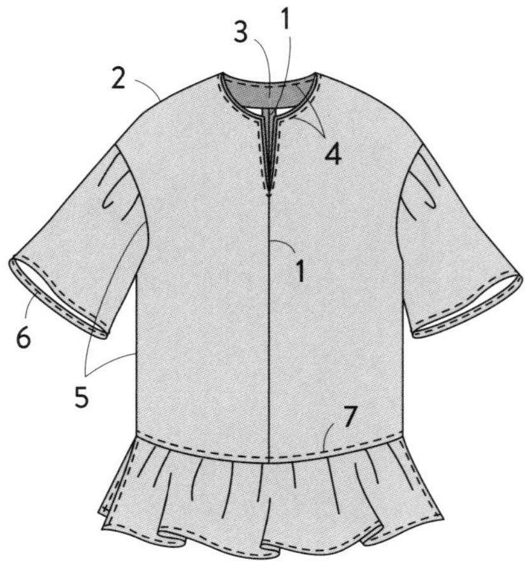

裁ち方

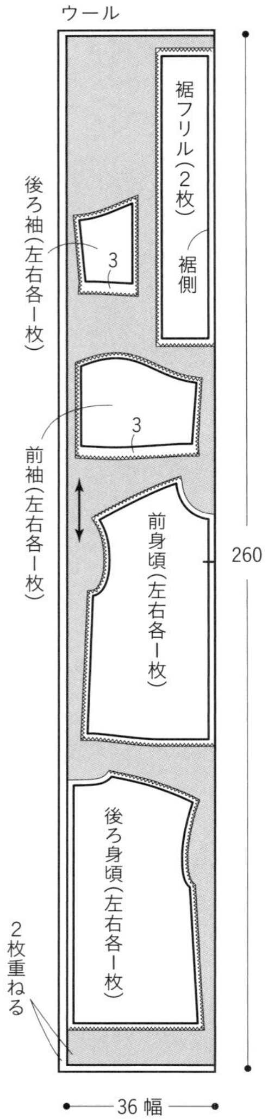

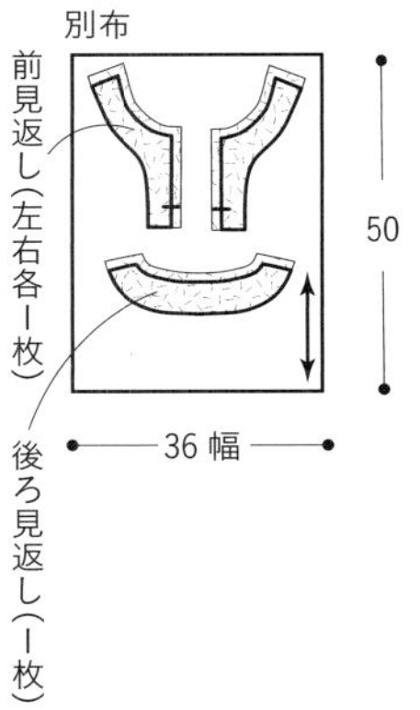

＊縫い代は指定以外は1.5cm
＊衿ぐりの前見返しと後ろ見返しには接着芯 をつけ、外側の縫い代はつけずに裁つ
＊ は、縫い代をジグザグミシンで始末しておく（布のみみは始末せずにそのまま使用）

製図 実物大型紙 B C D E A面 実物大型紙 I W B面

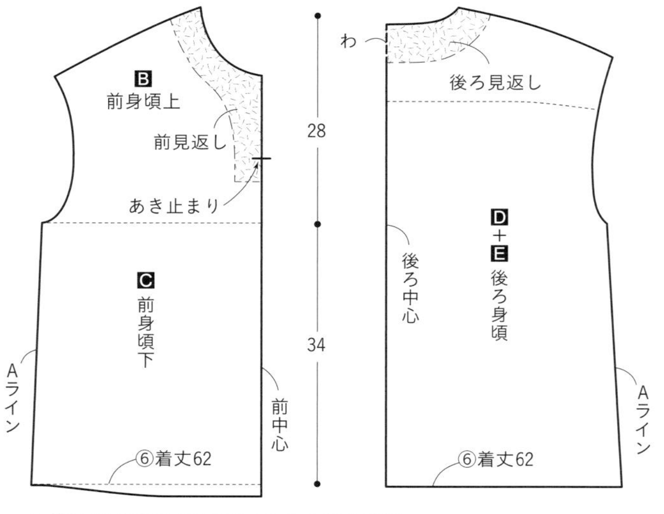

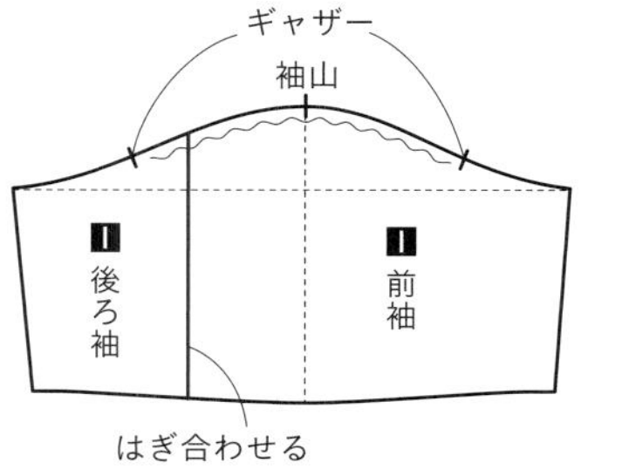

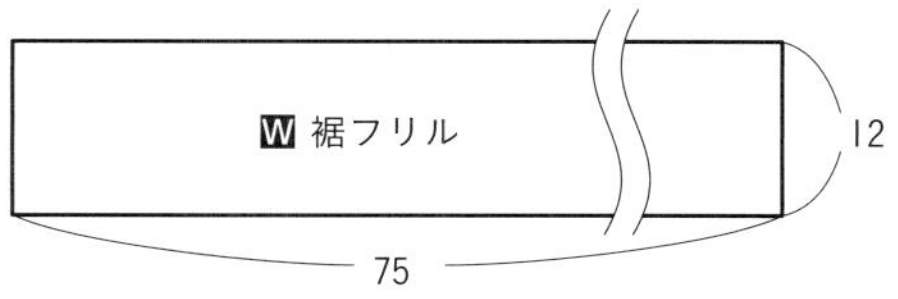

＊着丈 62 の線で型紙を折りたたむ（P.5 参照）

1 前身頃と後ろ身頃を縫う

＊ジグザグミシンの図は一部省略しています

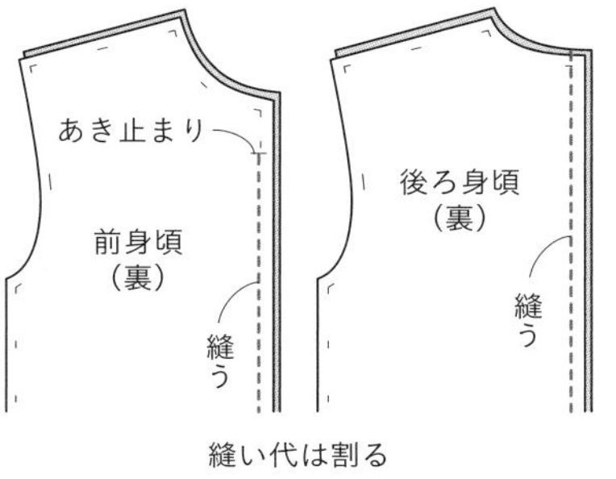

あき止まり
前身頃
（裏）
縫う
後ろ身頃
（裏）
縫う
縫い代は割る

2 肩を縫う

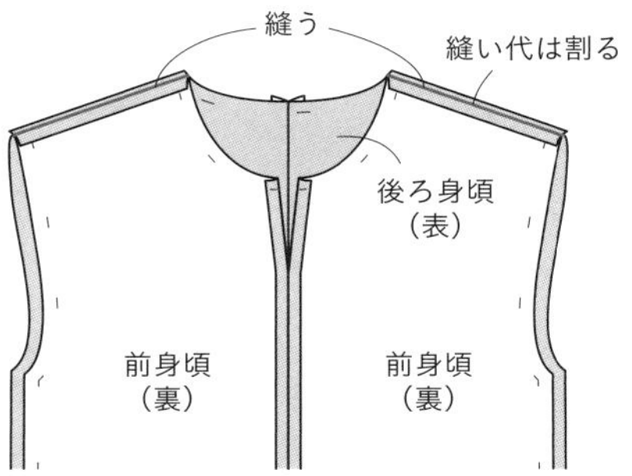

縫う
縫い代は割る
後ろ身頃
（表）
前身頃
（裏）
前身頃
（裏）

3 衿ぐりの見返しを縫う

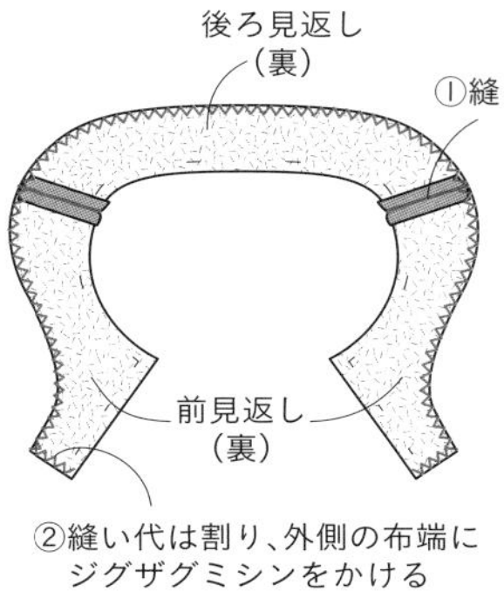

後ろ見返し
（裏）
①縫う
前見返し
（裏）
②縫い代は割り、外側の布端に
ジグザグミシンをかける

4 衿ぐりに見返しを縫いつける

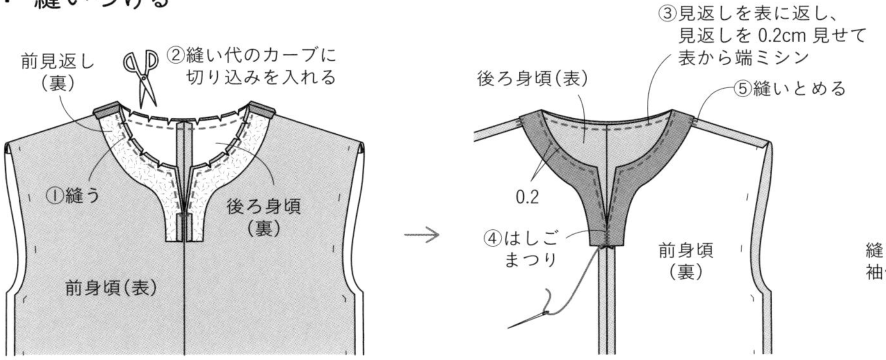

前見返し
（裏）
②縫い代のカーブに
切り込みを入れる
①縫う
後ろ身頃
（裏）
前身頃（表）
③見返しを表に返し、
見返しを 0.2cm 見せて
表から端ミシン
後ろ身頃（表）
⑤縫いとめる
0.2
④はしご
まつり
前身頃
（裏）

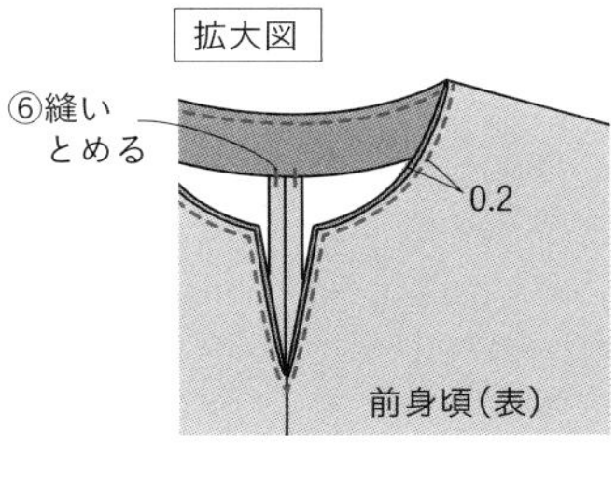

拡大図
⑥縫い
とめる
0.2
前身頃（表）

5 袖をつけて脇を縫う

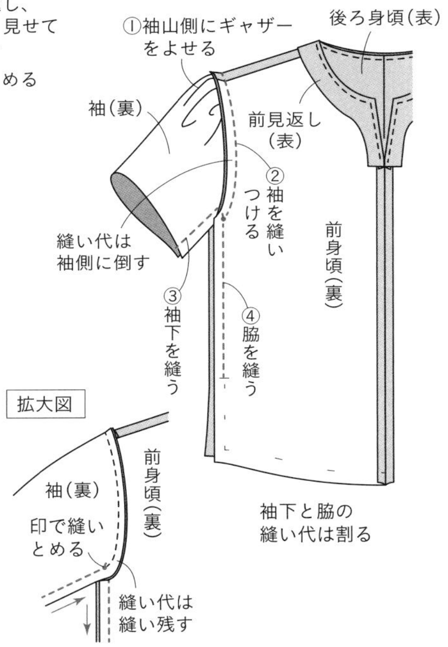

①袖山側にギャザー
をよせる
後ろ身頃（表）
袖（裏）
前見返し
（表）
②
袖を縫い
つける
縫い代は
袖側に倒す
前身頃（裏）
③
袖下を縫う
④
脇を縫う
袖下と脇の
縫い代は割る
拡大図
袖（裏）
前身頃（裏）
印で縫い
とめる
縫い代は
縫い残す

6 袖口を始末する

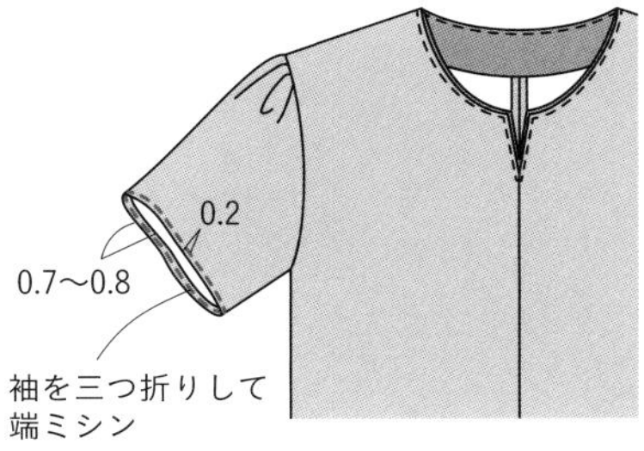

0.2
0.7〜0.8
袖を三つ折りして
端ミシン

7 裾フリルを縫いつける

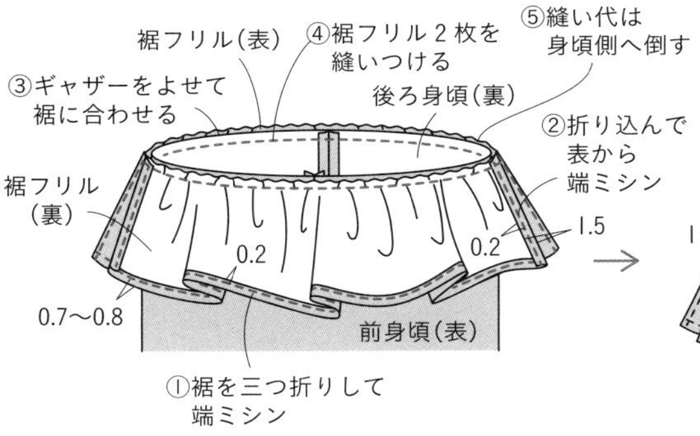

裾フリル（表）
④裾フリル 2 枚を
縫いつける
⑤縫い代は
身頃側へ倒す
③ギャザーをよせて
裾に合わせる
後ろ身頃（裏）
②折り込んで
表から
端ミシン
裾フリル
（裏）
1.5
0.2
0.2
0.7〜0.8
前身頃（表）
①裾を三つ折りして
端ミシン

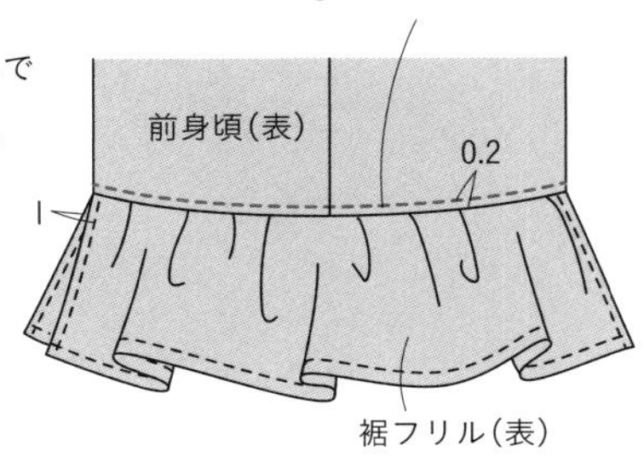

⑥表から端ミシン
前身頃（表）
0.2
1
裾フリル（表）

7、
HOW TO MAKE
P.40

大島紬のワンピース

後ろにファスナーをつけたワンピース。
高級なイメージのある大島紬ですが、
シンプルなワンピースに仕立ててふだん使いするのもおしゃれ。
裾を少し狭くし、コクーン風のシルエットにしました。

衿元に見返しのあざやかなブルーを
ほんの少しのぞかせて

細やかな大島紬の柄を生かすため
目立たないコンシールファスナーを

7、

PHOTO
P.38

大島紬のワンピース

材料

着もの地（大島紬）―――― 36cm幅×700cm
見返し用別布 ―――― 36cm幅×35cm
ニット用接着芯 ―――― 90×20cm
長さ56cmコンシールファスナー ― 1本

作り方順序

1 ダーツと前中心を縫う
2 後ろ身頃にファスナーをつけ、肩を縫う
3 衿ぐりに見返しを縫いつける
4 前袖と後ろ袖を縫う
5 袖をつけて脇を縫い、袖口を始末する
6 裾とスリットをまつる

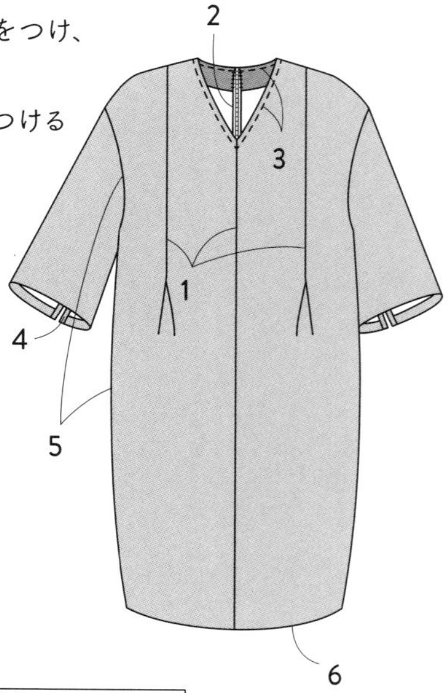

1
2
3
4
5
6

裁ち方

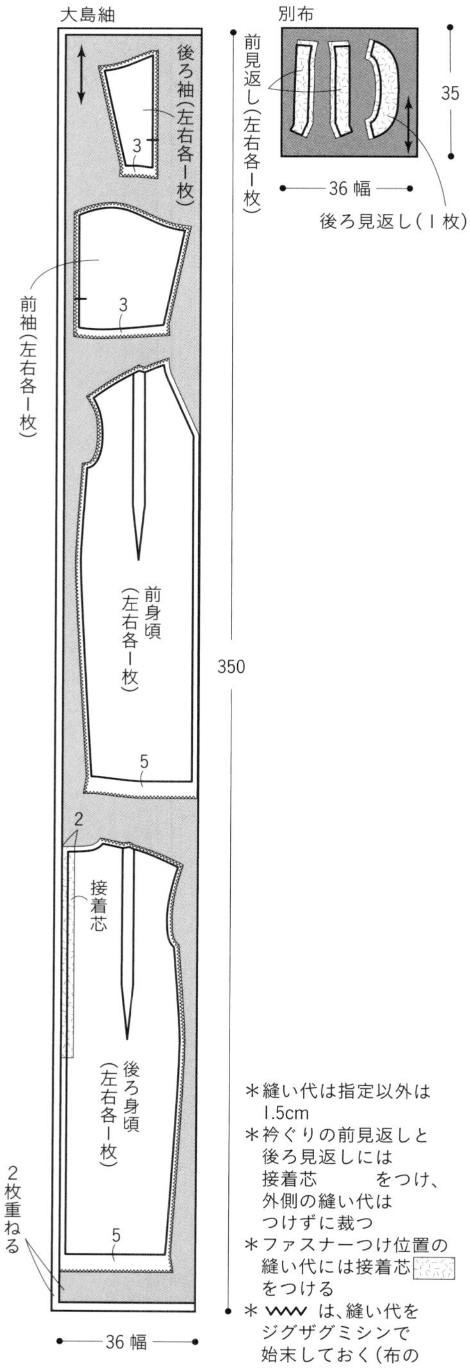

大島紬
後ろ袖（左右各1枚）
3
前袖（左右各1枚）
3
前身頃（左右各1枚）
5
2
接着芯
後ろ身頃（左右各1枚）
5
2枚重ねる
350
36幅
別布
前見返し（左右各1枚）
35
36幅
後ろ見返し（1枚）

＊縫い代は指定以外は1.5cm
＊衿ぐりの前見返しと後ろ見返しには接着芯 をつけ、外側の縫い代はつけずに裁つ
＊ファスナーつけ位置の縫い代には接着芯 をつける
＊ は、縫い代をジグザグミシンで始末しておく（布のみみは始末せずにそのまま使用）

製図

実物大型紙 H A面　実物大型紙 J B面

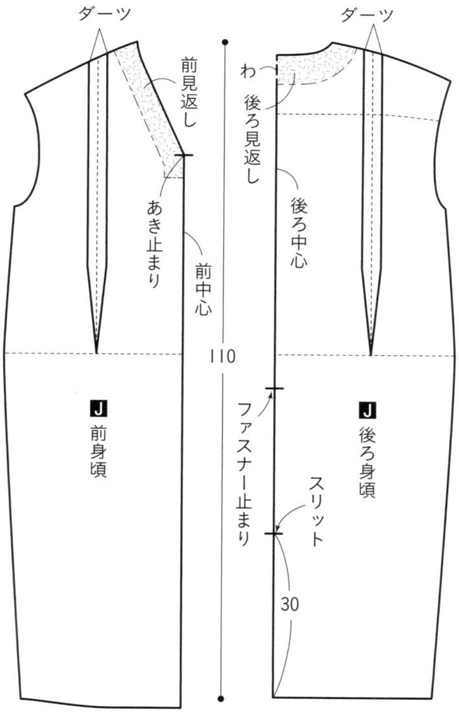

ダーツ
前見返し
あき止まり
前中心
J 前身頃
110
ダーツ
わ
後ろ見返し
後ろ中心
J 後ろ身頃
ファスナー止まり
スリット
30

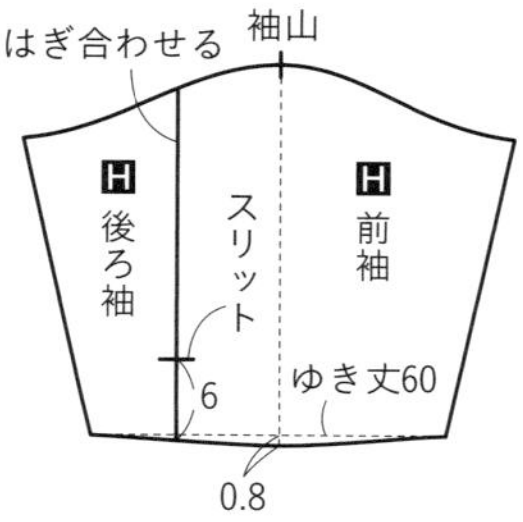

はぎ合わせる
袖山
H 後ろ袖
スリット
6
H 前袖
ゆき丈60
0.8

SIZE
着丈：110cm

1 ダーツと前中心を縫う

＊ジグザグミシンの図は一部省略しています

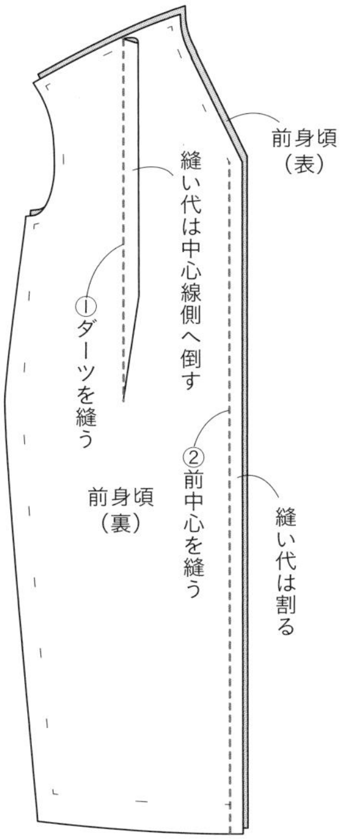
前身頃（表）
縫い代は中心線側へ倒す
①ダーツを縫う
前身頃（裏）
②前中心を縫う
縫い代は割る

2 後ろ見頃にファスナーをつけて肩を縫う

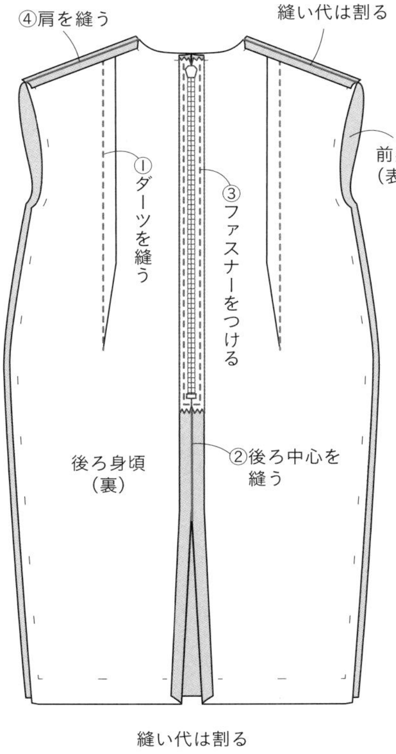
④肩を縫う
縫い代は割る
前身頃（表）
①ダーツを縫う
③ファスナーをつける
後ろ身頃（裏）
②後ろ中心を縫う
縫い代は割る

3 衿ぐりに見返しを縫いつける

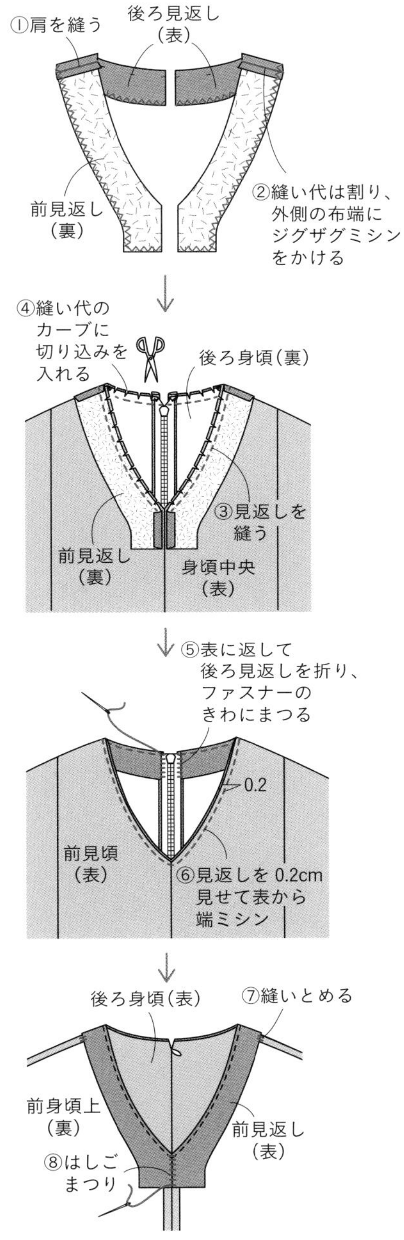
①肩を縫う
後ろ見返し（表）
前見返し（裏）
②縫い代は割り、外側の布端にジグザグミシンをかける
④縫い代のカーブに切り込みを入れる
後ろ身頃（裏）
③見返しを縫う
前見返し（裏）
身頃中央（表）
⑤表に返して後ろ見返しを折り、ファスナーのきわにまつる
0.2
前見頃（表）
⑥見返しを 0.2cm 見せて表から端ミシン
後ろ身頃（表）
⑦縫いとめる
前身頃上（裏）
前見返し（表）
⑧はしごまつり

4 前袖と後ろ袖を縫う

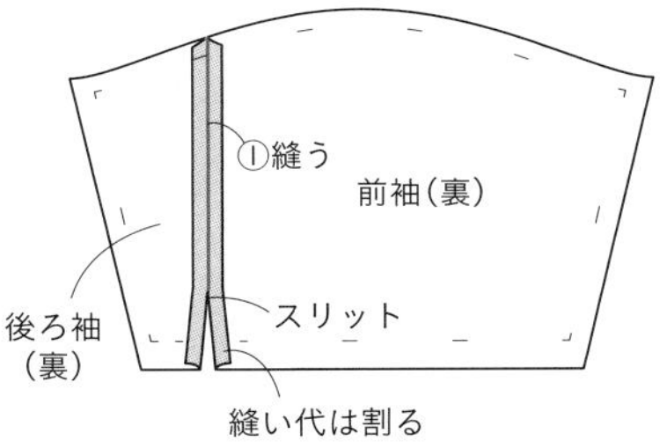
①縫う
前袖（裏）
後ろ袖（裏）
スリット
縫い代は割る

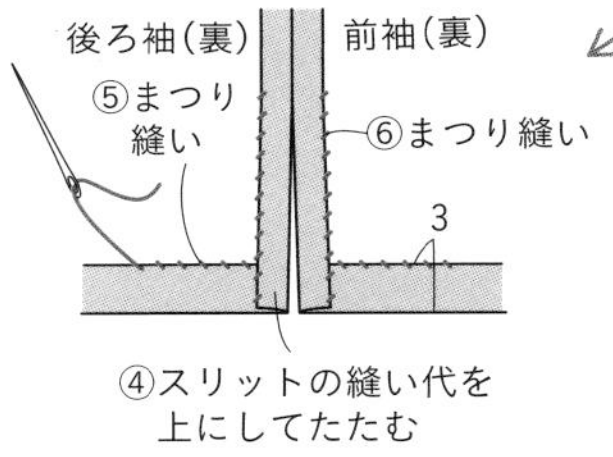
後ろ袖（裏）
前袖（裏）
⑤まつり縫い
⑥まつり縫い
3
④スリットの縫い代を上にしてたたむ

5 袖をつけて脇を縫い、袖口を始末する

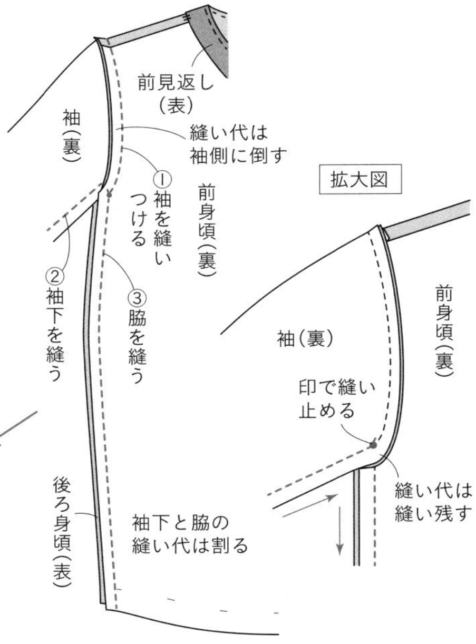
前見返し（表）
袖（裏）
縫い代は袖側に倒す
①袖を縫いつける
前身頃（裏）
②袖下を縫う
③脇を縫う
後ろ身頃（表）
袖下と脇の縫い代は割る
拡大図
袖（裏）
前身頃（裏）
印で縫い止める
縫い代は縫い残す

6 裾とスリットをまつる

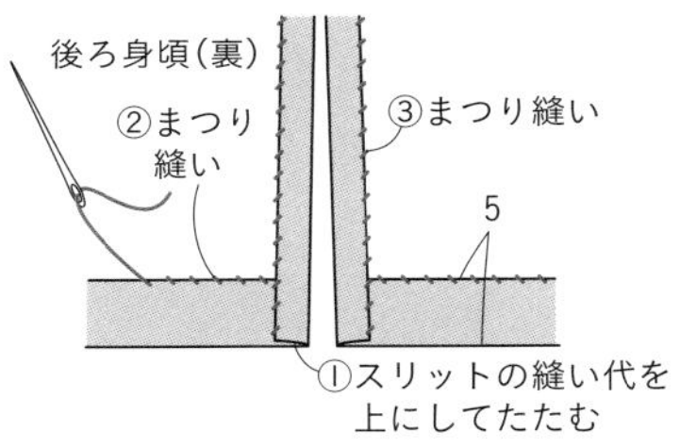
後ろ身頃（裏）
②まつり縫い
③まつり縫い
5
①スリットの縫い代を上にしてたたむ

COLUMN

布の話

着ものリメイクによく使われる、代表的な着もの地を紹介します。

着もの地の分け方

染織の技法のほか、素材や用途などで分けられます。ここでは、代表となる布をいくつか取りあげました。

銘仙 めいせん

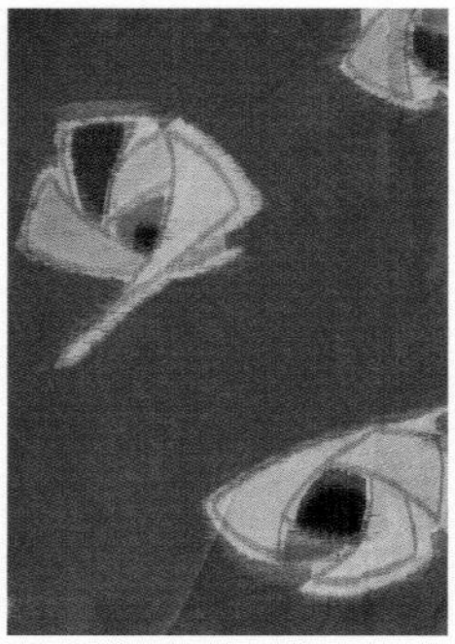

独特のシャリ感と、あざやかで大胆な柄が人気の絹織物。大正から昭和にかけて庶民のあいだで流行しました。カラフルな色合いはワンピースやブラウスに適しています。

縮緬 ちりめん

よこ糸に撚《よ》りを強くかけて織るため、撚りを戻そうとして生地が縮み、シボと呼ばれる凹凸が生まれます。シボが細かい一越《ひとこし》ちりめん（左）やシボが大きな二越《ふたこし》ちりめん（右）などがあります。

紬 つむぎ

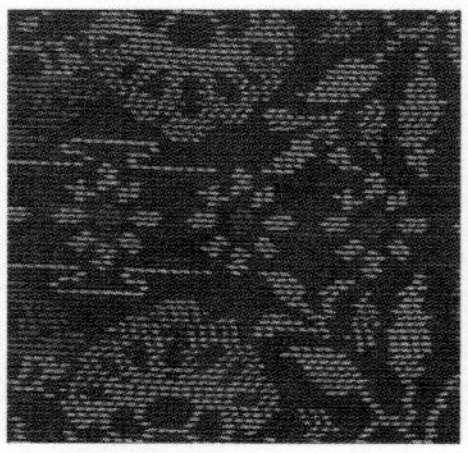

真綿を紡いで作った糸から生み出される織物。繊細な柄で人気が高い大島紬などの絹地の最高級品もあれば、素朴であたたかみのある風合いの木綿の紬もあります。

綸子 りんず

繻子《しゅす》織で地模様を描き出した絹織物。なめらかで光沢のある生地が特徴です。美しい地紋を生かし、花嫁衣装・振袖・訪問着のほか帯地や襦袢にも用いられます。

絞り

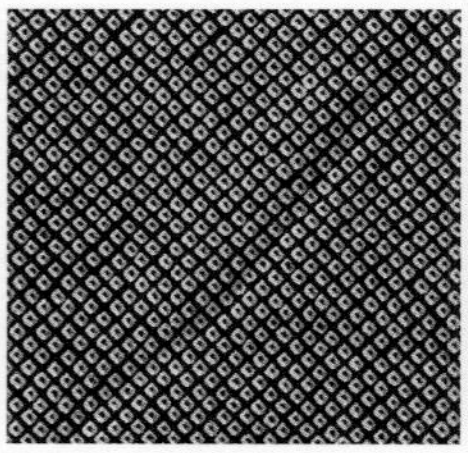

布地を糸でくくったり、縫い絞ったりして染料が染み込まないようにして染める手法。絞った部分は白く染め残り、そのまま凹凸が残る場合もあります。

絣 かすり

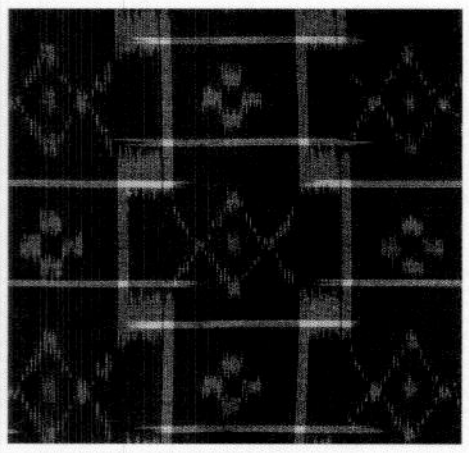

糸を前もって染め分けておき、織り上げることによって、かすれたような模様が浮かびます。藍を使用した紺絣が一般的で、絵絣・蚊絣などの名称もあります。

ウール

洗濯しやすい日常着として作られました。純毛と混紡があり、どちらも比較的あざやかな色合いで、シワになりにくい特徴があります。収納時には防虫剤を忘れないように。

雨コート・道行 みちゆき

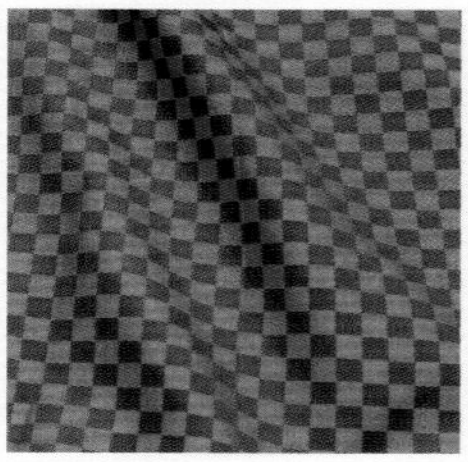

雨がしみ込まないように、撥水性がある布や防水加工した布で作られます。脱ぎ着しやすいように、すべりがよい素材の繻子や化繊で作られることも特徴です。

絽 ろ

夏用の着物地として用いられる織物。薄地で通気性がよく、夏用の服に向いています。透け感があるため、スカートにリメイクする場合は裏地やペチコートを使用します。

襦袢 じゅばん

肌襦袢は下着ですが、長襦袢や半襦袢は、肌襦袢と着もののあいだに着るもの。着ものの下からちらりと見せるため、あざやかな色が多く、ブラウスなどに向いています。

LESSON 2

衿&フードつきトップス

衿やフードがつくことで少しだけレベルアップしたデザインになります。
本格的なシャツや気軽に着たいパーカーなどをここで紹介しています。

ボタンを外してサッと羽織れば
カジュアルに

8、 HOW TO MAKE P.46

スタンドカラーのジレ

大輪の菊のピンクの付け下げを
ストレートなロングジレに。
衿ははさみ込んで縫うだけの
スタンドカラーなので
比較的かんたんです。
ボタンをとめるとフォーマル感が出ます。

8、

PHOTO
P.44

スタンドカラーのジレ

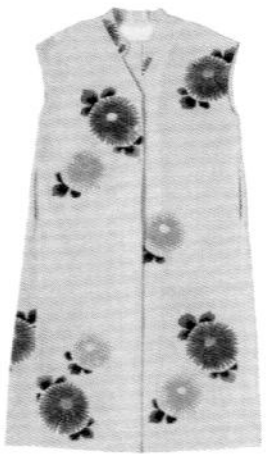

SIZE
着丈：120cm

材料

着もの地（付け下げ）——— 36cm幅×920m
見返し用別布 ——— 36cm幅×150cm
ニット用接着芯 ——— 50×110cm
直径1.5cmのくるみボタン — 3個
（くるみボタンキットを使って作る→P.81参照）

作り方順序

1 後ろ身頃を縫い、肩を縫う
2 衿を作り、
　衿ぐりに仮どめする
3 見返しを縫いつける
4 横マチをつけて
　ポケットをつける
5 衿ぐりに見返しを縫いつける
6 裾をまつる
7 ボタンホールをあけ、
　ボタンをつける

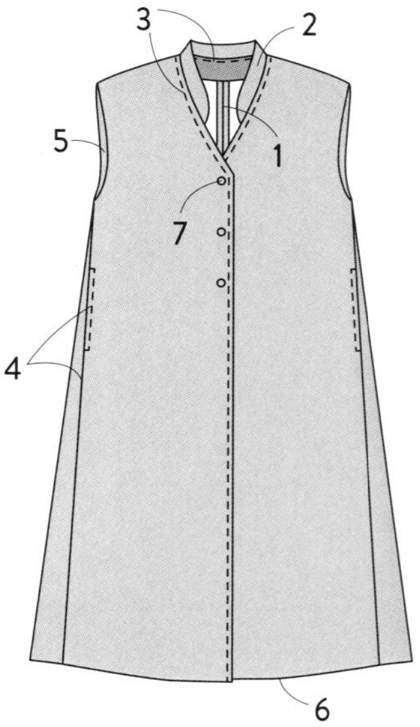

3
2
5
1
7
4
6

製図

実物大型紙 B C D E F A面
実物大型紙 K L B面

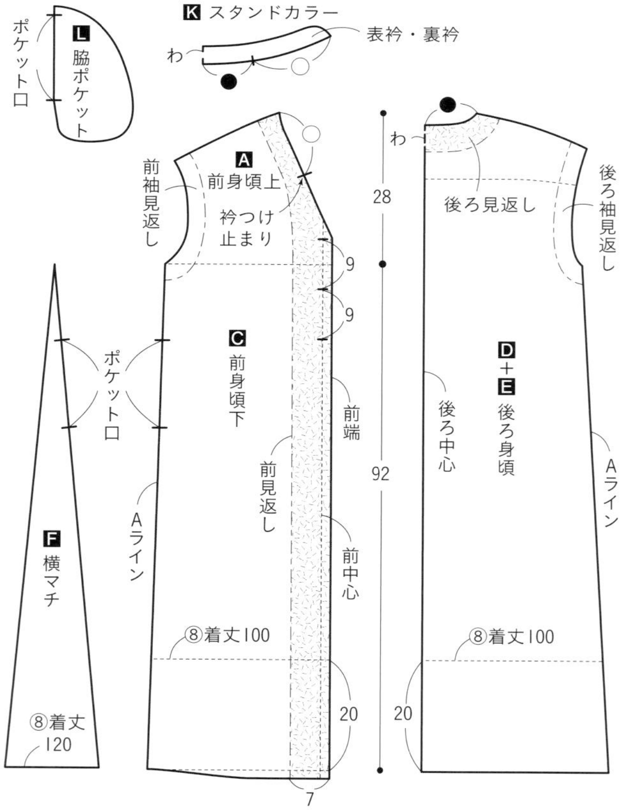

ポケット口
L 脇ポケット
K スタンドカラー
わ
表衿・裏衿
A 前身頃上
前袖見返し
衿つけ止まり
28
9
9
C 前身頃下
前端
前見返し
前中心
92
Aライン
ポケット口
F 横マチ
⑧着丈100
20
7
⑧着丈120
わ
後ろ見返し
後ろ袖見返し
D+E 後ろ身頃
後ろ中心
Aライン
⑧着丈100
20

＊着丈100の型紙の裾をそれぞれ20cm伸ばし、前身頃は裾のカーブを足す

裁ち方

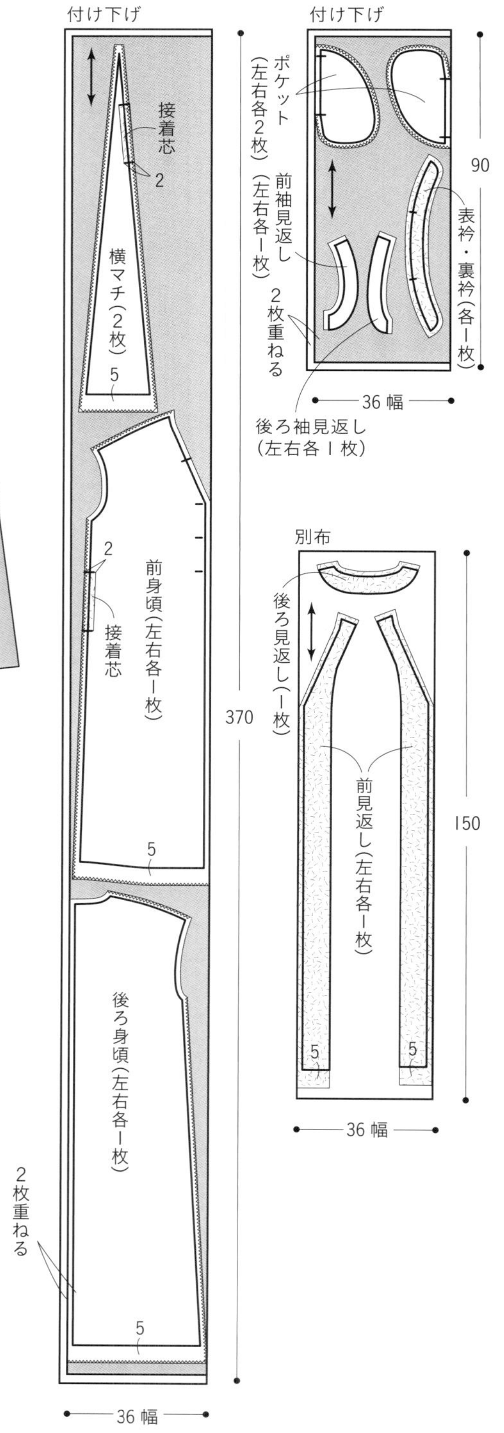

付け下げ
接着芯
2
横マチ(2枚)
5
2
接着芯
前身頃(左右各1枚)
5
370
後ろ身頃(左右各1枚)
2枚重ねる
5
36幅
付け下げ
ポケット(左右各2枚)
前袖見返し(左右各1枚)
2枚重ねる
表衿・裏衿(各1枚)
90
36幅
後ろ袖見返し(左右各1枚)
別布
後ろ見返し(1枚)
前見返し(左右各1枚)
5
5
150
36幅

＊縫い代は指定以外は1.5cm
＊衿ぐりの前見返しと後ろ見返しには接着芯 をつけ、外側の縫い代はつけずに裁つ
＊裏衿とポケット口には接着芯 をつけて裁つ
＊ 〰 は、縫い代をジグザグミシンで始末しておく
（布のみみは始末せずにそのまま使用）

1 後ろ身頃を縫い、肩を縫う

＊ジグザグミシンの図は一部省略しています

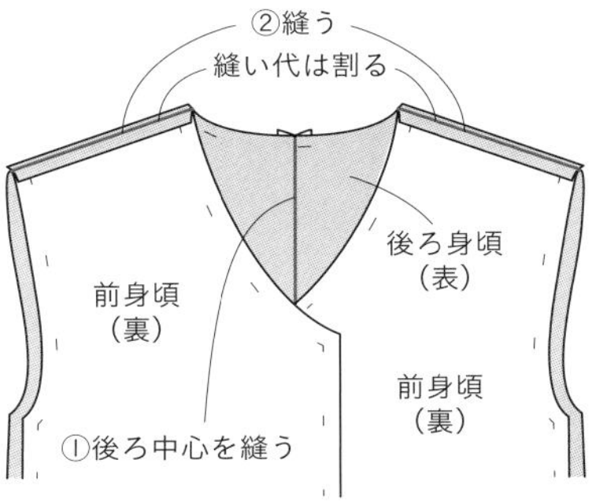

②縫う
縫い代は割る
後ろ身頃
(表)
前身頃
(裏)
前身頃
(裏)
①後ろ中心を縫う

2 衿を作り、衿ぐりに仮どめする

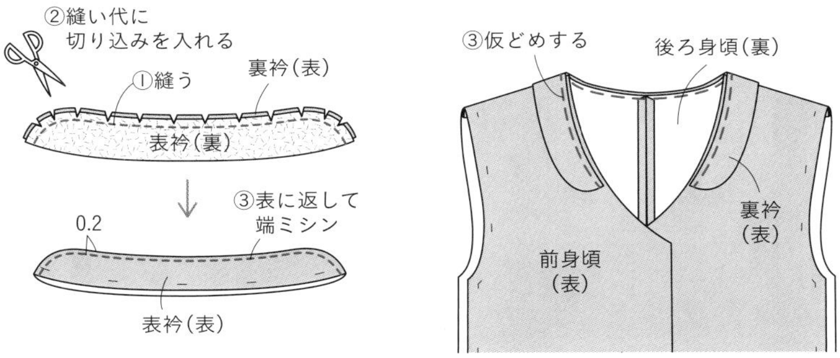

②縫い代に
切り込みを入れる
①縫う
裏衿(表)
表衿(裏)
③表に返して
端ミシン
0.2
表衿(表)
③仮どめする
後ろ身頃(裏)
裏衿
(表)
前身頃
(表)

3 衿ぐりに見返しを縫いつける

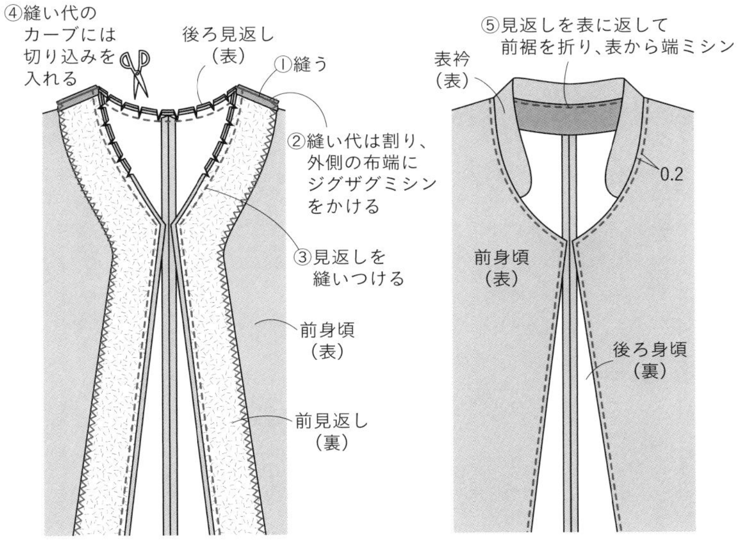

④縫い代の
カーブには
切り込みを
入れる
後ろ見返し
(表)
①縫う
②縫い代は割り、
外側の布端に
ジグザグミシン
をかける
③見返しを
縫いつける
前身頃
(表)
前見返し
(裏)
表衿
(表)
⑤見返しを表に返して
前裾を折り、表から端ミシン
0.2
前身頃
(表)
後ろ身頃
(裏)

＊前見返しの裾の縫い方は P.88-4-⑤参照

4 横マチをつけて 脇ポケットをつける

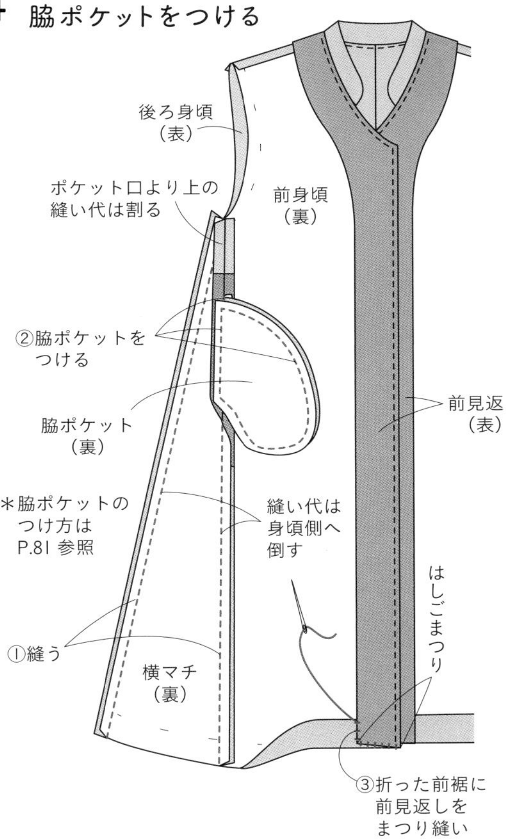

後ろ身頃
(表)
ポケット口より上の
縫い代は割る
前身頃
(裏)
②脇ポケットを
つける
脇ポケット
(裏)
前見返し
(表)
＊脇ポケットの
つけ方は
P.81 参照
縫い代は
身頃側へ
倒す
はしごまつり
①縫う
横マチ
(裏)
③折った前裾に
前見返しを
まつり縫い

5 袖ぐりに見返しを縫いつける

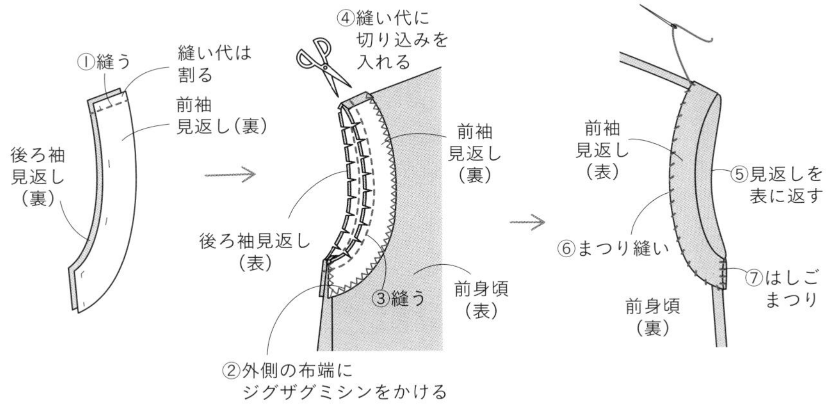

①縫う
縫い代は
割る
前袖
見返し(裏)
後ろ袖
見返し
(裏)
④縫い代に
切り込みを
入れる
前袖
見返し
(裏)
後ろ袖見返し
(表)
③縫う
前身頃
(表)
②外側の布端に
ジグザグミシンをかける
前袖
見返し
(表)
⑤見返しを
表に返す
⑥まつり縫い
⑦はしご
まつり
前身頃
(裏)

6 裾をまつる

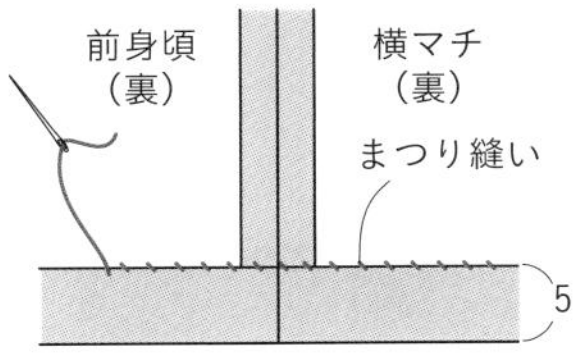

前身頃
(裏)
横マチ
(裏)
まつり縫い
5

7 ボタンホールをあけ、ボタンをつける

9、 HOW TO MAKE P.50

カラフルなシャツ

亀甲文様の中に
色とりどりの花を咲かせた
レトロな柄でシャツを仕立てました。
Vネックにぺたんとした
フラットカラーは仕立てがかんたん。
シャツ初心者さんの
最初の１枚におすすめです。

後ろ身頃が長めの
スリットありのデザイン

9、

PHOTO
P.48

カラフルなシャツ

SIZE
着丈：64cm

材料

着もの地（亀甲文様）— 36cm幅×530cm
ニット用接着芯 ——— 90×20cm

作り方順序

1 前身頃と後ろ身頃を縫う
2 肩を縫う
3 衿を作り、衿ぐりに仮どめする
4 衿ぐりに見返しを縫いつける
5 袖をつけて脇を縫う
6 袖口とスリットをまつる
7 裾とスリットをまつる

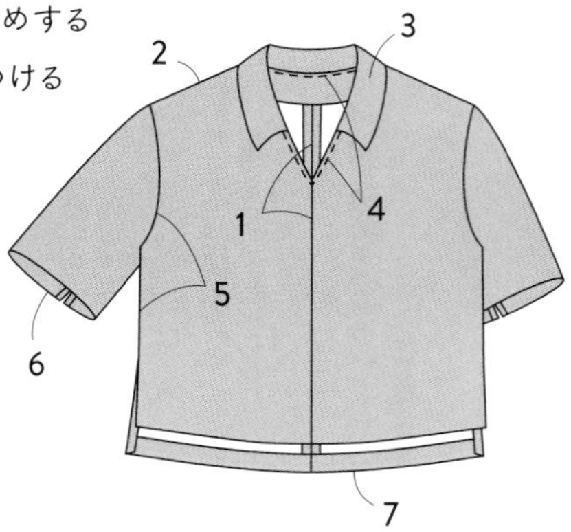

1
2
3
4
5
6
7

製図

実物大型紙 B C D E H A面
実物大型紙 M B面

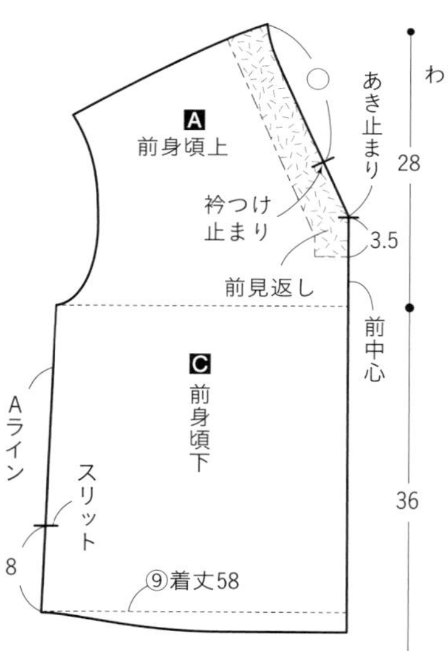

A
前身頃上
あき止まり
衿つけ止まり
3.5
28
前見返し
前中心
C
前身頃下
Aライン
スリット
8
⑨着丈58
36

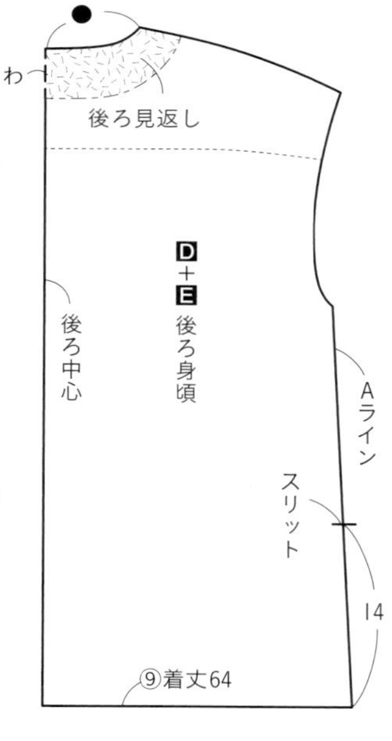

わ
後ろ見返し
D+E
後ろ身頃
後ろ中心
Aライン
スリット
14
⑨着丈64

＊前身頃は着丈58、後ろ身頃は
着丈64 の線で型紙を折りたたむ（P.5 参照）

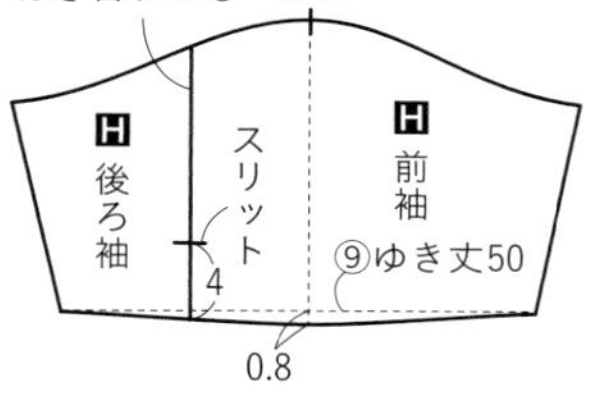

はぎ合わせる
袖山
H
後ろ袖
スリット
4
H
前袖
⑨ゆき丈50
0.8

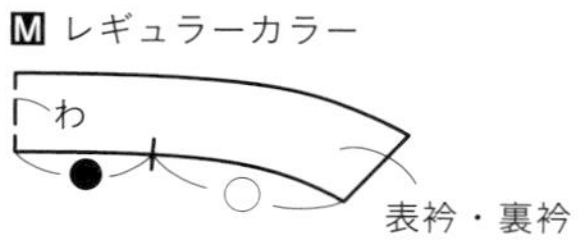

M レギュラーカラー
わ
表衿・裏衿

裁ち方

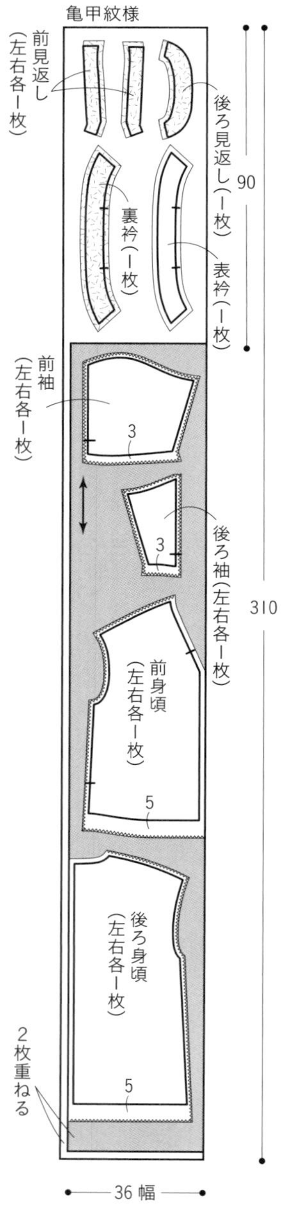

亀甲紋様
前見返し（左右各1枚）
後ろ見返し（1枚）
裏衿（1枚）
表衿（1枚）
90
前袖（左右各1枚）
3
後ろ袖（左右各1枚）
3
前身頃（左右各1枚）
5
後ろ身頃（左右各1枚）
5
2枚重ねる
310
36幅

＊縫い代は指定以外は 1.5cm
＊衿ぐりの前見返しと
後ろ見返しには接着芯
をつけ、外側の縫い代はつけ
ずに裁つ
＊裏衿には接着芯 をつけ
て裁つ
＊ ∧∧∧ は、縫い代をジグザグ
ミシンで始末しておく
（布のみみは始末せずに
そのまま使用）

1 前身頃と後ろ身頃を縫う

＊ジグザグミシンの図は
一部省略しています

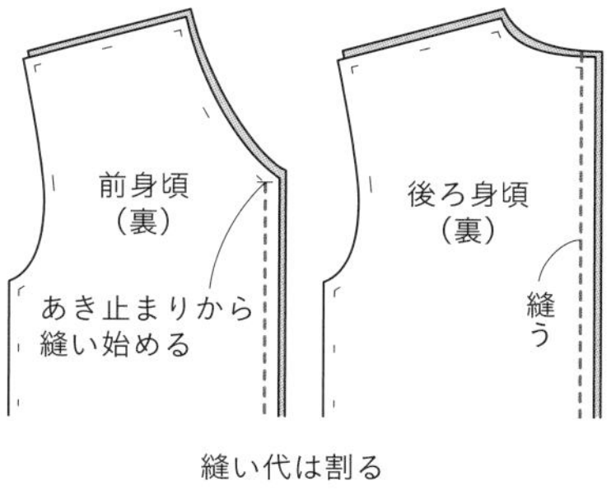
前身頃
（裏）
あき止まりから
縫い始める
後ろ身頃
（裏）
縫う
縫い代は割る

2 肩を縫う

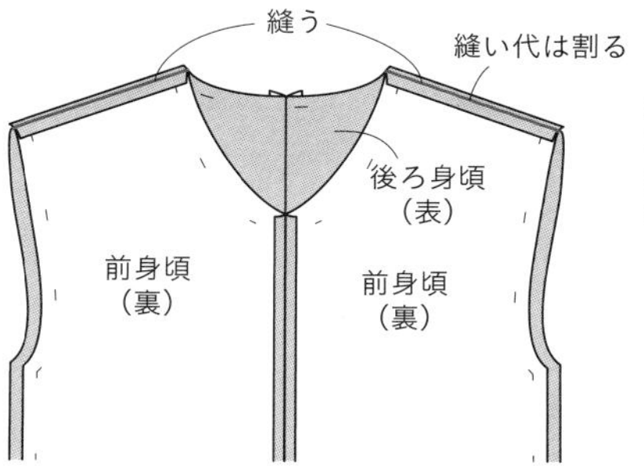
縫う
縫い代は割る
後ろ身頃
（表）
前身頃
（裏）
前身頃
（裏）

3 衿を作り、衿ぐりに仮どめする

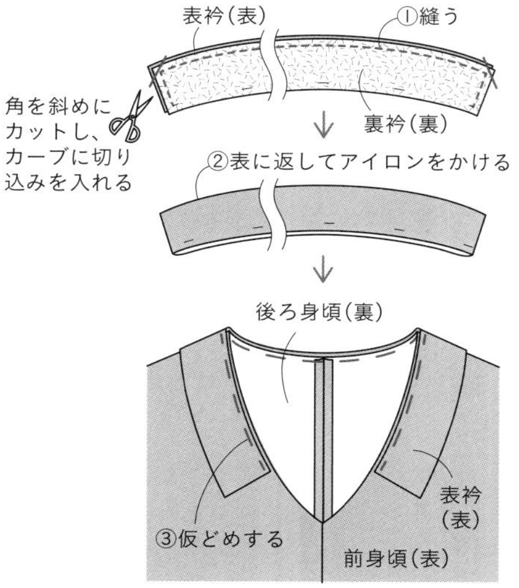
表衿（表）
①縫う
角を斜めに
カットし、
カーブに切り
込みを入れる
裏衿（裏）
②表に返してアイロンをかける
後ろ身頃（裏）
表衿
（表）
③仮どめする
前身頃（表）

4 衿ぐりに見返しを縫いつける

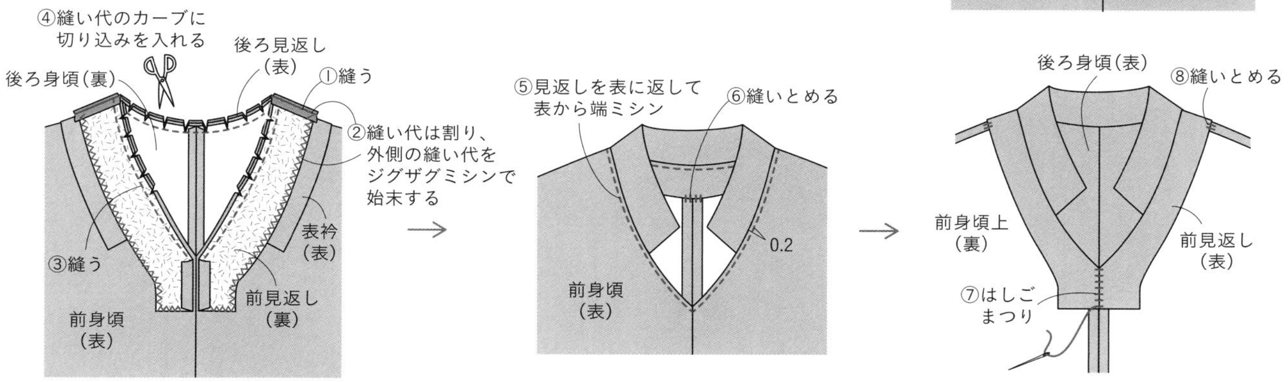
④縫い代のカーブに
切り込みを入れる
後ろ見返し
（表）
後ろ身頃（裏）
①縫う
②縫い代は割り、
外側の縫い代を
ジグザグミシンで
始末する
表衿
（表）
③縫う
前見返し
（裏）
前身頃
（表）
⑤見返しを表に返して
表から端ミシン
⑥縫いとめる
0.2
前身頃
（表）
後ろ身頃（表）
⑧縫いとめる
前身頃上
（裏）
前見返し
（表）
⑦はしご
まつり

5 袖をつけて脇を縫う

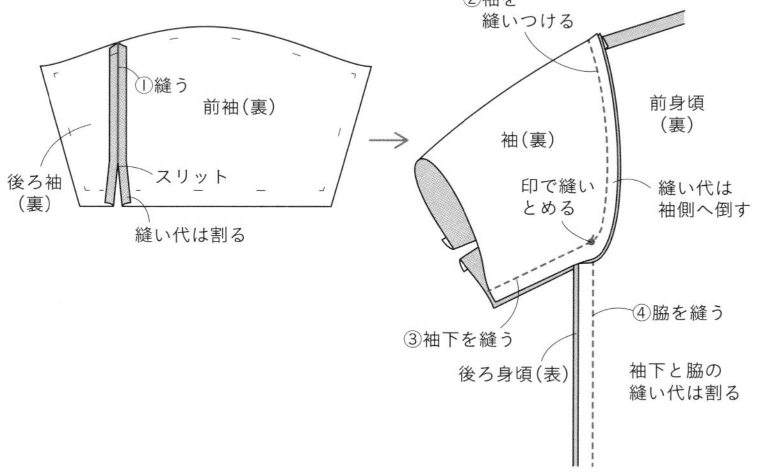
①縫う
前袖（裏）
後ろ袖
（裏）
スリット
縫い代は割る
②袖を
縫いつける
前身頃
（裏）
袖（裏）
印で縫い
とめる
縫い代は
袖側へ倒す
④脇を縫う
③袖下を縫う
後ろ身頃（表）
袖下と脇の
縫い代は割る

6 袖口とスリットをまつる

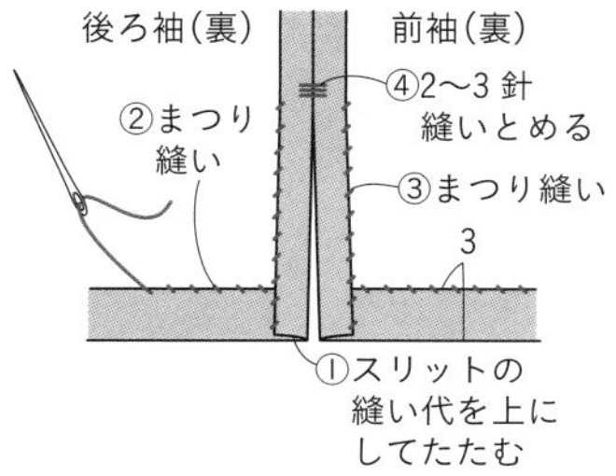
後ろ袖（裏）
前袖（裏）
④2～3 針
縫いとめる
②まつり
縫い
③まつり縫い
3
①スリットの
縫い代を上に
してたたむ

7 裾とスリットをまつる

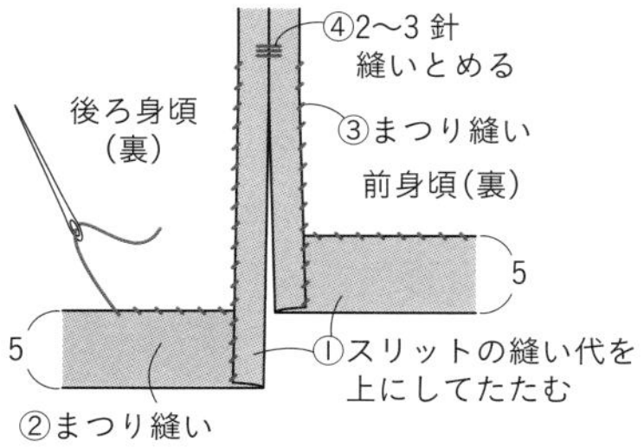
④2～3 針
縫いとめる
後ろ身頃
（裏）
③まつり縫い
前身頃（裏）
5
5
①スリットの縫い代を
上にしてたたむ
②まつり縫い

10、

HOW TO MAKE P.54

デニムのコンビシャツ

カラフルな格子模様の着もの地に
衿・袖・後ろヨークはデニムを合わせました。
前中心に切り込みを入れた衿ぐりに
フラットカラーを合わせてボーイッシュに。

後ろヨークから
袖までをデニムでつなげ
身頃にはギャザーを

10、

PHOTO
P.52

デニムのコンビシャツ

材料

着もの地（格子柄）―― 36cm幅×340cm
デニム ―― 90cm幅×120cm
ニット用接着芯 ―― 90×40cm

作り方順序

1 前身頃の中心を縫う
2 後ろ身頃を縫う
3 肩を縫う
4 衿を縫う
5 衿ぐりに見返しを縫いつける
6 袖をつけて脇を縫う
7 袖口をまつる
8 裾をまつる

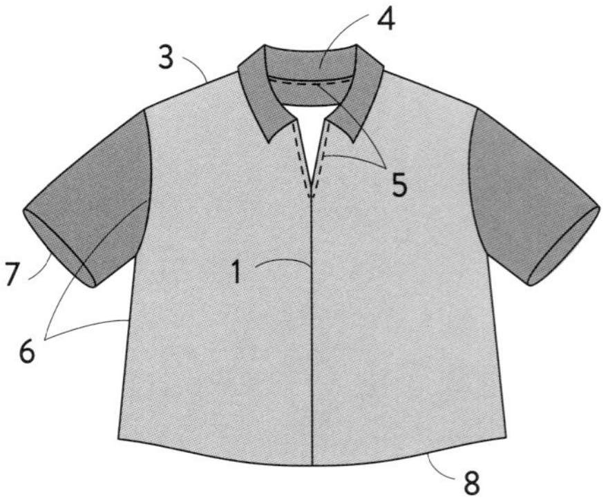

3
4
5
7
1
6
8

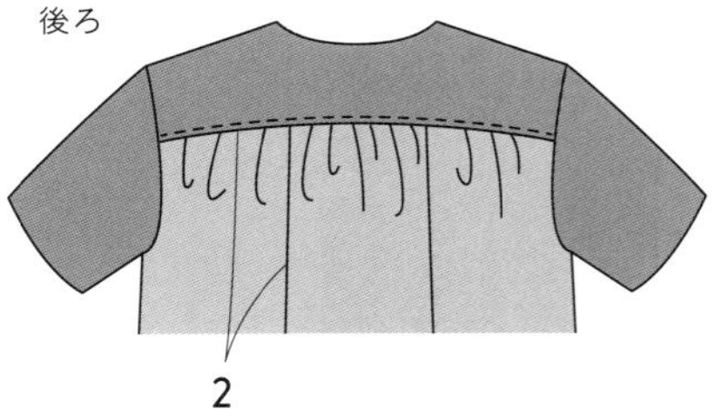

後ろ
2

裁ち方

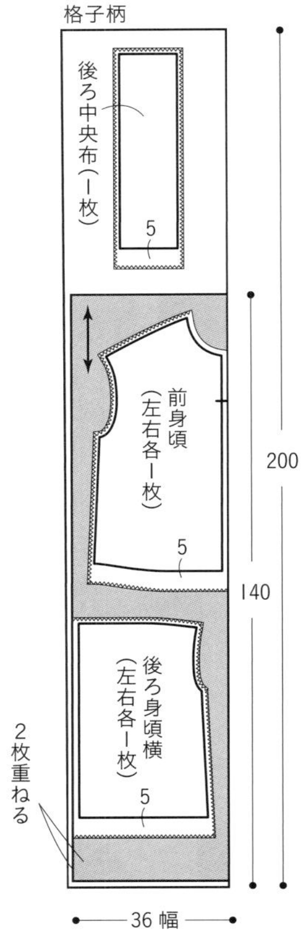

格子柄
後ろ中央布（1枚）
5
前身頃（左右各1枚）
5
後ろ身頃横（左右各1枚）
5
2枚重ねる
200
140
36幅

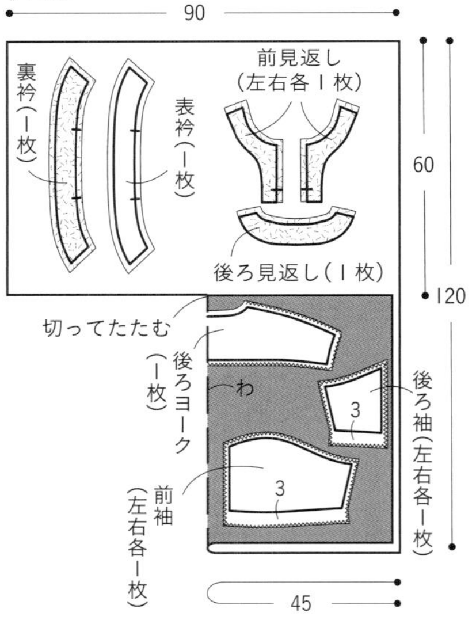

デニム
90
裏衿（1枚）
表衿（1枚）
前見返し（左右各1枚）
後ろ見返し（1枚）
60
120
切ってたたむ
後ろヨーク（1枚）
わ
後ろ袖（左右各1枚）
3
前袖（左右各1枚）
3
45

製図

実物大型紙 B C D E H A面
実物大型紙 M W B面

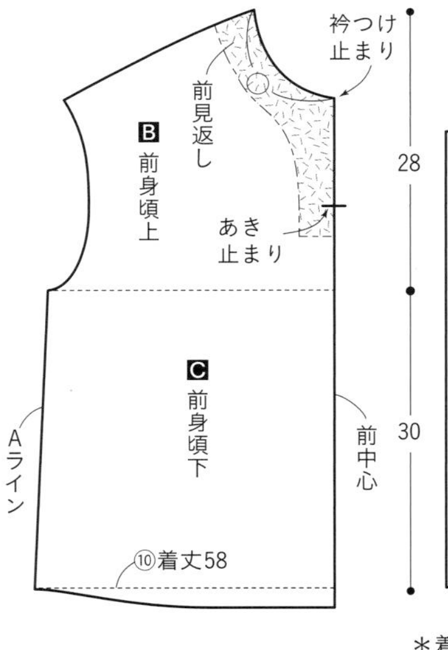

衿つけ止まり
前見返し
B 前身頃上
あき止まり
28
30
C 前身頃下
Aライン
前中心
⑩着丈58

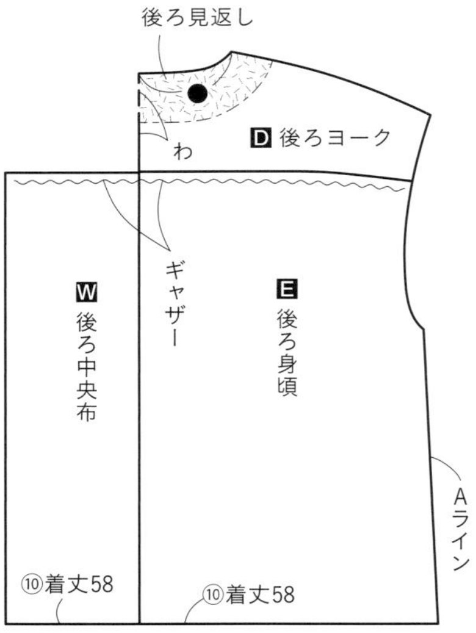

後ろ見返し
D 後ろヨーク
わ
ギャザー
W 後ろ中央布
E 後ろ身頃
Aライン
⑩着丈58
⑩着丈58

＊着丈 58 の線で型紙を折りたたむ（P.5 参照）

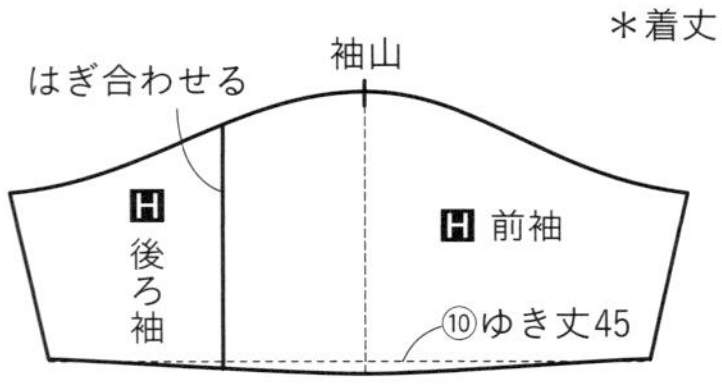

袖山
はぎ合わせる
H 後ろ袖
H 前袖
⑩ゆき丈45

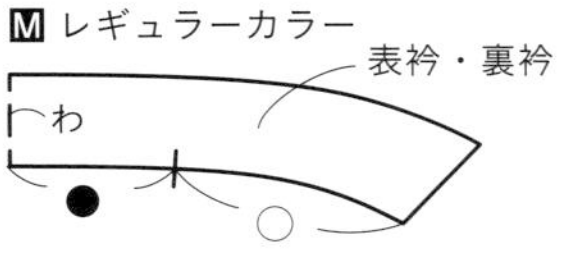

M レギュラーカラー
表衿・裏衿
わ

＊縫い代は指定以外は1.5cm
＊衿ぐりの前見返しと後ろ見返しには接着芯［図］をつけ、外側の縫い代はつけずに裁つ
＊裏衿には接着芯［図］をつけて裁つ
＊［図］は、縫い代をジグザグミシンで始末しておく（布のみみは始末せずにそのまま使用）
＊後ろ中央布は紙に線を引いて自分で型紙を作る

SIZE
着丈：58cm

1 前身頃を縫う

＊ジグザグミシンの図は
一部省略しています

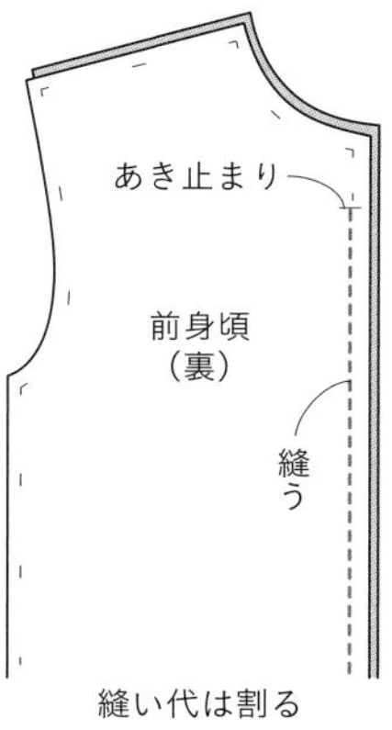
あき止まり
前身頃
（裏）
縫う
縫い代は割る

2 後ろ身頃を縫う

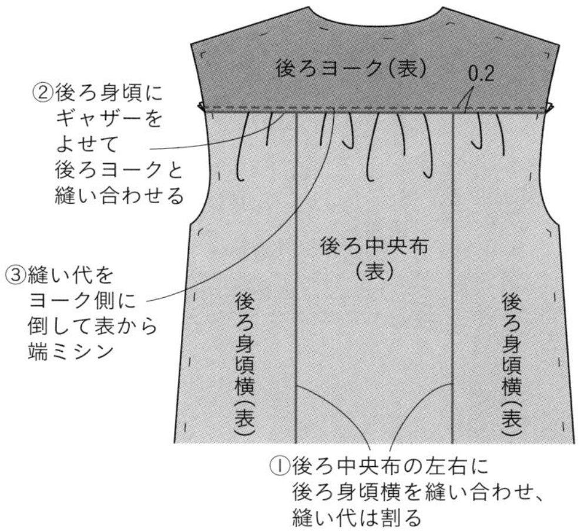
後ろヨーク（表）
0.2
②後ろ身頃に
ギャザーを
よせて
後ろヨークと
縫い合わせる
③縫い代を
ヨーク側に
倒して表から
端ミシン
後ろ中央布
（表）
後ろ身頃横（表）
後ろ身頃横（表）
①後ろ中央布の左右に
後ろ身頃横を縫い合わせ、
縫い代は割る

3 肩を縫う

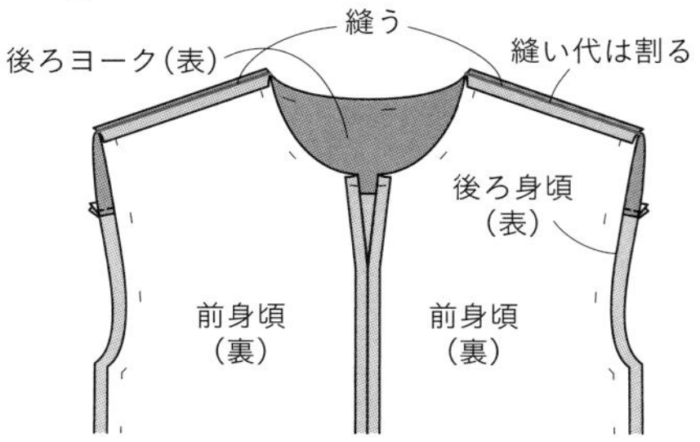
縫う
後ろヨーク（表）
縫い代は割る
後ろ身頃
（表）
前身頃
（裏）
前身頃
（裏）

4 衿を縫う

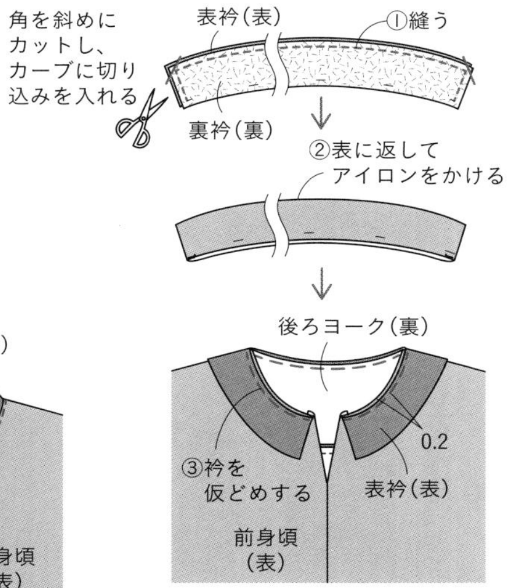
角を斜めに
カットし、
カーブに切り
込みを入れる
表衿（表）
①縫う
裏衿（裏）
②表に返して
アイロンをかける
後ろヨーク（裏）
0.2
③衿を
仮どめする
表衿（表）
前身頃
（表）

5 衿ぐりに見返しを縫いつける

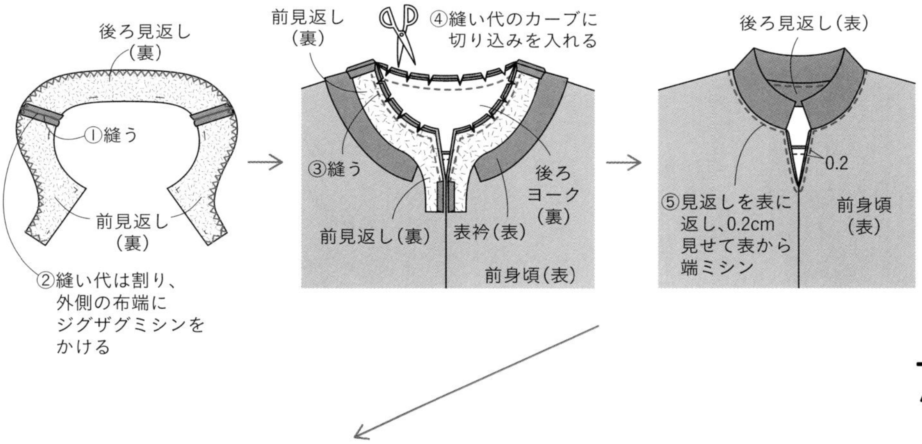
後ろ見返し
（裏）
①縫う
前見返し
（裏）
②縫い代は割り、
外側の布端に
ジグザグミシンを
かける
前見返し
（裏）
④縫い代のカーブに
切り込みを入れる
③縫う
後ろ
ヨーク
（表）
前見返し（裏）
表衿（表）
前身頃（表）
後ろ見返し（表）
0.2
⑤見返しを表に
返し、0.2cm
見せて表から
端ミシン
前身頃
（表）

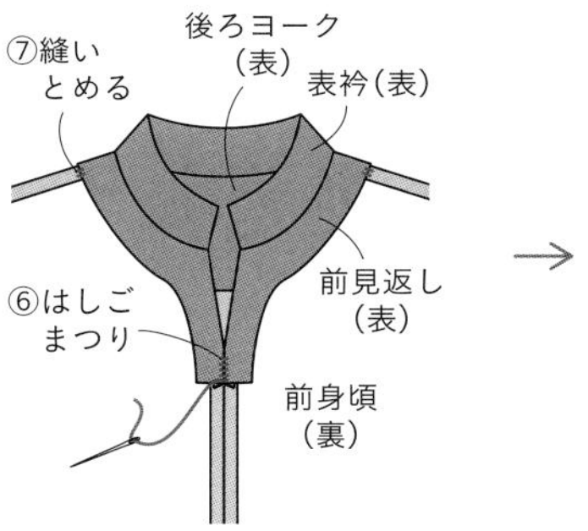
⑦縫い
とめる
後ろヨーク
（表）
表衿（表）
前見返し
（表）
⑥はしご
まつり
前身頃
（裏）

6 袖をつけて脇を縫う

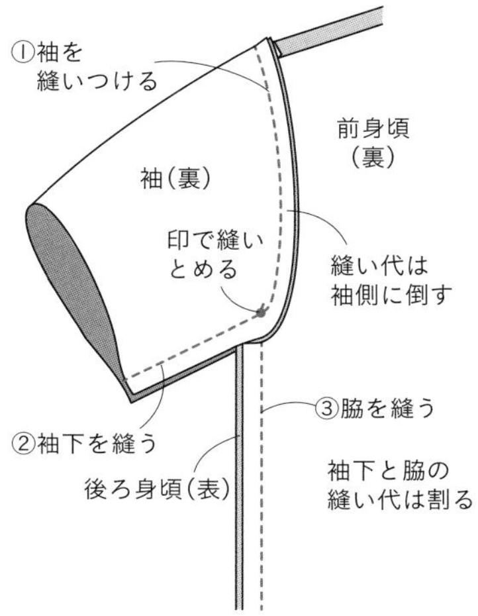
①袖を
縫いつける
前身頃
（裏）
袖（裏）
印で縫い
とめる
縫い代は
袖側に倒す
③脇を縫う
②袖下を縫う
後ろ身頃（表）
袖下と脇の
縫い代は割る

7 袖口をまつる

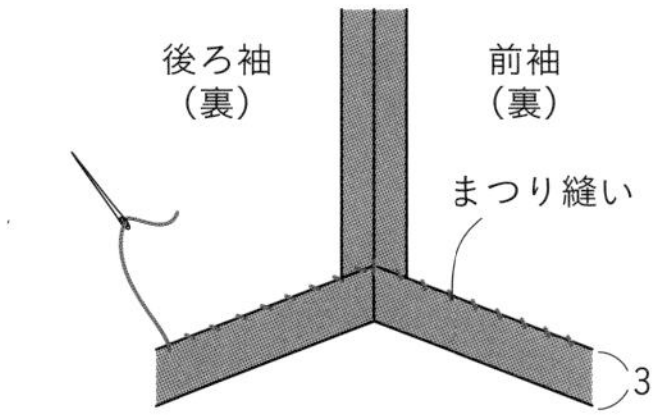
後ろ袖
（裏）
前袖
（裏）
まつり縫い
3

8 裾とスリットをまつる

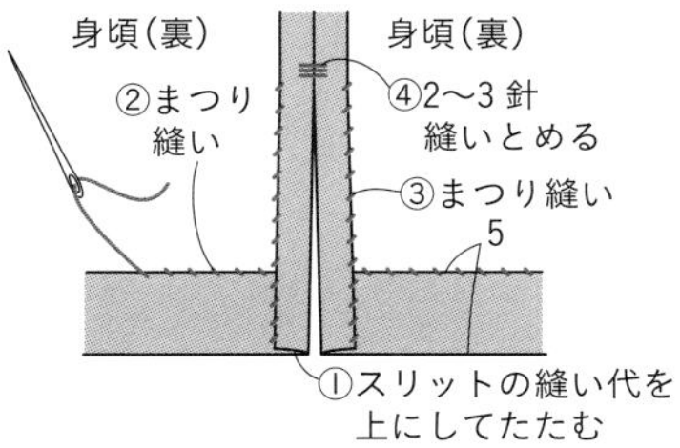
身頃（裏）
身頃（裏）
②まつり
縫い
④2〜3 針
縫いとめる
③まつり縫い
5
①スリットの縫い代を
上にしてたたむ

11、

HOW TO MAKE
P.82

黒のロングチュニック

黒の地模様が入った羽織で
スタンドカラーのロングチュニックを。
長めのスリットから、
色あざやかなパンツやスカートを
チラリと見せるのがおしゃれな着こなし。

スタンドカラーと背中に家紋がくるように裁断
柄違いのくるみボタンにも注目

12、 HOW TO MAKE P.84

ウールのパーカー

きれいな色が魅力のウール地の着もので
パーカーを作りました。
フードは、衿をつけるときと同じよう
にかんたんに仕立てられるように
工夫しました。

レトロかわいい
ウールの着もの地で
両手もあったか

13、

HOW TO MAKE P.90

フードつきロングジレ

留め袖で作ったロングジレにフードをつけて、
カジュアルダウン。
ジーンズでかっこよく、
スカートでエレガントにと、
多彩で自由な着こなしが楽しめます。

ボタンをとめると柄がつながるように裁断

14、

トラ柄のロングシャツ

紳士ものの長襦袢から仕立てたロングシャツ。インパクトのあるトラと鳳凰の柄はまるでアロハシャツのよう。合わせを逆にすれば男性用にもなります。

HOW TO MAKE P.87

後ろ身頃と後ろヨークの間には
パイピングテープをはさんで
アクセントに

ボタンをぜんぶとめて
かっちりとした印象に

サイドスリットと裾のカーブが
さりげなくドレッシー

COLUMN

着ものの話

着ものの話 素材としての布だけではなく、仕立てられた着ものについても学びましょう。

着ものの種類

着もの（袷 あわせ）

胴裏や八掛といった裏地がついている着ものを袷と呼びます。それに対して、裏地がついてない単衣《ひとえ》は、絽や紗などの夏用や、ゆかたなどがあります。

羽織

寒い日に着ものの上に羽織る、丈の短い上着。男性用は黒や紺などの地味な色合いが多く、その代わりに裏地の羽裏（はうら）は派手な布がよく使われます。

道行 みちゆき

衿が額縁のように四角くい形をしているのが特徴で、着ものの上に着る外出用コート。撥水性のある布なら雨天用の雨コートとしても着用できます。

格付けによる違い

留袖

既婚女性の第一礼装が留袖です。特に黒留袖は、結婚式などでごく近い親族が着ることが多く、格付けとしては最上位ランクです。

訪問着

留袖の次の格付けで、身内以外の結婚披露宴や、パーティなどでも着用されます。華やかな柄が脇でつながっているデザインが特徴です。

ふだん着

礼装以外の外出着や普段着には、小紋や紬・絞り・御召《おめし》・更紗など、さまざまな布から選べます。季節に合わせて柄や素材を工夫して楽しめます。

季節による選び方

絽 ろ

夏のいちばん暑い時期には、薄物といって透け感がある絽や紗《しゃ》で仕立てた単衣が重宝されます。麻の上布なども夏にふさわしい素材です。

ウール

ふだん着として昭和初期にたいへん重宝されました。単衣でも暖かく、夏以外のスリーシーズンにわたって着ることができます。

LESSON 3

バリエーション

帯を使ったワンピースや、ジャンパースカートなどの応用デザインを楽しみます。
さらに、あると便利なスカートやパンツのボトムス類もご紹介します。

15、

HOW TO MAKE P.92

兵《へ》児《こ》帯《おび》のワンピース

絞り部分が縮んでいる兵児帯を
アイロンで伸ばしてワンピースに。
スカート部分は
脇に横マチをプラスした
ゆるやかなフレアタイプ。

絞りの柄部分を伸ばして使用

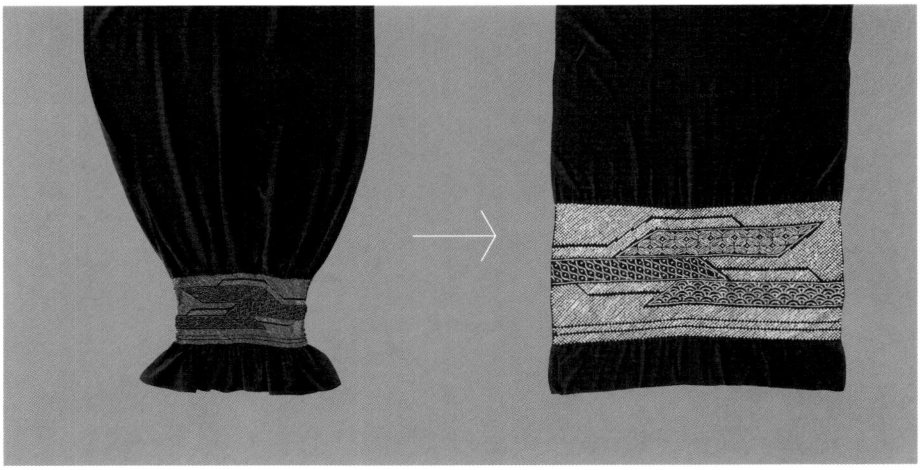

端に絞りの柄がある紳士ものの兵児帯　　アイロンで伸ばして１枚の布に

16、

HOW TO MAKE P.94

縞模様のジャンスカ

黒のやわらかい小紋で
ギャザーたっぷりのジャンパースカートを。
おうちのくつろぎ用としてはもちろん、
着こなし次第ではおしゃれ着にもなります。
肩ひもはボタンで調節可能。

肩ひもを長くすると
胸の下からスカートが広がる
シルエットに

17、

HOW TO MAKE P.96

エプロン
ジャンパースカート

ハリがある紬で作る、
かっちりしたジャンパースカート。
脇から濃いオレンジの見返しを
少し見せて仕立てます。
肩ひもはわざと長く垂らして。

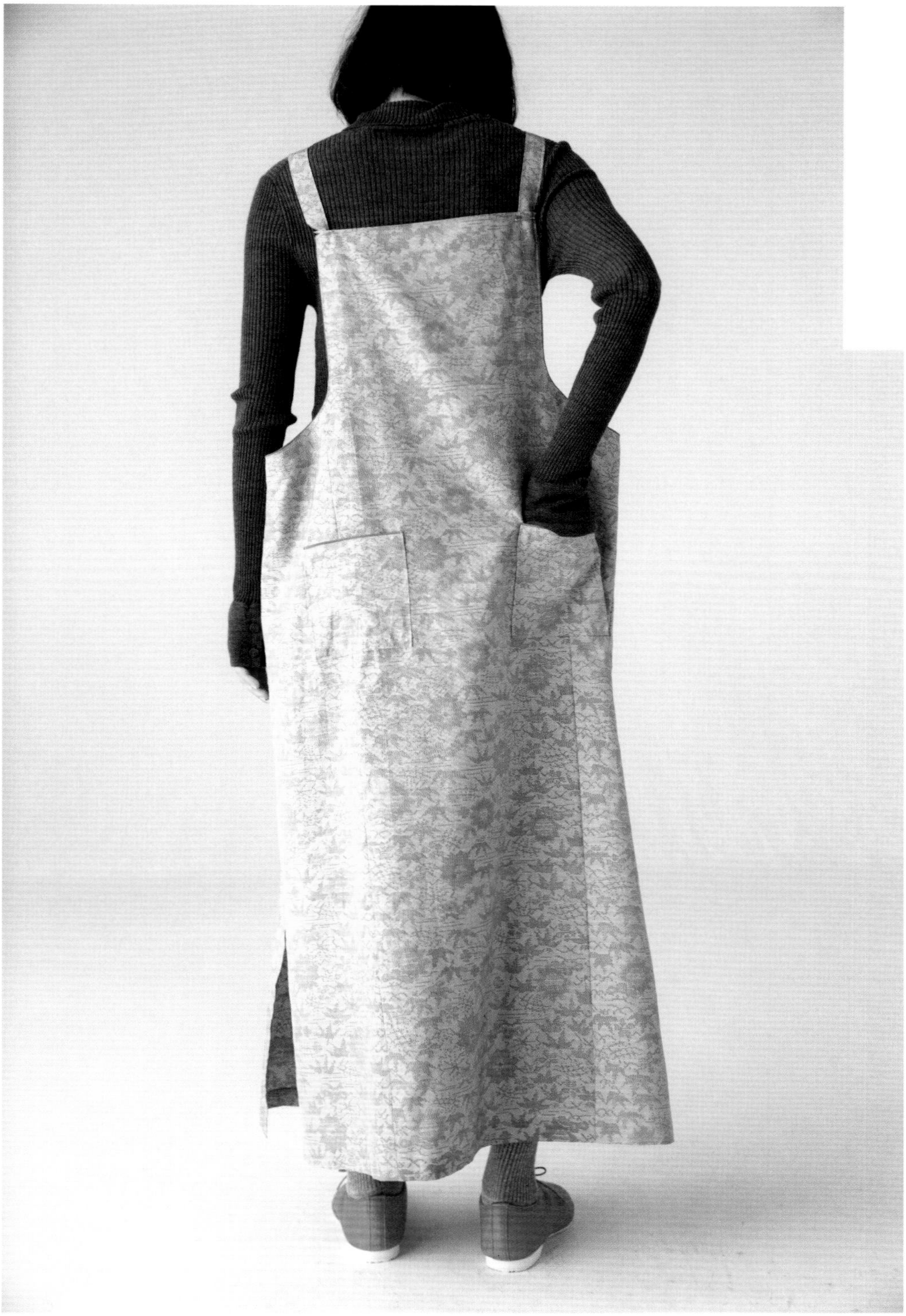

バックにはオレンジ色の見返しをチラ見せしたパッチポケットを

18.

紬と銘仙のスカート

中央に紬、両脇に銘仙を使った切り替えスカート。あでやかなピンクがモダンな印象です。ウエストにゴムを入れたかんたんギャザースカートは何枚あっても重宝します。

HOW TO MAKE P.98

19、
HOW TO MAKE
P.100

道《みち》行《ゆき》と羽織のスカート

赤の素材は道行、黒無地は羽織。
それぞれを交互に8枚はぎ合わせた
ギャザースカートです。
赤と黒の市松模様がヨーロッパ調に見えてすてき。

20、

HOW TO MAKE
P.102

絽《ろ》のスカート

涼し気な夏の着もの地である絽を使ったスカート。
両脇に入れた差し色のマチが、
動くたびにのぞきます。
透け感のある素材なのでペチコートを着用して。

21、

HOW TO MAKE P.104

絽のジャケット

左ページのスカートとお揃いの絽で作りました。
薄い絽だから周囲を三つ折り縫いするだけの
かんたん仕立てが可能。
サッと羽織れる気軽さがうれしいですね。

縞模様のワイドパンツ

細かいストライプを生かし、ロングでワイドなパンツに仕立てました。シャツをインして着こなせば、さらに脚長効果が際立ちます。

22、

HOW TO MAKE P.106

シャツを外に出して着ると
清楚でおしとやかに

23.

HOW TO MAKE P.108

銘仙の八分丈パンツ

紫とピンクの花柄の銘仙で作った
ワイドパンツ。
ふだん着として活動的に着られるよう、
八分丈にしました。
きれいめカラーのトップスと合わせて。

24、

HOW TO MAKE P.110

裾ゴムのもんぺパンツ

ウエストと裾にゴムを入れた
もんぺ形のゆる楽なリラックスパンツ。
部屋着としてはもちろん、
コーディネート次第では
おしゃれな外出着にもなります。

COLUMN

布合わせの話

たいせつな素材を残さずに利用しつつ、魅力的に仕上げるコツを紹介。

衿ぐりの見返し

同系色で上品に

見返しを表に見せる場合、花柄と同系色の無地を使い、主役を引き立てます。ここではくすんだピンクを使用。

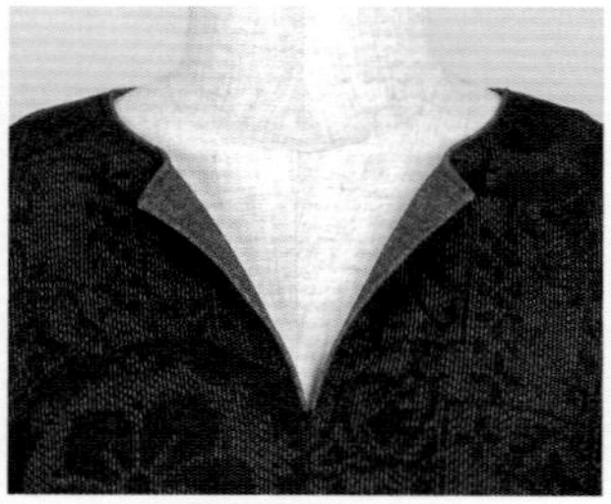

着もの地以外で

縦に切り込みが入ったスリットカラーを折り返すと、小さな衿になります。見返しにはデニムを使用。

八《はっ》掛《かけ》を使用

表に使った着ものの八掛を見返しに。表布との相性がよく、すべりがよい素材なのでおすすめです。

横マチと見返し

似た地紋の布で

横に幅をもたせたいときに入れる三角形のマチ部分に別の着ものを使用。同じ紗綾形の地紋なので相性ばつぐん。

別素材を組み合わせる

横マチにデニムなどの別素材を使用することで、アクセント効果が。カジュアル感も出て着やすくなります。

見せる見返しに

見返しを見せて着ることを考え、表と同じ柄をはぎ合わせて使いました。補強も兼ねて白い糸でステッチをプラス。

余り布を有効活用

喪服は万能素材

子どもの着もの地で作るときに布が足りなくなったら、喪服を利用します。黒は何にでも合うので重宝します。

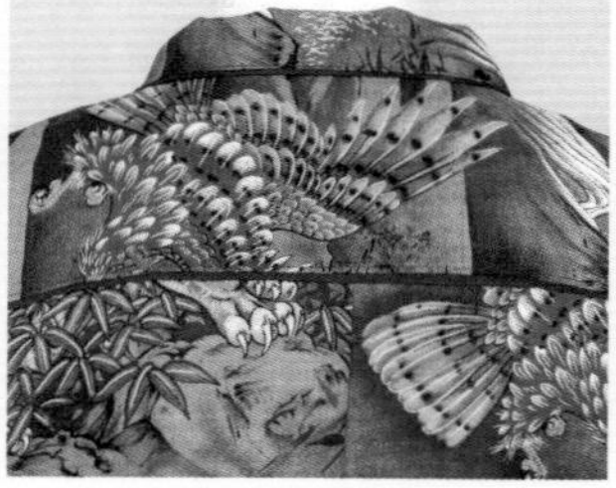

切り替えにアクセントを

ヨークと身頃の切り替えにパイピングテープをはさみました。裏衿と同じ青い無地を使って統一感を出します。

はぎれのくるみボタン

赤を効かせたくるみボタンは、はぎれで作りました。どんな小さなはぎれでも大事に取っておいて使いましょう。

◎くるみボタンの作り方

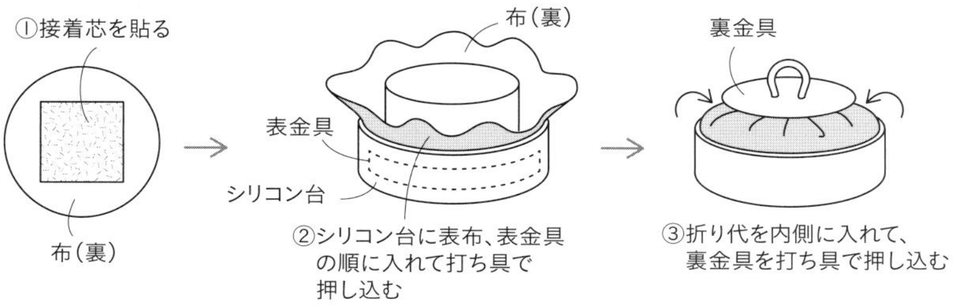

①接着芯を貼る
布(裏)
布(裏)
表金具
シリコン台
②シリコン台に表布、表金具の順に入れて打ち具で押し込む
裏金具
③折り代を内側に入れて、裏金具を打ち具で押し込む

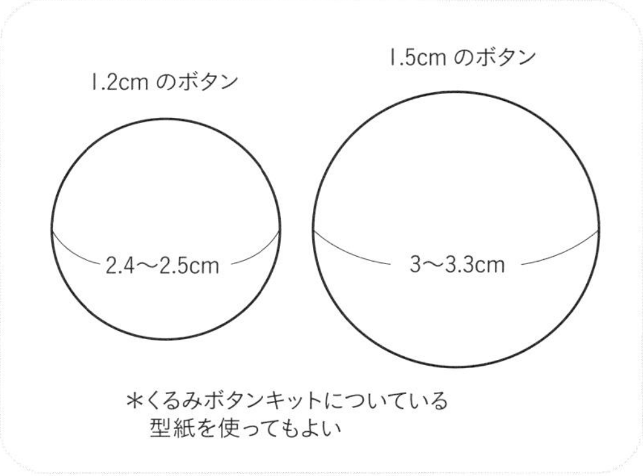

1.2cm のボタン
2.4〜2.5cm
1.5cm のボタン
3〜3.3cm
＊くるみボタンキットについている型紙を使ってもよい

◎ボタンループの作り方

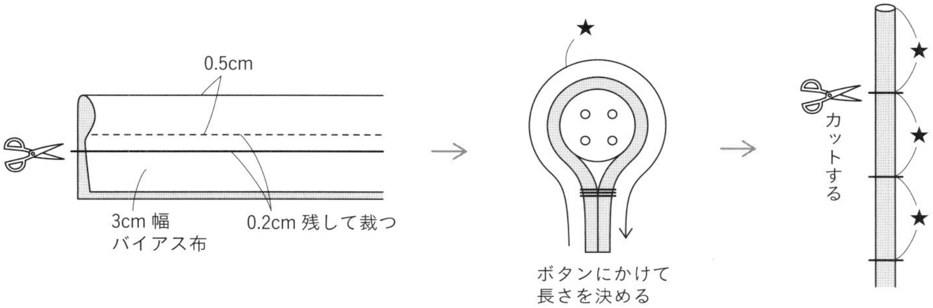

0.5cm
3cm 幅
バイアス布
0.2cm 残して裁つ
★
ボタンにかけて
長さを決める
★
★
★
カットする

◎脇ポケットのつけ方

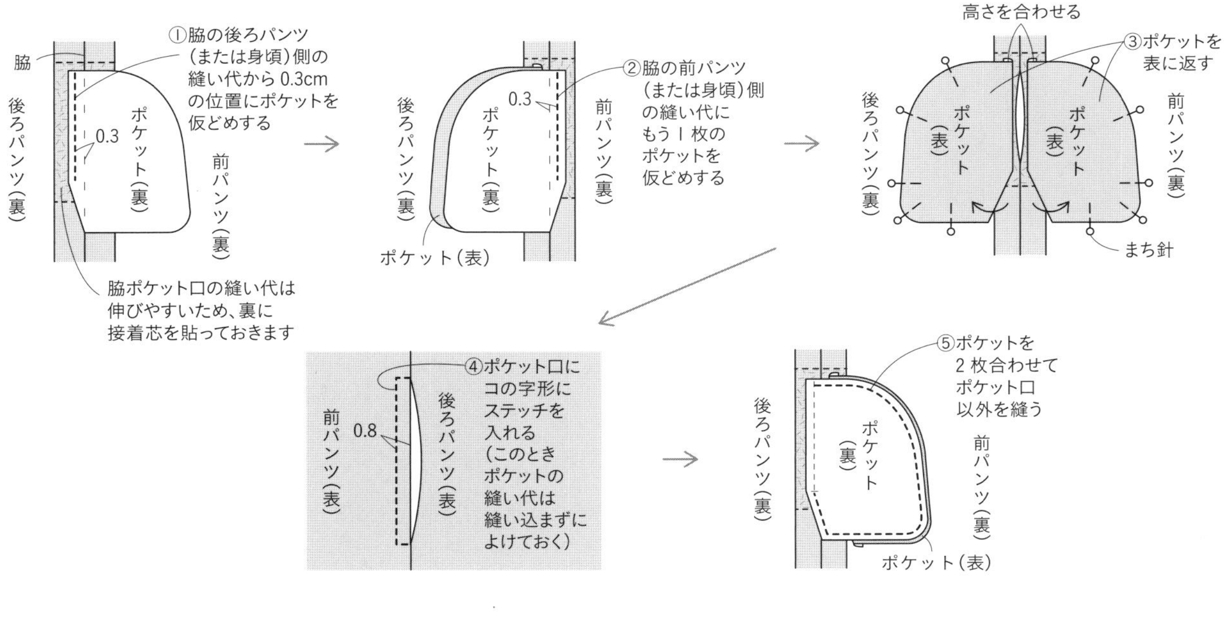

脇
後ろパンツ(裏)
0.3
ポケット(裏)
前パンツ(裏)
①脇の後ろパンツ(または身頃)側の縫い代から 0.3cm の位置にポケットを仮どめする
脇ポケット口の縫い代は伸びやすいため、裏に接着芯を貼っておきます
後ろパンツ(裏)
0.3
ポケット(裏)
前パンツ(裏)
ポケット(表)
②脇の前パンツ(または身頃)側の縫い代にもう1枚のポケットを仮どめする
高さを合わせる
後ろパンツ(裏)
ポケット(表)
ポケット(表)
③ポケットを表に返す
前パンツ(裏)
まち針
前パンツ(表)
0.8
後ろパンツ(表)
④ポケット口にコの字形にステッチを入れる(このときポケットの縫い代は縫い込まずによけておく)
後ろパンツ(裏)
ポケット(裏)
⑤ポケットを2枚合わせてポケット口以外を縫う
前パンツ(裏)
ポケット(表)

11、黒のロングチュニック

PHOTO P.56

材料

着もの地（羽織）―――― 36cm幅×760cm
ニット用接着芯 ―――― 90×60cm
ボタン用はぎれ ―――― 3×3cm×3種
直径1.2cmのくるみボタン ―― 3個
（くるみボタンキットを使って作る→P.81参照）

作り方順序

1 前身頃を縫う
2 後ろ身頃を縫い、肩を縫う
3 衿を作り、衿ぐりに仮どめする
4 衿ぐりに見返しを縫いつける
5 袖をつけて脇を縫う
6 袖口と裾と
スリットをまつる
7 ボタンをつける

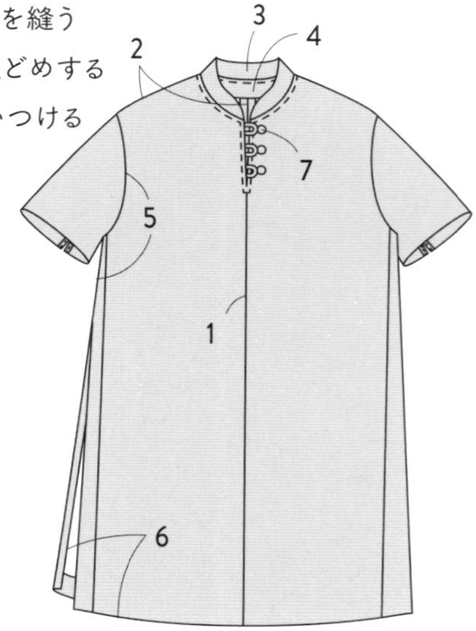
2
3
4
7
5
1
6

製図 実物大型紙 B C D E F H A面　実物大型紙 K B面

※横マチは型紙Fを縦半分に折る

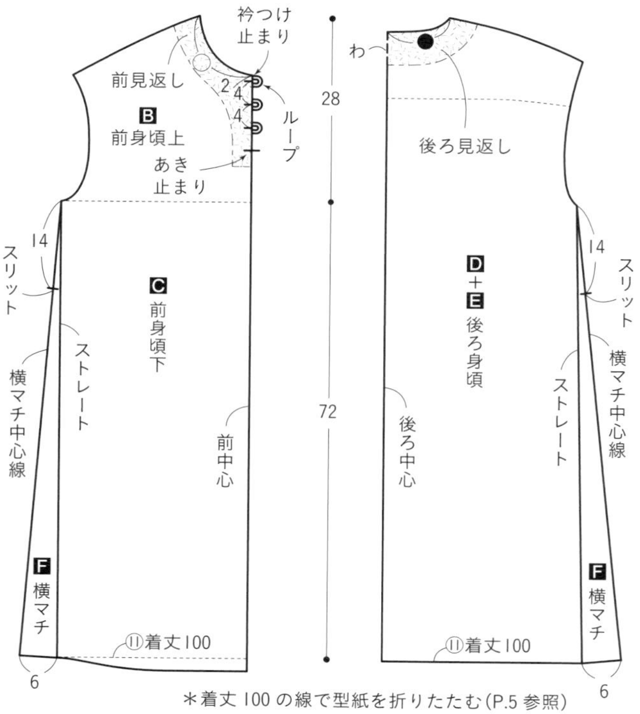
衿つけ
止まり
前見返し
2
4
4
ループ
B
前身頃上
あき
止まり
28
14
スリット
C
前身頃下
ストレート
横マチ中心線
前中心
72
F
横マチ
⑪着丈100
6
わ
後ろ見返し
D+E
後ろ身頃
14
スリット
後ろ中心
ストレート
横マチ中心線
F
横マチ
⑪着丈100
6

＊着丈100の線で型紙を折りたたむ（P.5参照）

裁ち方

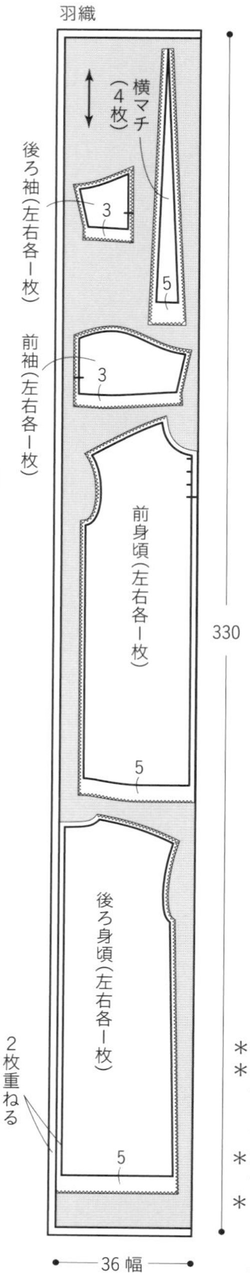
羽織
横マチ
（4枚）
後ろ袖（左右各1枚）
3
5
前袖（左右各1枚）
3
前身頃（左右各1枚）
5
330
2枚重ねる
後ろ身頃（左右各1枚）
5
36幅

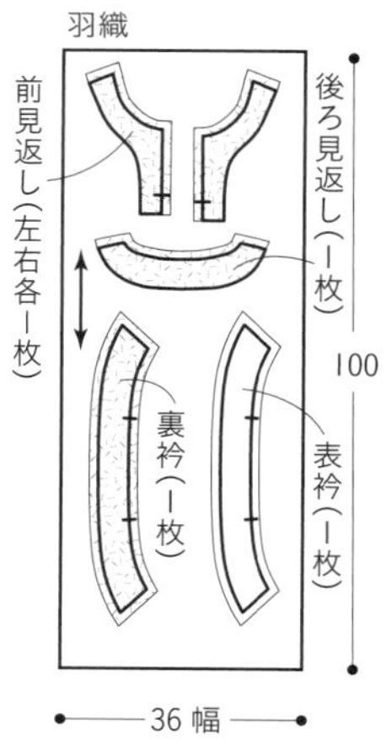
羽織
前見返し（左右各1枚）
後ろ見返し（1枚）
100
裏衿（1枚）
表衿（1枚）
36幅

＊縫い代は指定以外は1.5cm
＊衿ぐりの前見返しと
後ろ見返しには接着芯
をつけ、外側の縫い代はつけ
ずに裁つ
＊裏衿には接着芯 をつけ
て裁つ
＊〰〰は、縫い代をジグザグ
ミシンで始末しておく
（布のみみは始末せずに
そのまま使用）

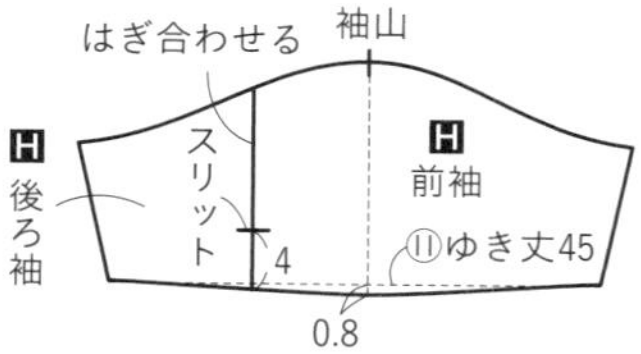
はぎ合わせる
袖山
H
後ろ袖
スリット
4
H
前袖
⑪ゆき丈45
0.8

K スタンドカラー

表衿・裏衿
わ

SIZE
着丈：100cm

1 前身頃を縫う

＊ジグザグミシンの図は
一部省略しています

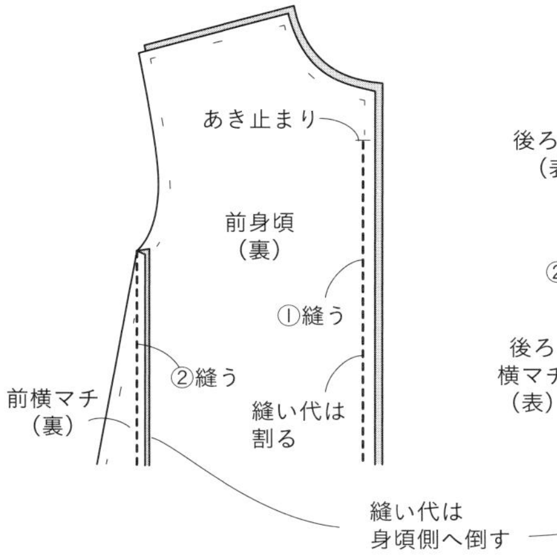

あき止まり
前身頃
(裏)
①縫う
②縫う
縫い代は
割る
前横マチ
(裏)
縫い代は
身頃側へ倒す

2 後ろ身頃を縫い、肩を縫う

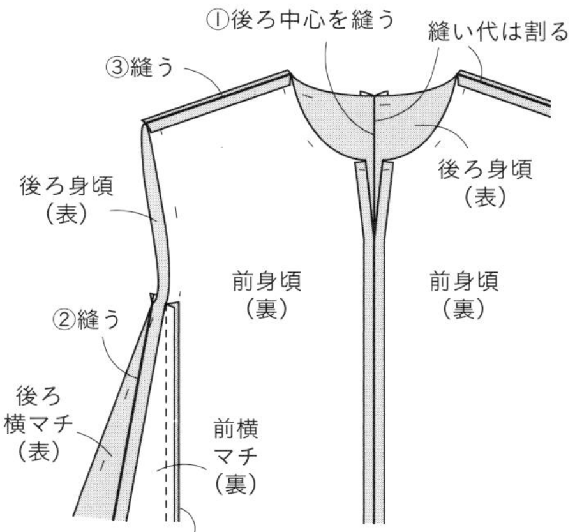

①後ろ中心を縫う
縫い代は割る
③縫う
後ろ身頃
(表)
後ろ身頃
(表)
前身頃
(裏)
前身頃
(裏)
②縫う
後ろ
横マチ
(表)
前横
マチ
(裏)

3 衿を作り、衿ぐりに仮どめする

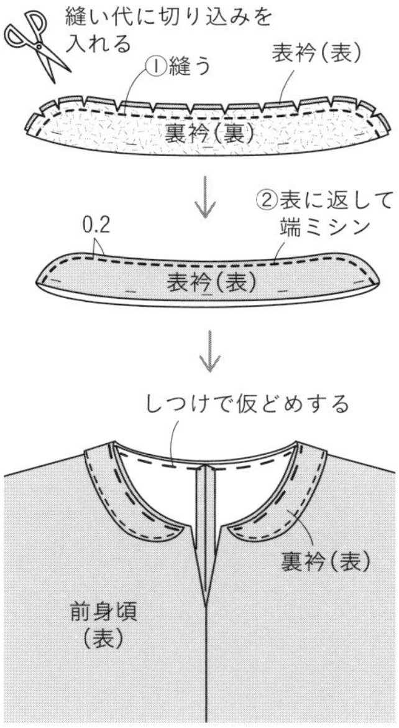

縫い代に切り込みを
入れる
①縫う
表衿(表)
裏衿(裏)
②表に返して
端ミシン
0.2
表衿(表)
しつけで仮どめする
裏衿(表)
前身頃
(表)

4 衿ぐりに見返しを縫いつける

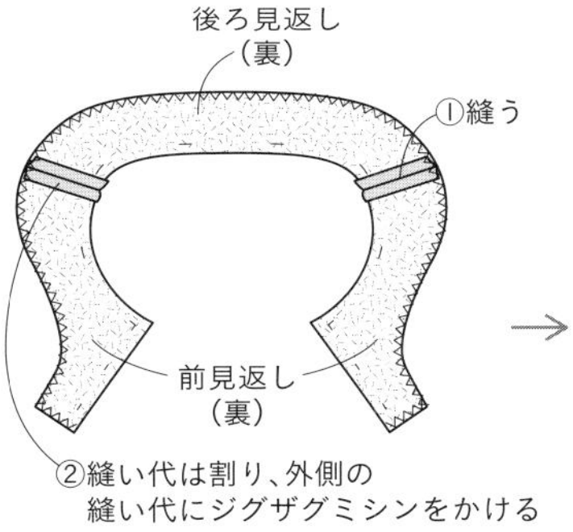

後ろ見返し
(裏)
①縫う
前見返し
(裏)
②縫い代は割り、外側の
縫い代にジグザグミシンをかける

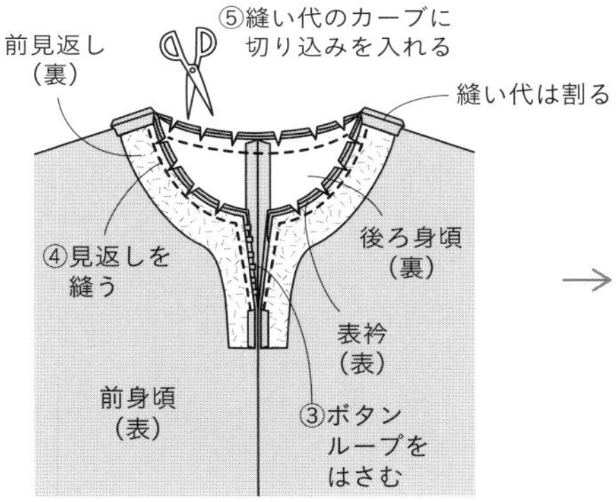

⑤縫い代のカーブに
切り込みを入れる
前見返し
(裏)
縫い代は割る
④見返しを
縫う
後ろ身頃
(裏)
表衿
(表)
前身頃
(表)
③ボタン
ループを
はさむ

＊ボタンループの作り方は P.81 参照

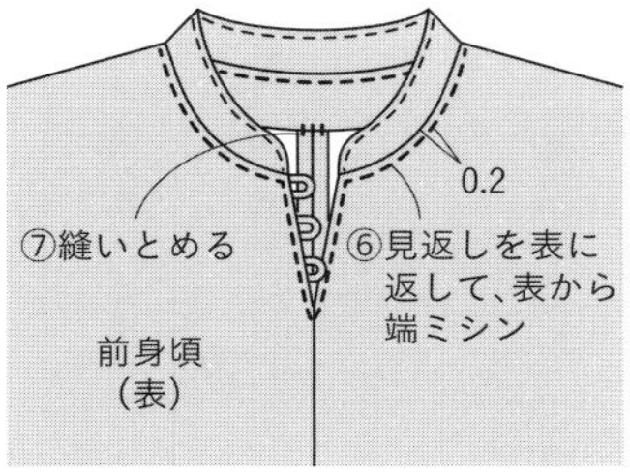

0.2
⑦縫いとめる
⑥見返しを表に
返して、表から
端ミシン
前身頃
(表)

＊見返しの前中心をはしごまつりし、
肩は縫いとめる(P.55-4-⑥⑦参照)

5 袖をつけて脇を縫う

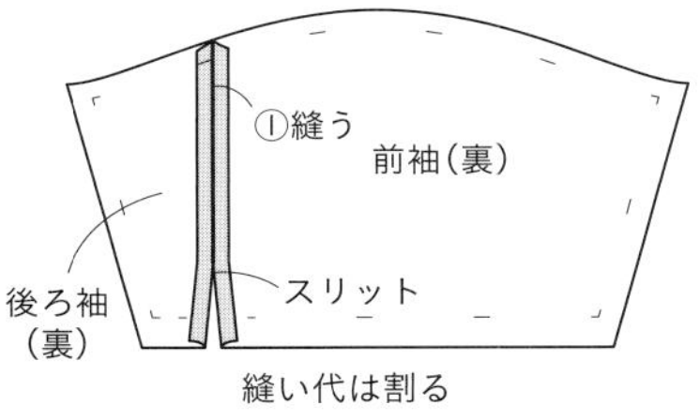

①縫う
前袖(裏)
後ろ袖
(裏)
スリット
縫い代は割る

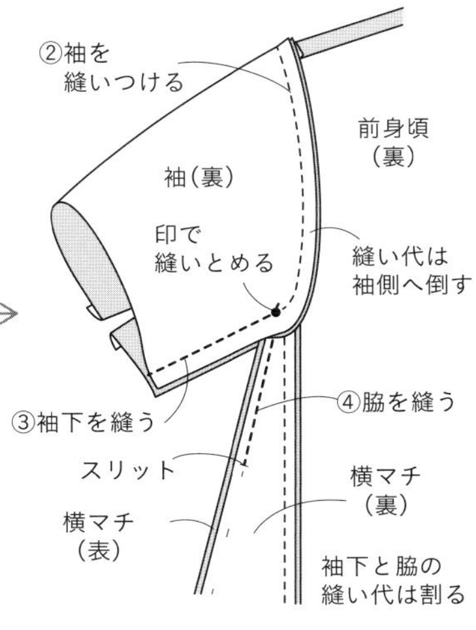

②袖を
縫いつける
前身頃
(裏)
袖(裏)
印で
縫いとめる
縫い代は
袖側へ倒す
④脇を縫う
③袖下を縫う
スリット
横マチ
(裏)
横マチ
(表)
袖下と脇の
縫い代は割る

6 袖口と裾と スリットをまつる

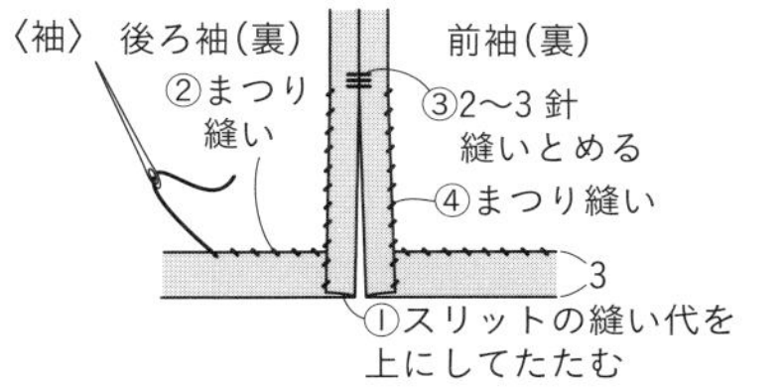

〈袖〉
後ろ袖(裏)
前袖(裏)
②まつり
縫い
③2〜3 針
縫いとめる
④まつり縫い
3
①スリットの縫い代を
上にしてたたむ

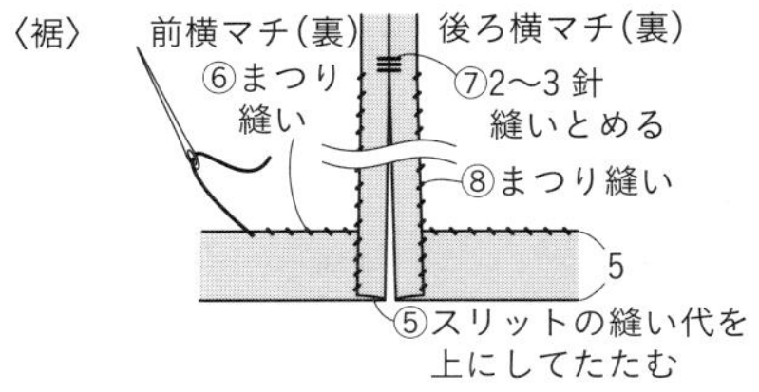

〈裾〉
前横マチ(裏)
後ろ横マチ(裏)
⑥まつり
縫い
⑦2〜3 針
縫いとめる
⑧まつり縫い
5
⑤スリットの縫い代を
上にしてたたむ

7 ボタンをつける

12、

PHOTO
P.58

ウールのパーカー

材料

着もの地（ウール）―――― 36cm幅×790cm
裏フード・ポケット見返し用別布 ― 36cm幅×140cm
ニット用接着芯 ―――― 90×20cm

作り方順序

1 前身頃と後ろ身頃を縫う
2 ポケットを作る
3 ポケットをつけて肩を縫う
4 フードを作る
5 衿ぐりに見返しを縫いつける
6 袖をつけて脇を縫う
7 カフスを作ってつける
8 裾をつける

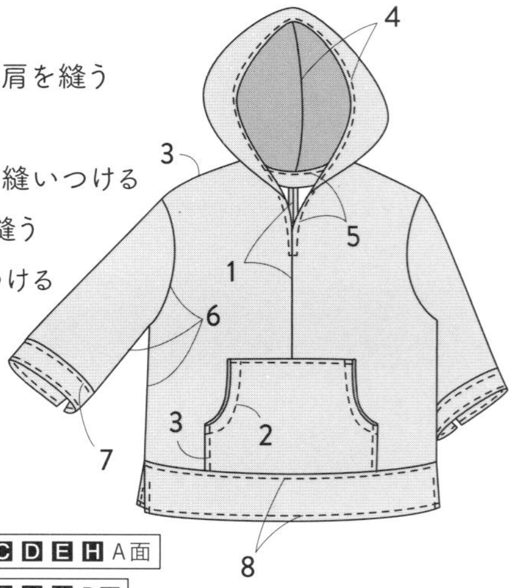

1
2
3
3
4
5
6
7
8

製図

実物大型紙 B C D E H A面
実物大型紙 O P N W B面

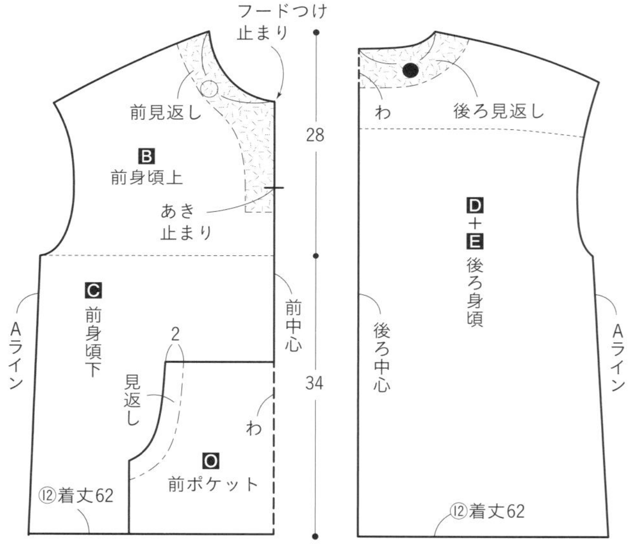

フードつけ止まり
前見返し
B 前身頃上
あき止まり
28
C 前身頃下
Aライン
2
見返し
前中心
わ
34
O 前ポケット
⑫着丈62
わ
後ろ見返し
D+E 後ろ身頃
後ろ中心
Aライン
⑫着丈62

＊着丈 62 の線で型紙を折りたたむ(P.5 参照)

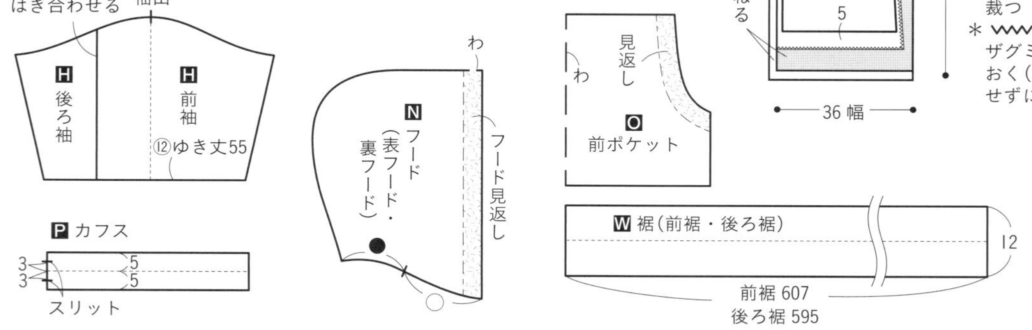

はぎ合わせる
袖山
H 後ろ袖
H 前袖
⑫ゆき丈55
P カフス
3
3
5
5
スリット
わ
N フード（表フード・裏フード）
フード見返し
見返し
わ
O 前ポケット
W 裾(前裾・後ろ裾)
12
前裾 607
後ろ裾 595

SIZE
着丈：62cm

裁ち方

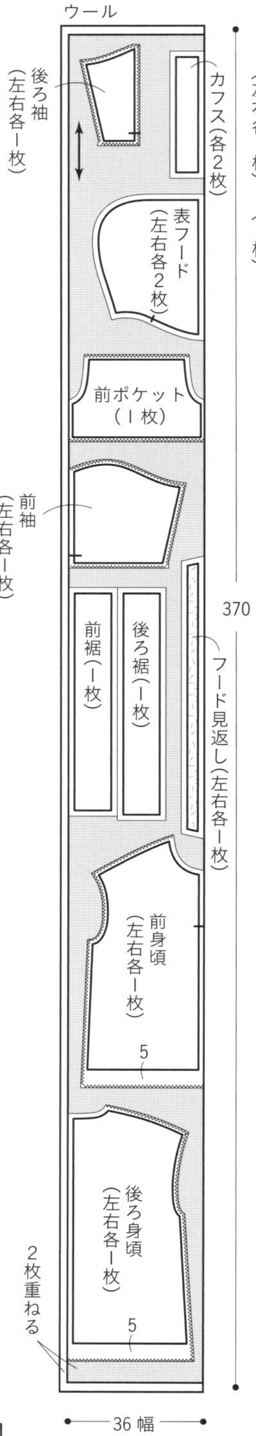

ウール
後ろ袖（左右各1枚）
カフス(各2枚)
表フード（左右各2枚）
前ポケット（1枚）
前袖（左右各1枚）
前裾（1枚）
後ろ裾（1枚）
フード見返し（左右各1枚）
前身頃（左右各1枚）
5
後ろ身頃（左右各1枚）
5
2枚重ねる
370
36幅

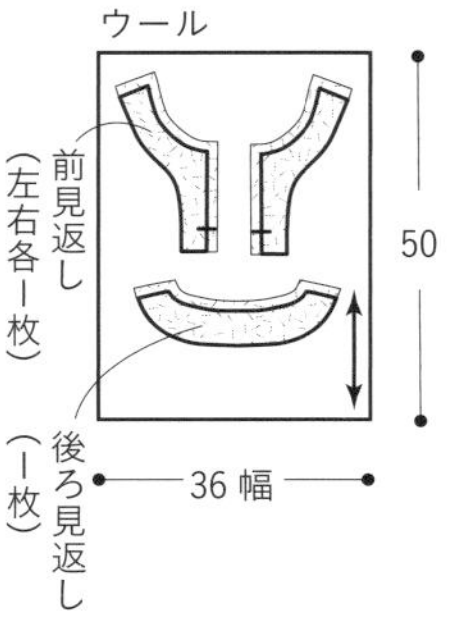

ウール
前見返し（左右各1枚）
後ろ見返し（1枚）
50
36幅

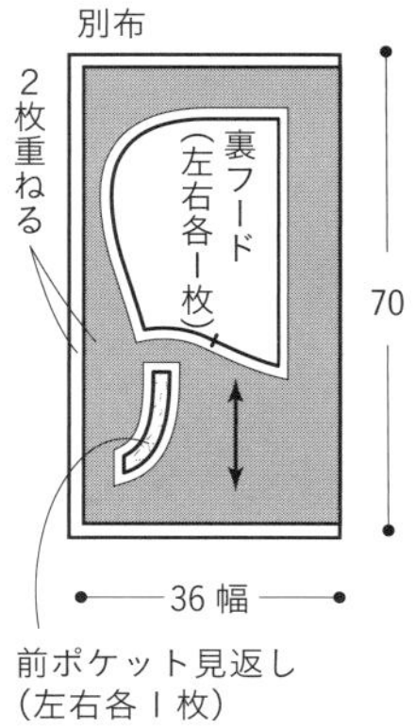

別布
2枚重ねる
裏フード（左右各1枚）
70
36幅
前ポケット見返し（左右各1枚）

＊縫い代は指定以外は1.5cm
＊衿ぐりの前見返しと後ろ見返しには接着芯［図］をつけて裁ち、外側は縫い代をつけずに裁つ
＊フード見返しには接着芯［図］をつけて裁つ
＊［図］は、縫い代をジグザグミシンで始末しておく(布のみみは始末せずにそのまま使用)

1 前身頃と後ろ身頃を縫う

＊ジグザグミシンの図は一部省略しています

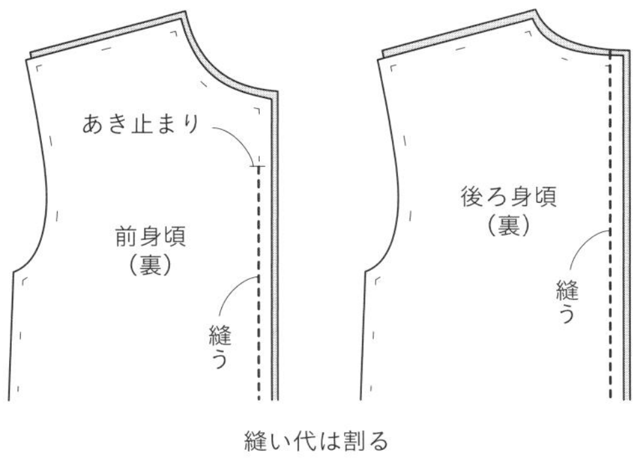
あき止まり
前身頃
(裏)
縫う
後ろ身頃
(裏)
縫う
縫い代は割る

2 ポケットを作る

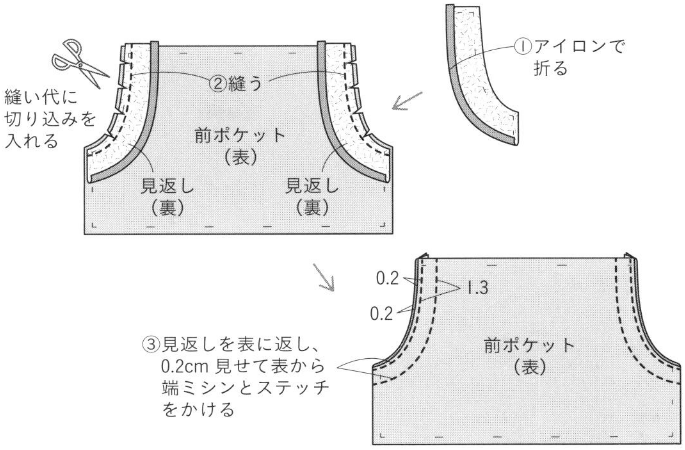
①アイロンで
折る
②縫う
縫い代に
切り込みを
入れる
前ポケット
(表)
見返し
(裏)
見返し
(裏)
0.2
1.3
0.2
③見返しを表に返し、
0.2cm 見せて表から
端ミシンとステッチ
をかける
前ポケット
(表)

3 ポケットをつけて肩を縫う

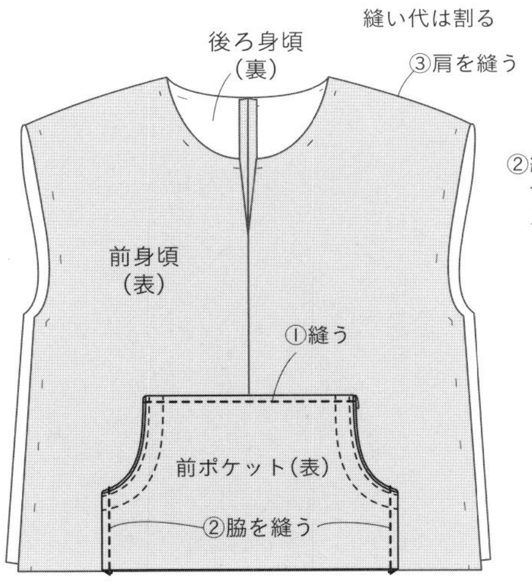
縫い代は割る
後ろ身頃
(裏)
③肩を縫う
前身頃
(表)
①縫う
前ポケット(表)
②脇を縫う

4 フードを作る

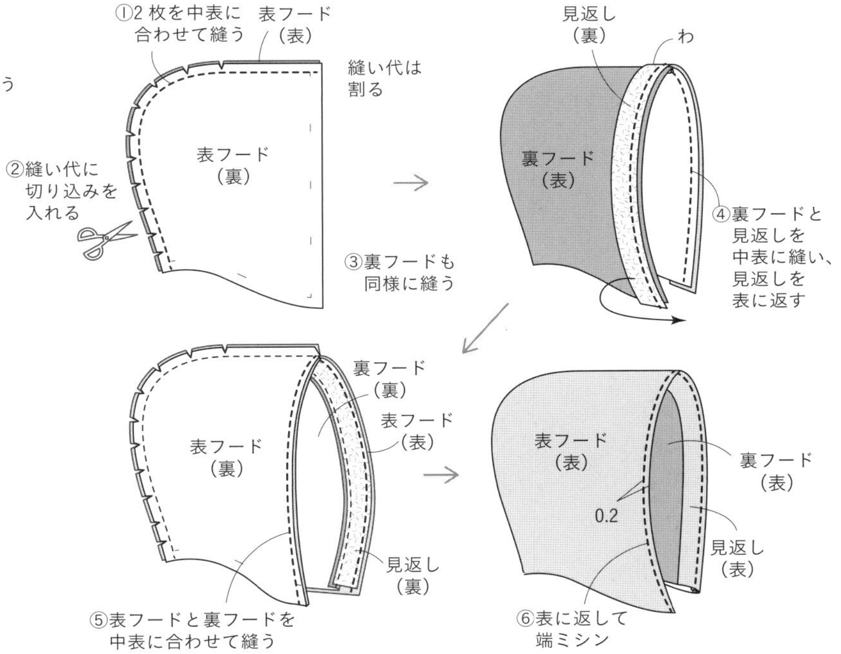
①2 枚を中表に
合わせて縫う
表フード
(表)
縫い代は
割る
②縫い代に
切り込みを
入れる
表フード
(裏)
③裏フードも
同様に縫う
見返し
(裏)
わ
裏フード
(表)
④裏フードと
見返しを
中表に縫い、
見返しを
表に返す
裏フード
(表)
表フード
(表)
表フード
(裏)
見返し
(裏)
⑤表フードと裏フードを
中表に合わせて縫う
表フード
(表)
裏フード
(表)
0.2
見返し
(表)
⑥表に返して
端ミシン

5 衿ぐりに見返しを縫いつける

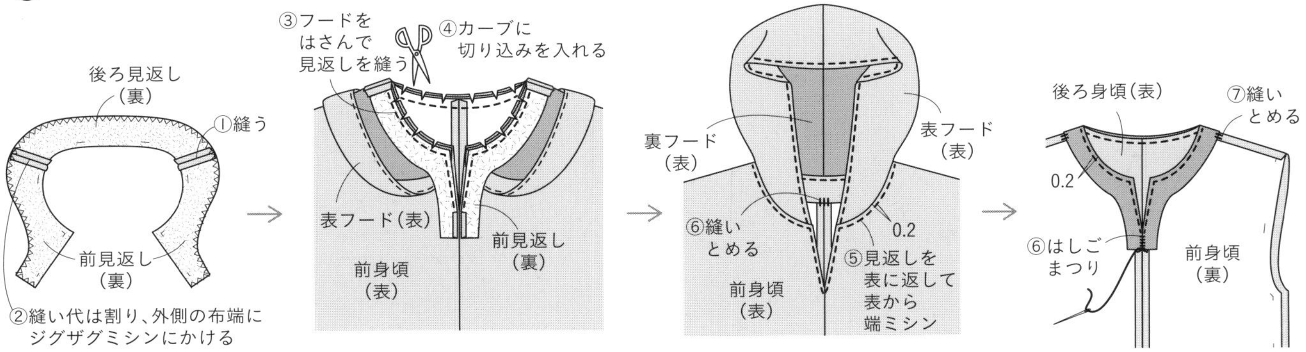
後ろ見返し
(裏)
①縫う
前見返し
(裏)
②縫い代は割り、外側の布端に
ジグザグミシンにかける
③フードを
はさんで
見返しを縫う
④カーブに
切り込みを入れる
表フード(表)
前見返し
(裏)
前身頃
(表)
裏フード
(表)
表フード
(表)
⑥縫い
とめる
0.2
⑤見返しを
表に返して
表から
端ミシン
前身頃
(表)
後ろ身頃(表)
⑦縫い
とめる
0.2
⑥はしご
まつり
前身頃
(裏)

6 袖をつけて脇を縫う

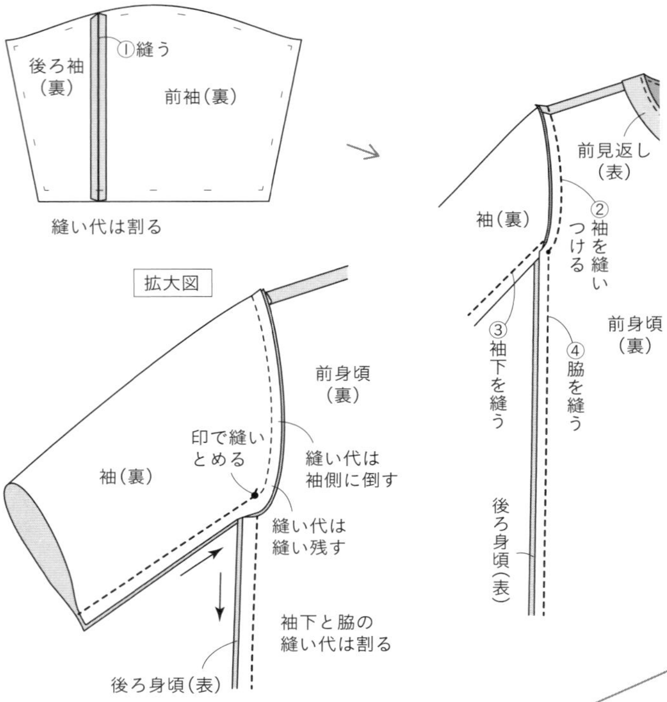
①縫う
後ろ袖（裏）
前袖（裏）
縫い代は割る
拡大図
袖（裏）
印で縫いとめる
前身頃（裏）
縫い代は袖側に倒す
縫い代は縫い残す
袖下と脇の縫い代は割る
後ろ身頃（表）
前見返し（表）
袖（裏）
②袖を縫いつける
③袖下を縫う
④脇を縫う
前身頃（裏）
後ろ身頃（表）

7 カフスを作ってつける

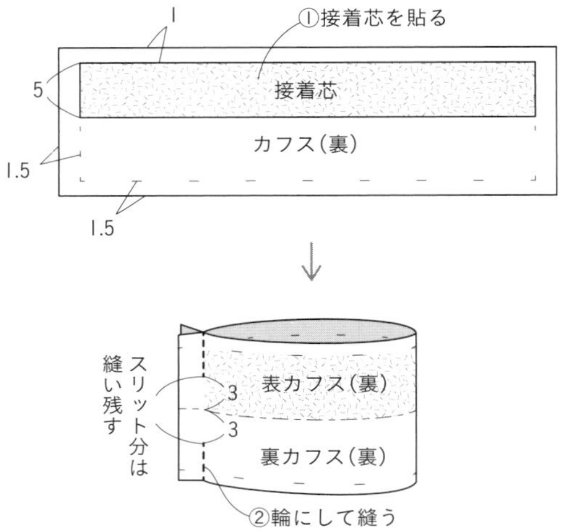
1
①接着芯を貼る
5
接着芯
カフス（裏）
1.5
1.5
スリット分は縫い残す
3
3
表カフス（裏）
裏カフス（裏）
②輪にして縫う

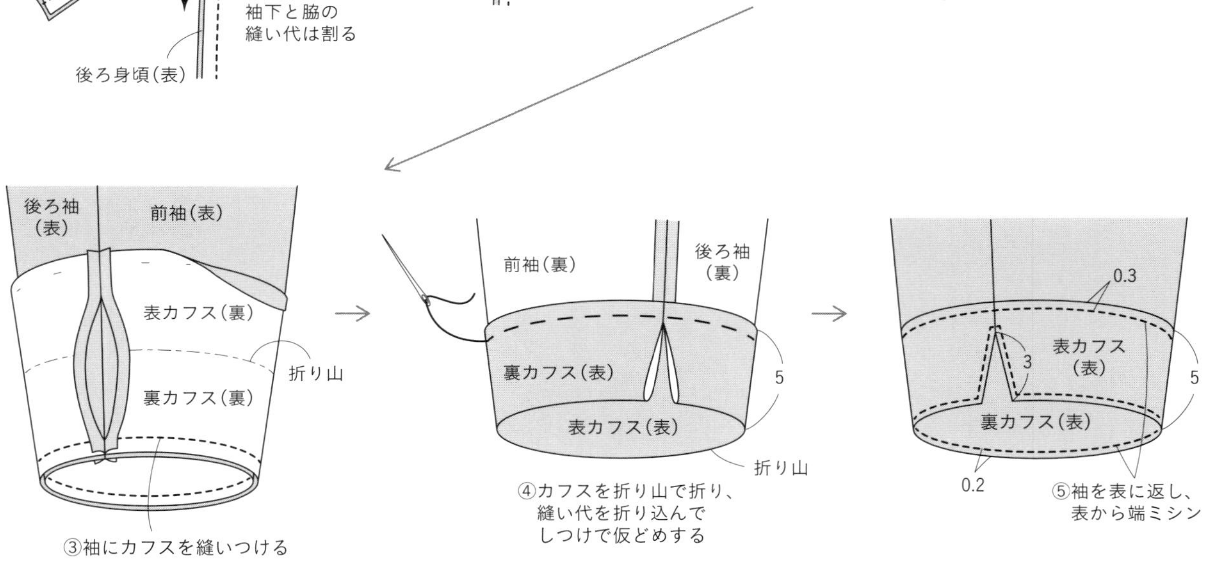
後ろ袖（表）
前袖（表）
表カフス（裏）
折り山
裏カフス（裏）
③袖にカフスを縫いつける
前袖（裏）
後ろ袖（裏）
裏カフス（表）
5
表カフス（表）
折り山
④カフスを折り山で折り、縫い代を折り込んでしつけで仮どめする
0.3
表カフス（表）
3
5
裏カフス（表）
0.2
⑤袖を表に返し、表から端ミシン

8 裾をつける

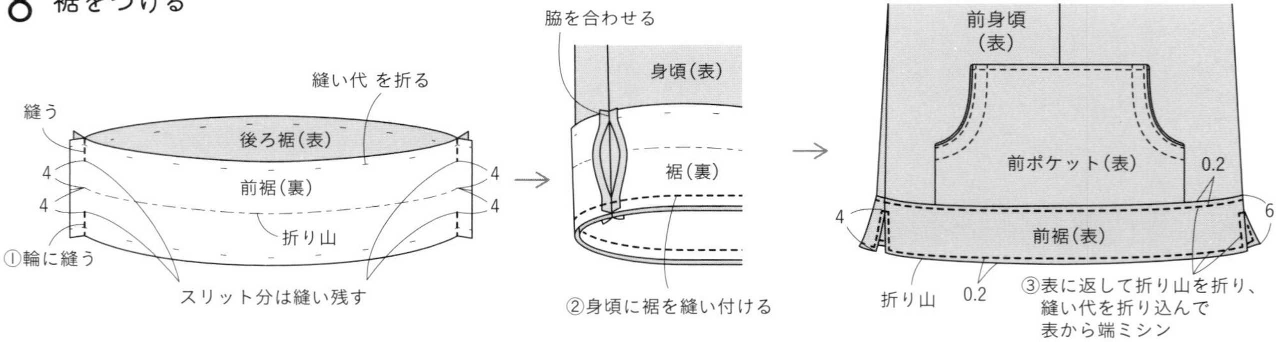
縫い代 を折る
縫う
後ろ裾（表）
4
4
前裾（裏）
4
4
折り山
①輪に縫う
スリット分は縫い残す
脇を合わせる
身頃（表）
裾（裏）
②身頃に裾を縫い付ける
前身頃（表）
前ポケット（表）
0.2
4
6
前裾（表）
折り山
0.2
③表に返して折り山を折り、縫い代を折り込んで表から端ミシン

14、

PHOTO
P.62

トラ柄のロングシャツ

SIZE
着丈：100cm

材料

着もの地（長襦袢）―――― 36cm幅×810cm
裏衿・ボタン・
パイピングテープ用別布 ―― 36cm幅×60cm
直径1.5cmのくるみボタン ―― 7個
（くるみボタンキットを使って作る→P.81参照）

作り方順序

1 後ろ身頃を縫う
2 肩を縫う
3 衿を作り、衿ぐりに仮どめする
4 衿ぐりに見返しを縫いつける
5 袖をつけて脇を縫う
6 カフスをつける
7 裾とスリットの始末をする
8 ボタンホールをあけて
ボタンをつける

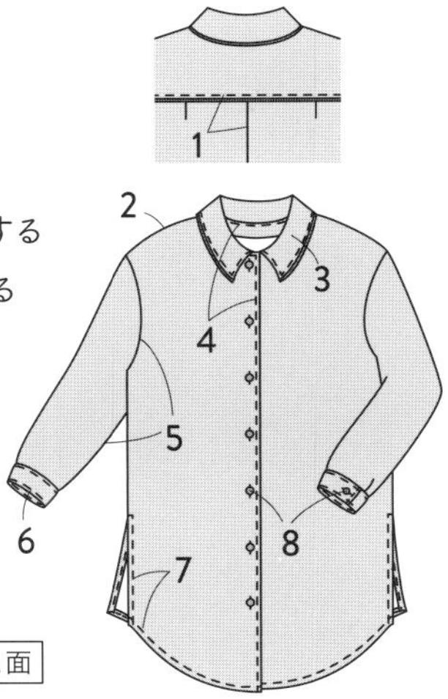

1
2
3
4
5
6
7
8

製図　実物大型紙 B C D E H A面
実物大型紙 M Q B面

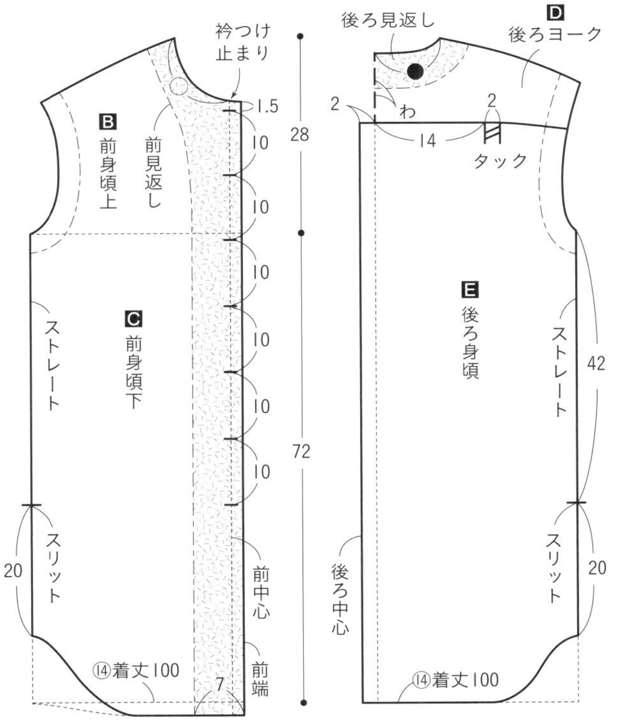

衿つけ止まり
1.5
B
前身頃上
前見返し
10
10
10
10
10
10
10
28
72
C
前身頃下
ストレート
スリット
20
前中心
⑭着丈100
7
前端
後ろ見返し
D
後ろヨーク
2
わ
14
2
タック
E
後ろ身頃
ストレート
42
スリット
20
後ろ中心
⑭着丈100

＊着丈100の型紙に脇のカーブをつける

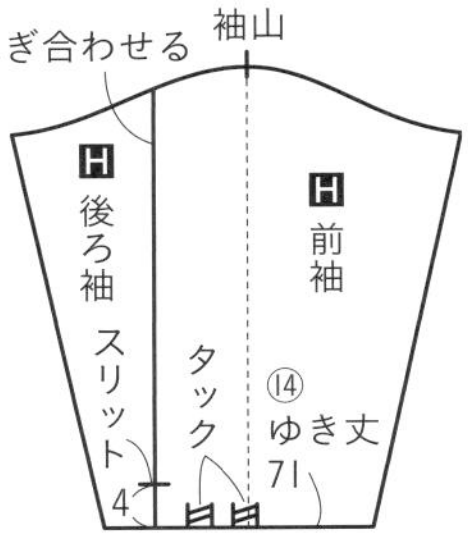

はぎ合わせる
袖山
H
後ろ袖
H
前袖
スリット
4
タック
⑭ゆき丈71

M レギュラーカラー

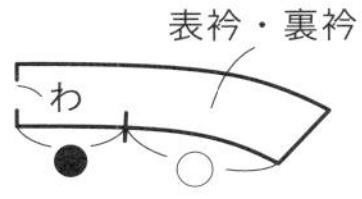

表衿・裏衿
わ

Q カフス

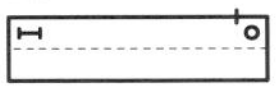

裁ち方

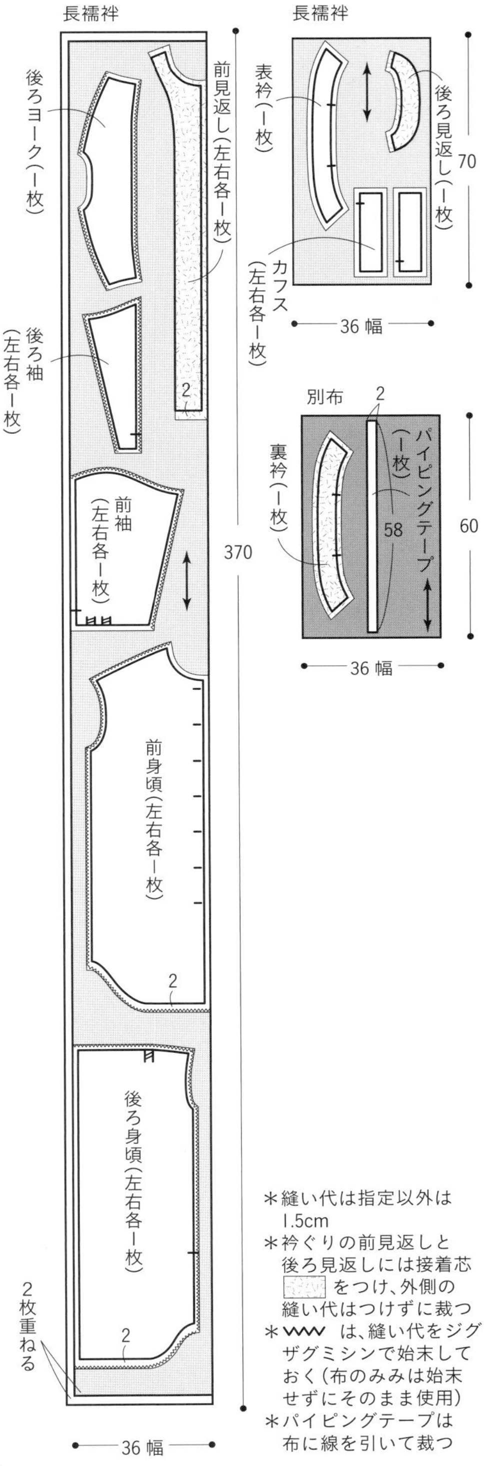

長襦袢
後ろヨーク（1枚）
前見返し（左右各1枚）
後ろ袖（左右各1枚）
2
前袖（左右各1枚）
370
前身頃（左右各1枚）
2
後ろ身頃（左右各1枚）
2
2枚重ねる
36幅
長襦袢
表衿（1枚）
後ろ見返し（1枚）
70
カフス（左右各1枚）
36幅
別布
2
裏衿（1枚）
パイピングテープ（1枚）
58
60
36幅

＊縫い代は指定以外は1.5cm
＊衿ぐりの前見返しと後ろ見返しには接着芯をつけ、外側の縫い代はつけずに裁つ
＊ は、縫い代をジグザグミシンで始末しておく（布のみみは始末せずにそのまま使用）
＊パイピングテープは布に線を引いて裁つ

1 後ろ身頃を縫う

＊ジグザグミシンの図は一部省略しています

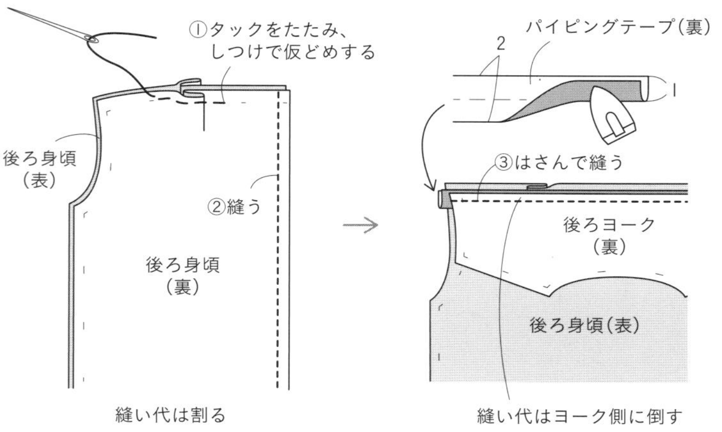
①タックをたたみ、
しつけで仮どめする
後ろ身頃
(表)
②縫う
後ろ身頃
(裏)
縫い代は割る
パイピングテープ(裏)
2
1
③はさんで縫う
後ろヨーク
(裏)
後ろ身頃(表)
縫い代はヨーク側に倒す

2 肩を縫う

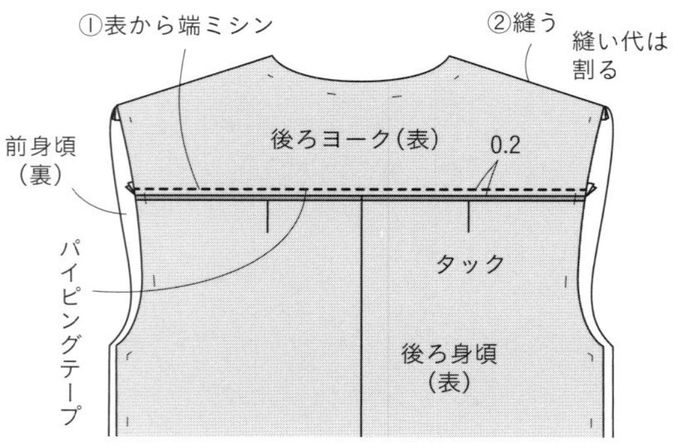
①表から端ミシン
②縫う
縫い代は
割る
前身頃
(裏)
後ろヨーク(表)
0.2
パイピングテープ
タック
後ろ身頃
(表)

3 衿を作り、衿ぐりに仮どめする

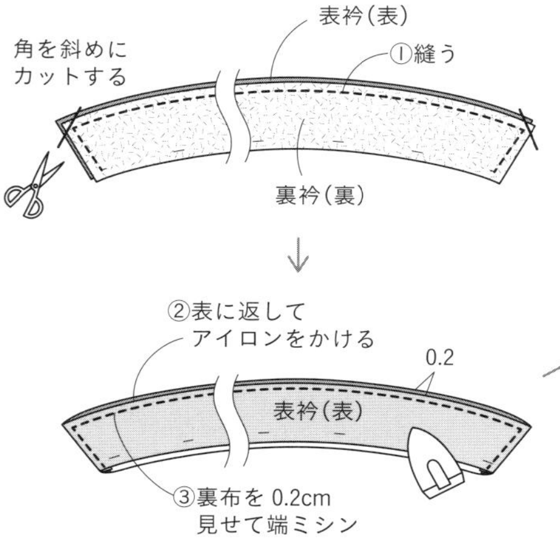
表衿(表)
角を斜めに
カットする
①縫う
裏衿(裏)
②表に返して
アイロンをかける
0.2
表衿(表)
③裏布を 0.2cm
見せて端ミシン

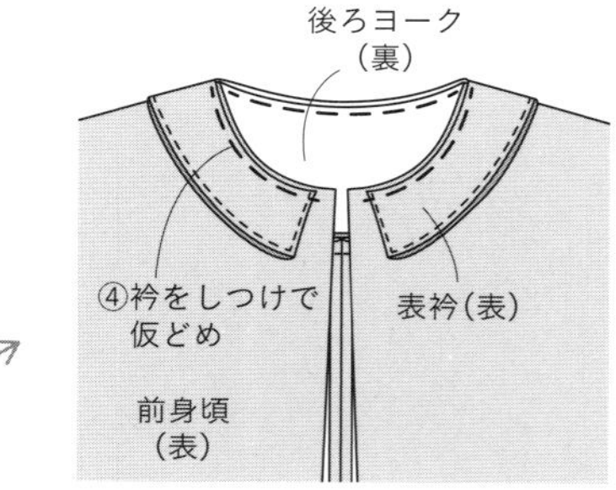
後ろヨーク
(裏)
④衿をしつけで
仮どめ
表衿(表)
前身頃
(表)

4 衿ぐりに見返しを縫いつける

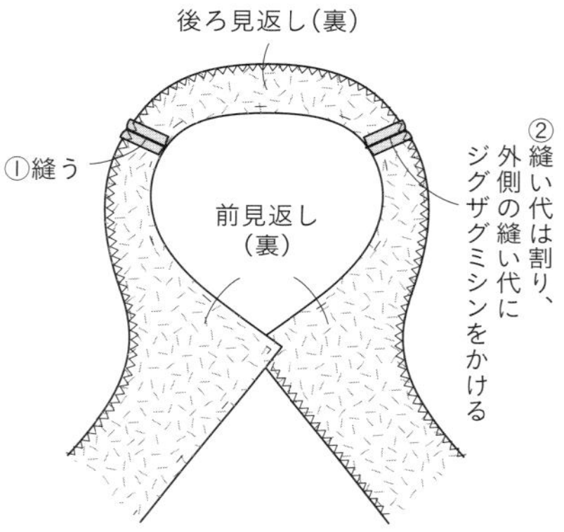
後ろ見返し(裏)
①縫う
前見返し
(裏)
②縫い代は割り、
外側の縫い代に
ジグザグミシンをかける

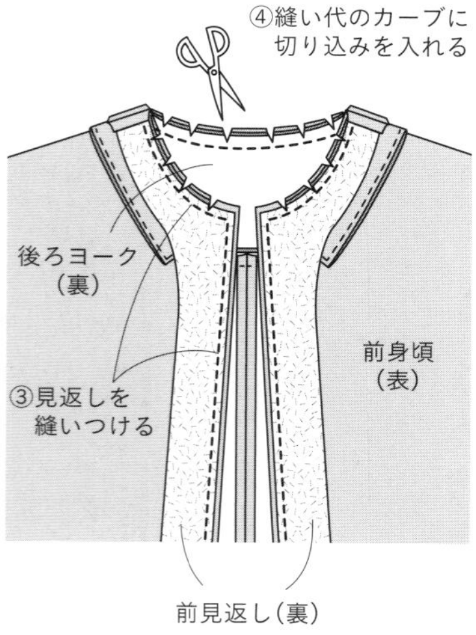
④縫い代のカーブに
切り込みを入れる
後ろヨーク
(裏)
前身頃
(表)
③見返しを
縫いつける
前見返し(裏)

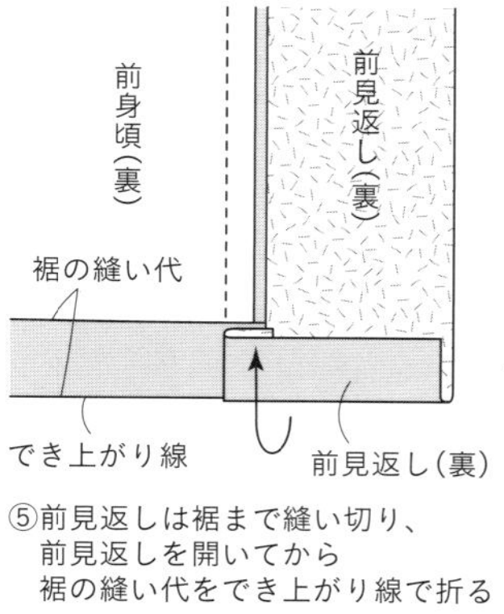
前身頃(裏)
前見返し(裏)
裾の縫い代
でき上がり線
前見返し(裏)
⑤前見返しは裾まで縫い切り、
前見返しを開いてから
裾の縫い代をでき上がり線で折る

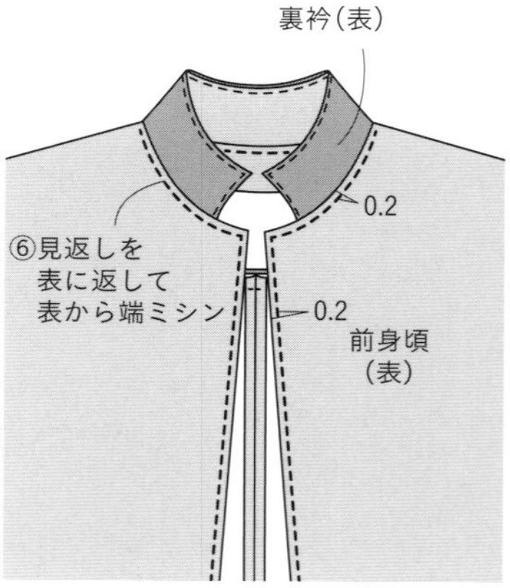
裏衿(表)
0.2
⑥見返しを
表に返して
表から端ミシン
0.2
前身頃
(表)

5 袖をつけて脇を縫う

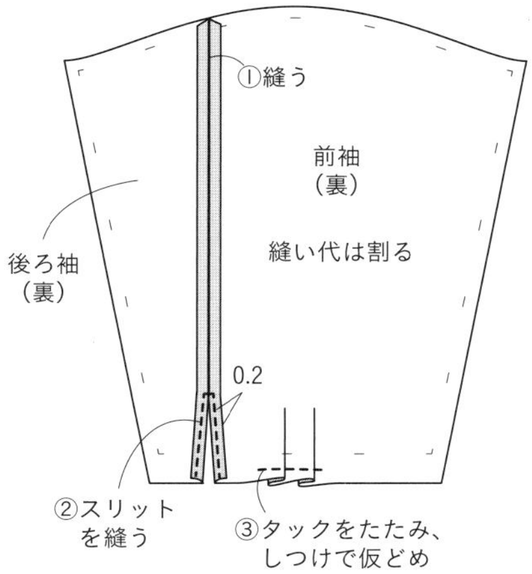

①縫う
前袖
(裏)
縫い代は割る
後ろ袖
(裏)
0.2
②スリット
を縫う
③タックをたたみ、
しつけで仮どめ

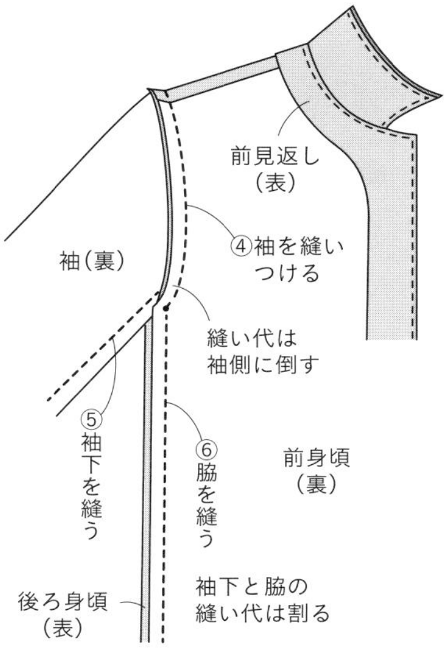

前見返し
(表)
④袖を縫い
つける
袖(裏)
縫い代は
袖側に倒す
⑤
袖下を縫う
⑥
脇を縫う
前身頃
(裏)
後ろ身頃
(表)
袖下と脇の
縫い代は割る

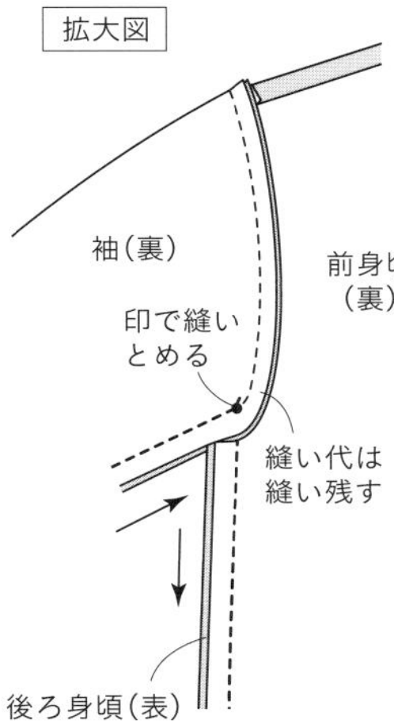

拡大図
袖(裏)
前身頃
(裏)
印で縫い
とめる
縫い代は
縫い残す
後ろ身頃(表)

6 カフスをつける

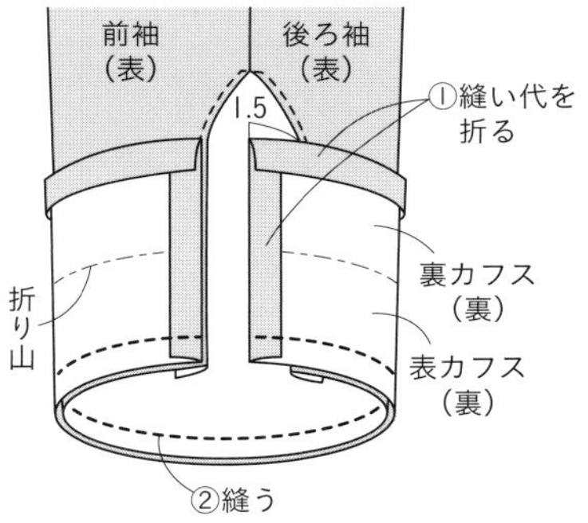

前袖
(表)
後ろ袖
(表)
1.5
①縫い代を
折る
裏カフス
(裏)
折り山
表カフス
(裏)
②縫う

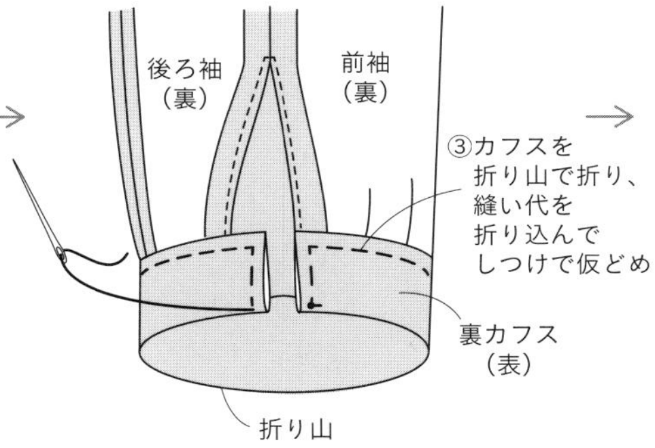

後ろ袖
(裏)
前袖
(裏)
③カフスを
折り山で折り、
縫い代を
折り込んで
しつけで仮どめ
裏カフス
(表)
折り山

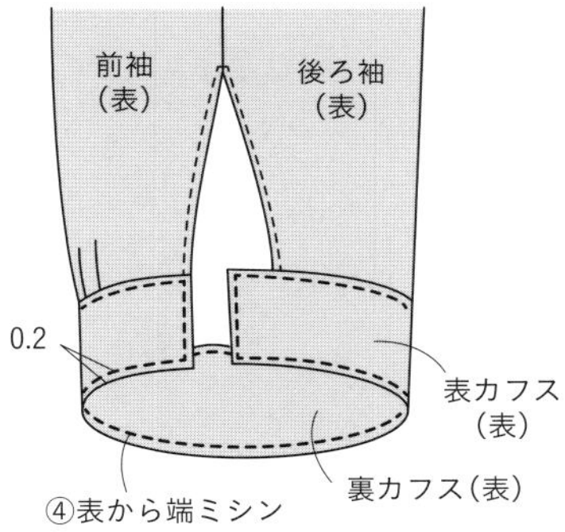

前袖
(表)
後ろ袖
(表)
0.2
表カフス
(表)
④表から端ミシン
裏カフス(表)

7 裾とスリットの始末をする

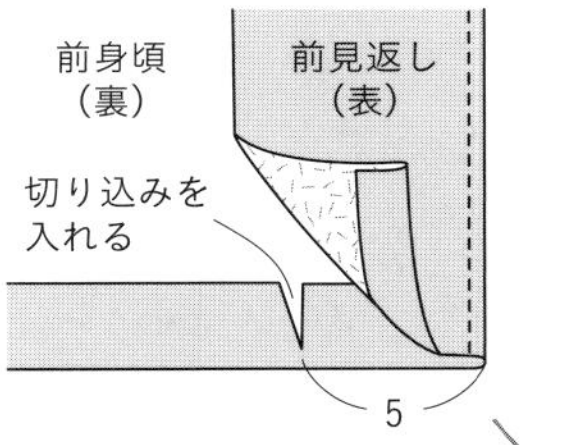

前身頃
(裏)
前見返し
(表)
切り込みを
入れる
5

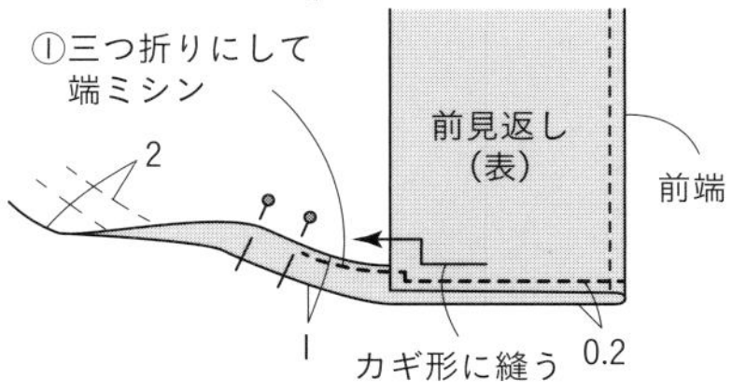

①三つ折りにして
端ミシン
2
前見返し
(表)
前端
1
カギ形に縫う
0.2

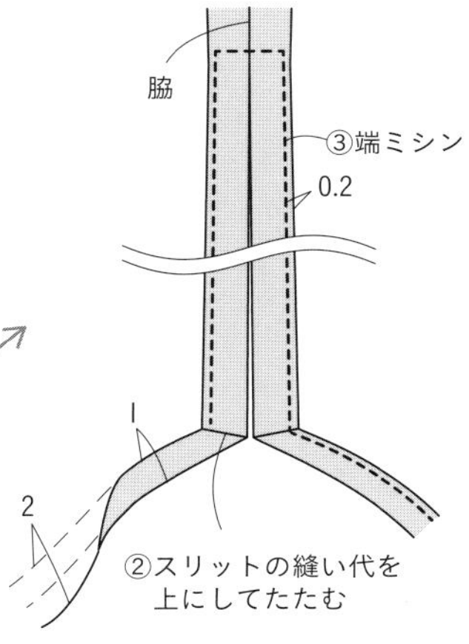

脇
③端ミシン
0.2
1
2
②スリットの縫い代を
上にしてたたむ

8 ボタンホールをあけて ボタンをつける

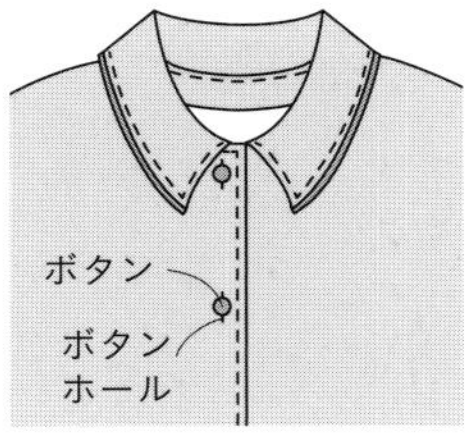

ボタン
ボタン
ホール

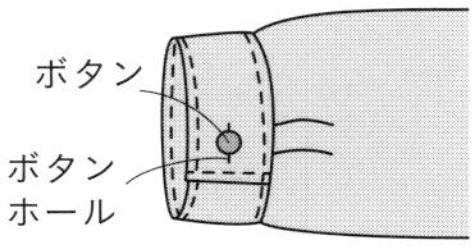

ボタン
ボタン
ホール

13、

PHOTO P.60

フードつきロングジレ

材料

着もの地（留め袖）——36cm幅×900cm
ニット用接着芯——110×50cm
ボタン用はぎれ——4×4cm
直径1.5cmのくるみボタン——1個
（くるみボタンキットを使って作る→P.81参照）

作り方順序

1 後ろ身頃を縫う
2 横マチを縫い、肩を縫う
3 フードを作る
4 衿ぐりに見返しを縫いつける
5 裾をまつる
6 袖ぐりに見返しを縫いつける
7 ボタンホールをあけて
ボタンをつける

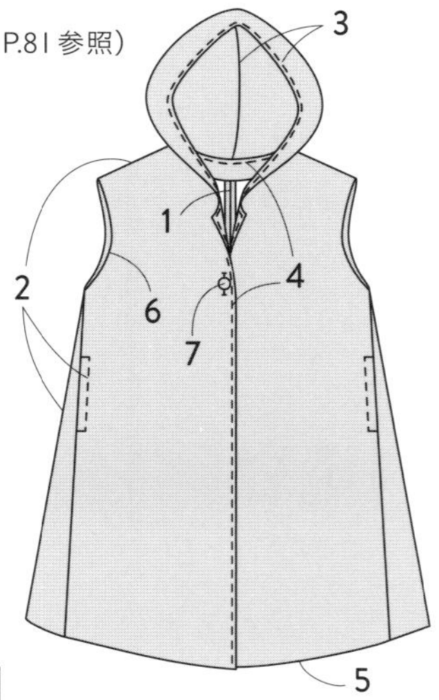

製図

実物大型紙 B C D E F A面
実物大型紙 L N B面

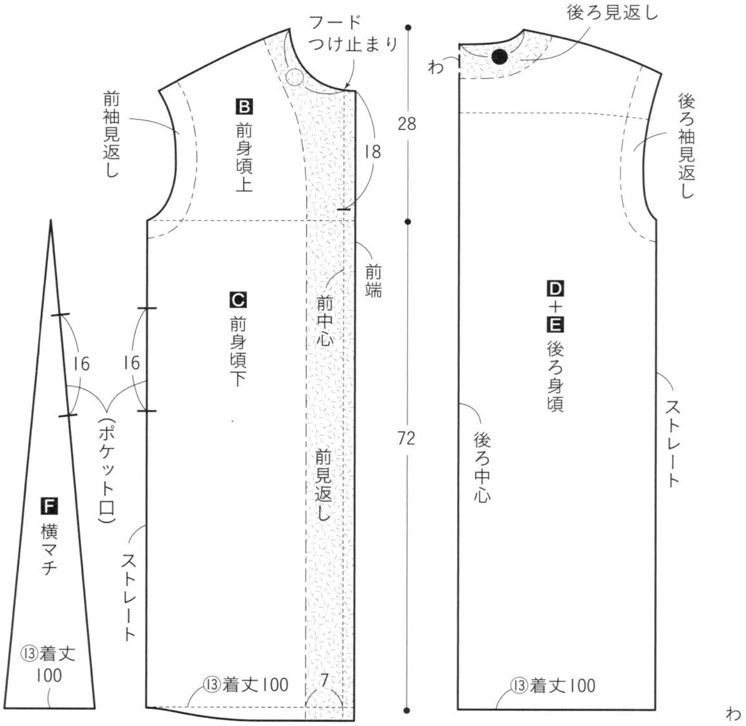

＊着丈100の線で型紙を折りたたむ(P.5参照)

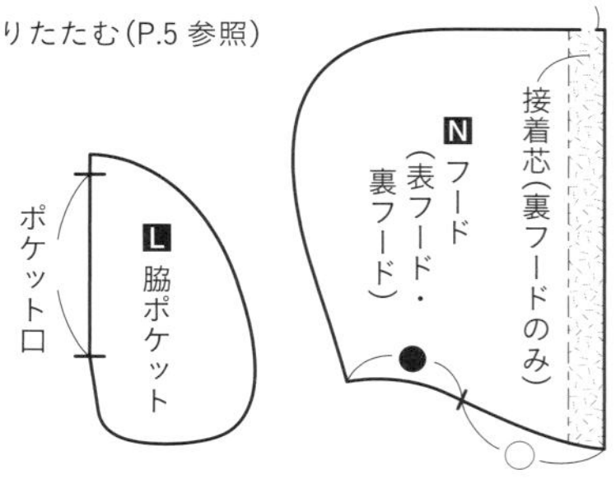

裁ち方

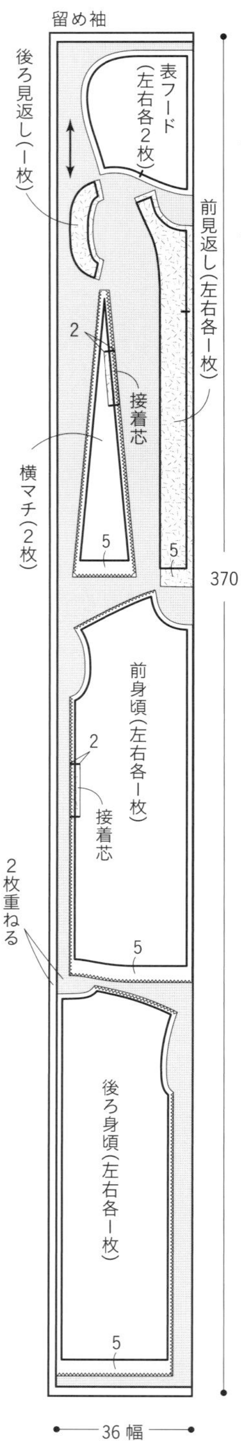

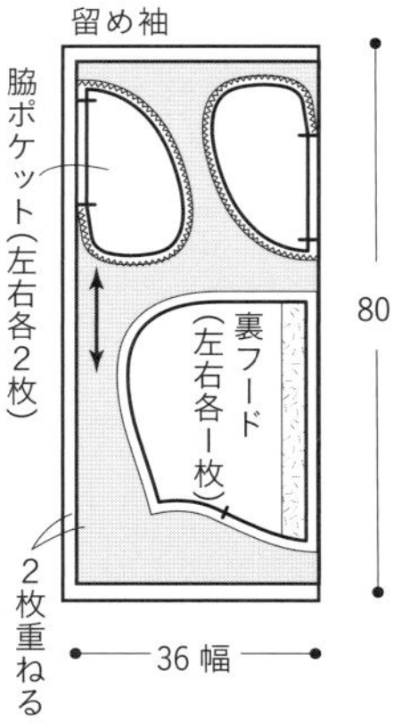

＊縫い代は指定以外は1.5cm
＊衿ぐりの前見返しと後ろ見返しには接着芯をつけて裁ち、外側は縫い代をつけずに裁つ
＊フード見返しとポケット口には接着芯をつける
＊ は、縫い代をジグザグミシンで始末しておく（布のみみは始末せずにそのまま使用）

SIZE
着丈：100cm

1 後ろ身頃を縫う

＊ジグザグミシンの図は一部省略しています

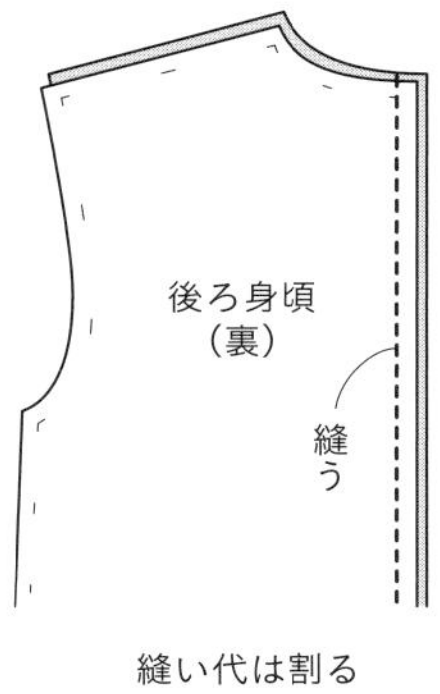

後ろ身頃
（裏）
縫う
縫い代は割る

2 横マチを縫い、肩を縫う

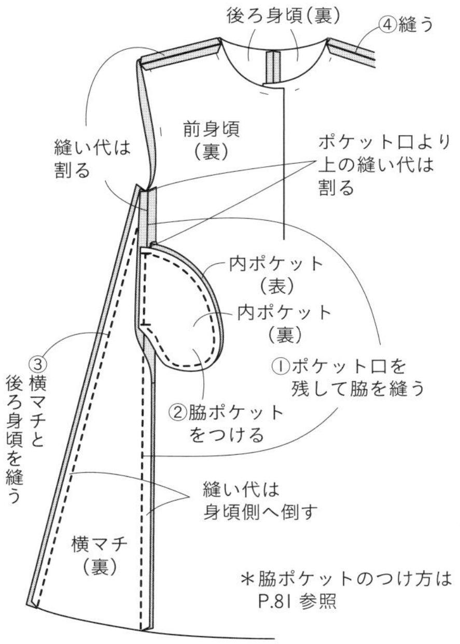

後ろ身頃（裏）
④縫う
前身頃
（裏）
縫い代は
割る
ポケット口より
上の縫い代は
割る
内ポケット
（表）
内ポケット
（裏）
①ポケット口を
残して脇を縫う
②脇ポケット
をつける
③横マチと後ろ身頃を縫う
縫い代は
身頃側へ倒す
横マチ
（裏）

＊脇ポケットのつけ方は P.81 参照

3 フードを作る

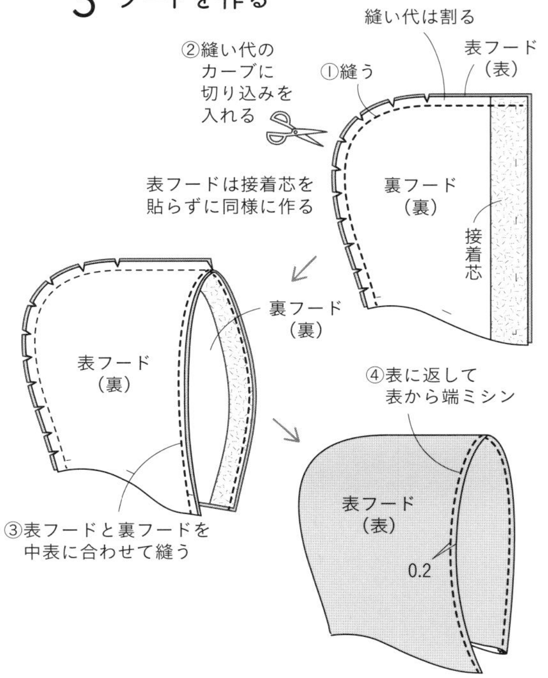

縫い代は割る
②縫い代の
カーブに
切り込みを
入れる
①縫う
表フード
（表）
表フードは接着芯を
貼らずに同様に作る
裏フード
（裏）
接着芯
裏フード
（裏）
表フード
（裏）
④表に返して
表から端ミシン
③表フードと裏フードを
中表に合わせて縫う
表フード
（表）
0.2

4 衿ぐりに見返しを縫いつける

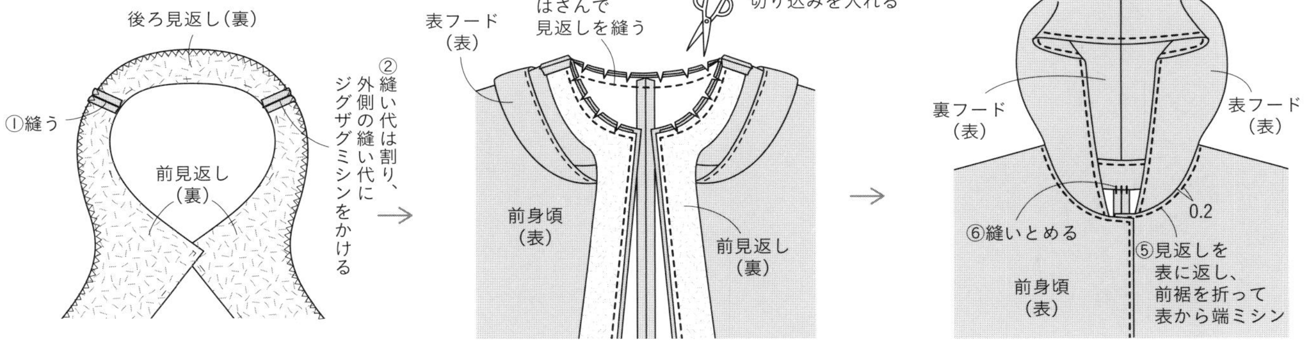

後ろ見返し（裏）
①縫う
②縫い代は割り、外側の縫い代にジグザグミシンをかける
前見返し
（裏）
表フード
（表）
③フードを
はさんで
見返しを縫う
④縫い代のカーブに
切り込みを入れる
前身頃
（表）
前見返し
（裏）
裏フード
（表）
表フード
（表）
0.2
⑥縫いとめる
⑤見返しを
表に返し、
前裾を折って
表から端ミシン
前身頃
（表）

＊前見返しの裾の縫い方は P.88-4-⑤参照

5 裾をまつる

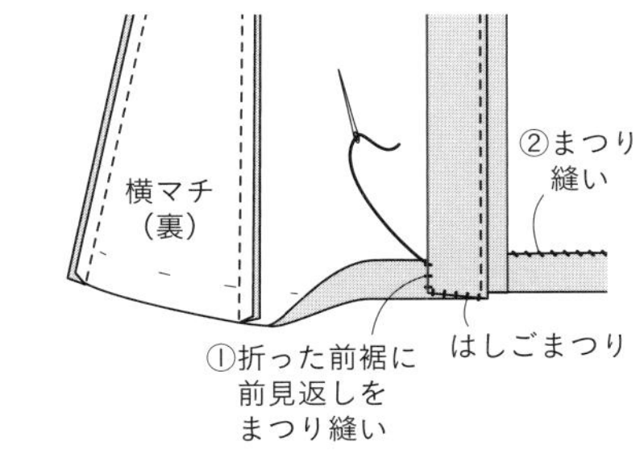

横マチ
（裏）
②まつり
縫い
①折った前裾に
前見返しを
まつり縫い
はしごまつり

6 袖ぐりに見返しを縫いつける

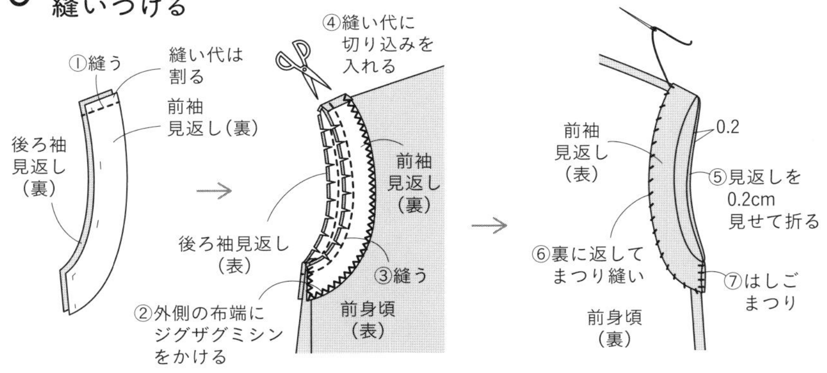

①縫う
縫い代は
割る
後ろ袖
見返し
（裏）
前袖
見返し（裏）
④縫い代に
切り込みを
入れる
前袖
見返し
（裏）
後ろ袖見返し
（表）
③縫う
②外側の布端に
ジグザグミシン
をかける
前身頃
（表）
前袖
見返し
（表）
0.2
⑤見返しを
0.2cm
見せて折る
⑥裏に返して
まつり縫い
⑦はしご
まつり
前身頃
（裏）

7 ボタンホールをあけてボタンをつける

15、

PHOTO
P. 66

兵児帯のワンピース

SIZE
着丈：135cm

材料

兵児帯 ―――― 1枚
＊着もの地の場合 ―――― 36cm幅×800cm
ニット用接着芯 ―――― 90×20cm
直径0.3cmのひも ―――― 150cm×1本
直径1.5cmのくるみボタン ―― 1個
（くるみボタンキットを使って作る→P.81参照）

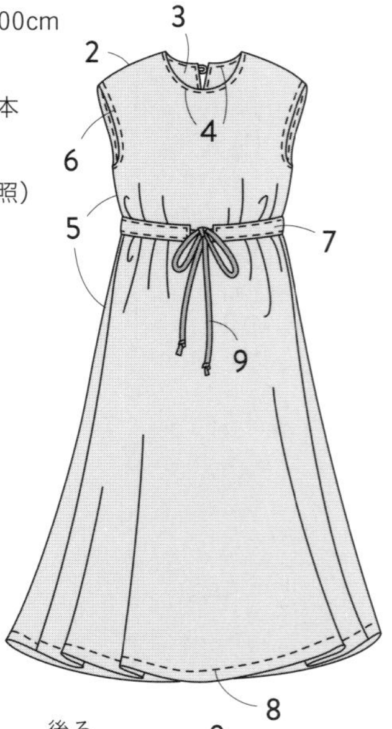

1
2
3
4
5
6
7
8
9

作り方順序

1 後ろ身頃上を縫う
2 後ろ身頃下を縫い、肩を縫う
3 衿ぐりの見返しを縫う
4 衿ぐりに見返しを縫いつける
5 横マチを縫う
6 袖ぐりに見返しを縫いつける
7 ベルト通しを縫いつける
8 裾をまつる
9 ひもを通し、ボタンをつける

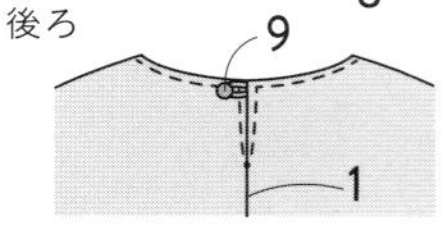

後ろ
9
1

裁ち方

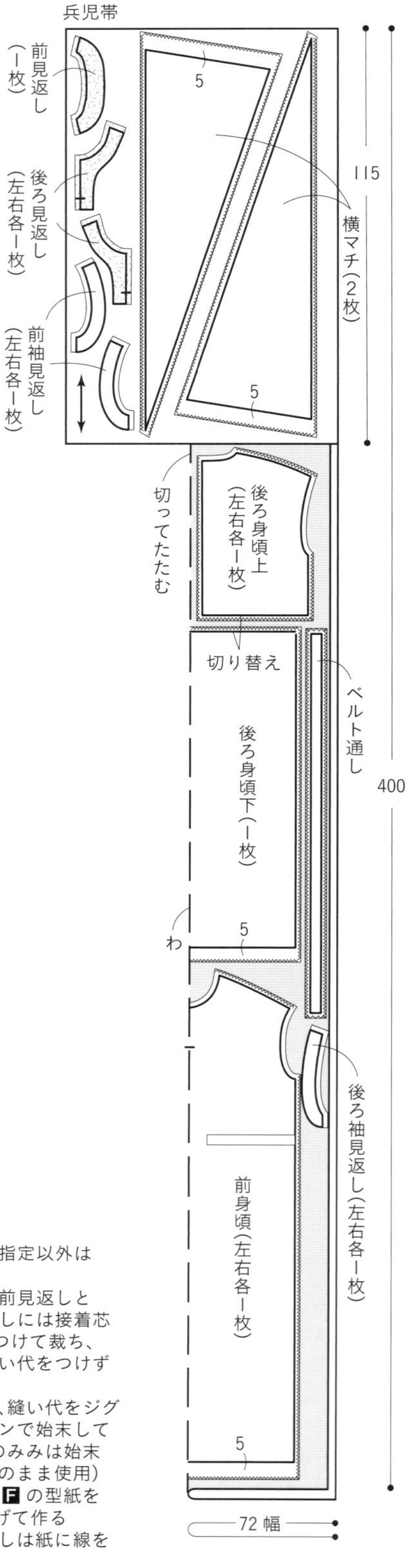

兵児帯
前見返し（1枚）
後ろ見返し（左右各1枚）
前袖見返し（左右各1枚）
5
5
115
横マチ（2枚）
切ってたたむ
後ろ身頃上（左右各1枚）
切り替え
ベルト通し
後ろ身頃下（1枚）
400
わ
5
後ろ袖見返し（左右各1枚）
前身頃（左右各1枚）
5
72幅

製図 実物大型紙 B C D E F A面

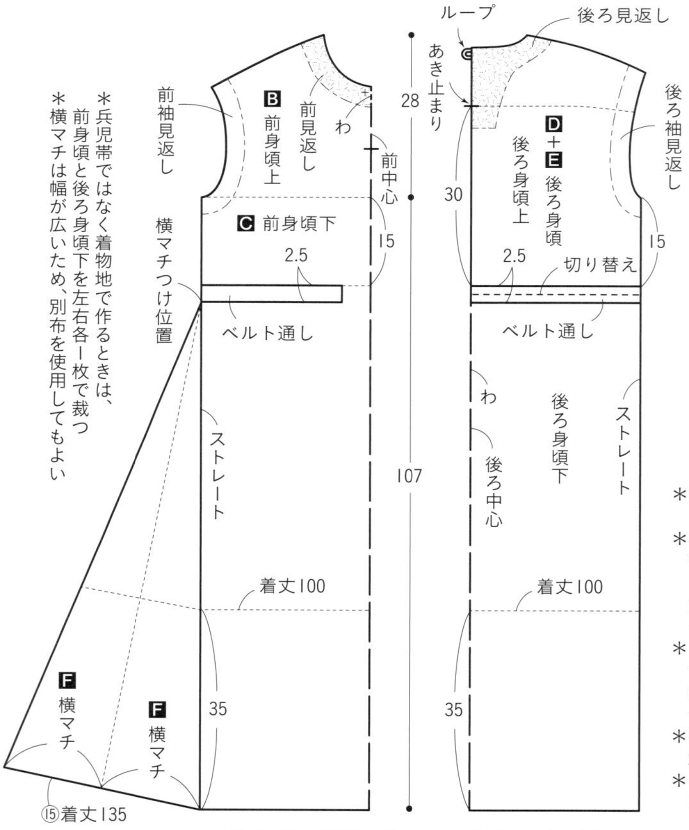

前袖見返し
B 前身頃上
前見返し
わ
前中心
C 前身頃下
2.5
15
横マチつけ位置
ベルト通し
ストレート
着丈100
F 横マチ
F 横マチ
35
⑮着丈135
28
30
107
ボタンループ
あき止まり
後ろ見返し
D＋E 後ろ身頃上
後ろ身頃
後ろ袖見返し
2.5
切り替え
15
ベルト通し
わ
後ろ中心
後ろ身頃下
ストレート
着丈100
35

＊兵児帯ではなく着物地で作るときは、前身頃と後ろ身頃下を左右各1枚で裁つ
＊横マチは幅が広いため、別布を使用してもよい

＊縫い代は指定以外は1.5cm
＊衿ぐりの前見返しと後ろ見返しには接着芯 をつけて裁ち、外側は縫い代をつけずに裁つ
＊ 〰 は、縫い代をジグザグミシンで始末しておく（布のみみは始末せずにそのまま使用）
＊横マチは F の型紙を2枚つなげて作る
＊ベルト通しは紙に線を引いて自分で型紙を作る

＊着丈100の型紙の裾をそれぞれ35cm伸ばす

1 後ろ身頃上を縫う

＊ジグザグミシンの図は
一部省略しています

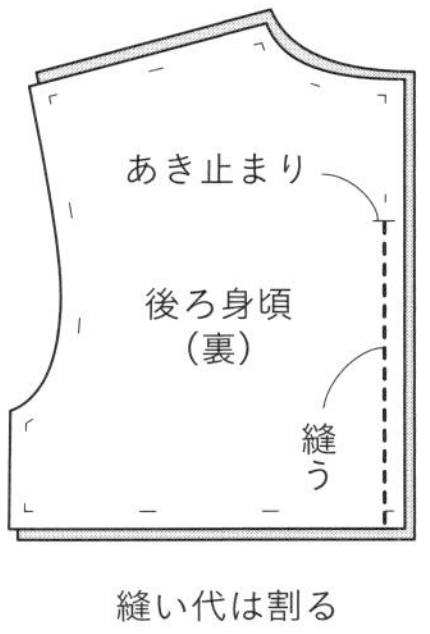

あき止まり
後ろ身頃
（裏）
縫う
縫い代は割る

2 後ろ身頃下を縫い、肩を縫う

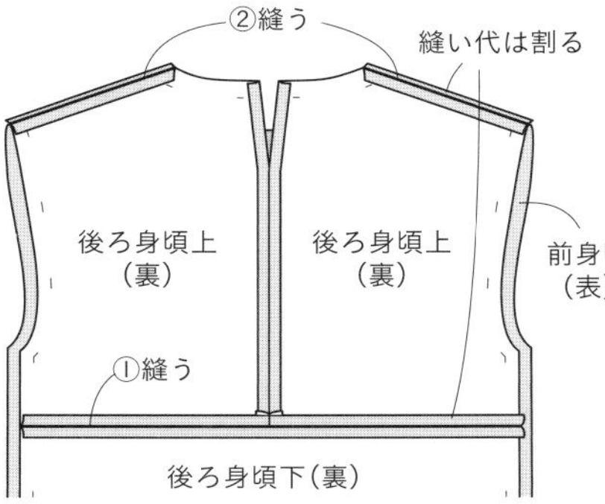

②縫う
縫い代は割る
後ろ身頃上
（裏）
後ろ身頃上
（裏）
前身頃
（表）
①縫う
後ろ身頃下（裏）

3 衿ぐりの見返しを縫う

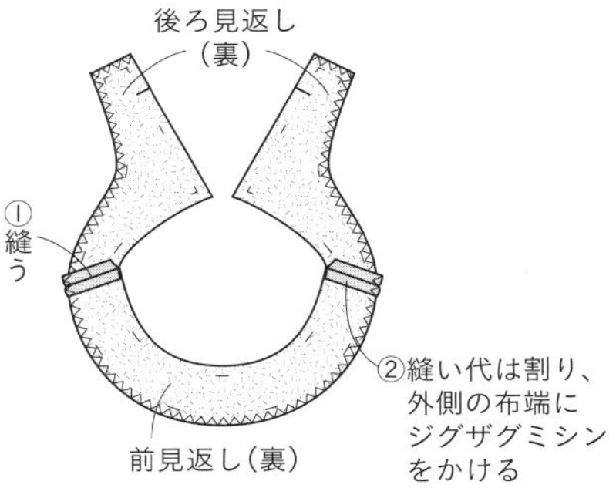

後ろ見返し
（裏）
①縫う
②縫い代は割り、
外側の布端に
ジグザグミシン
をかける
前見返し（裏）

4 衿ぐりに見返しを縫いつける

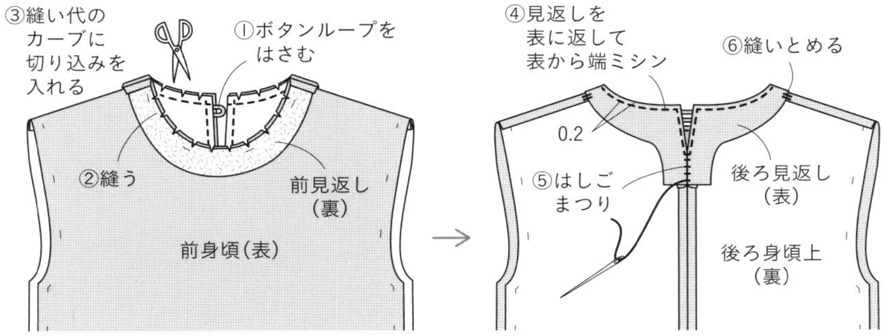

③縫い代の
カーブに
切り込みを
入れる
①ボタンループを
はさむ
②縫う
前見返し
（裏）
前身頃（表）
④見返しを
表に返して
表から端ミシン
⑥縫いとめる
0.2
⑤はしご
まつり
後ろ見返し
（表）
後ろ身頃上
（裏）

＊ボタンループの作り方は P.81 参照

5 横マチを縫う

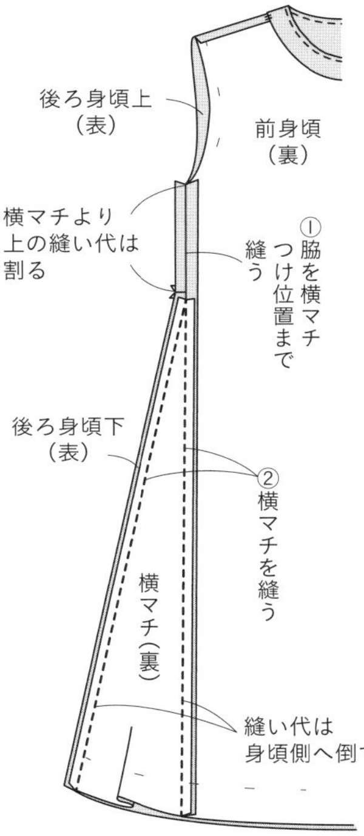

後ろ身頃上
（表）
前身頃
（裏）
横マチより
上の縫い代は
割る
①脇を横マチ
つけ位置まで
縫う
後ろ身頃下
（表）
②横マチを縫う
横マチ（裏）
縫い代は
身頃側へ倒す

6 袖ぐりに見返しを縫いつける

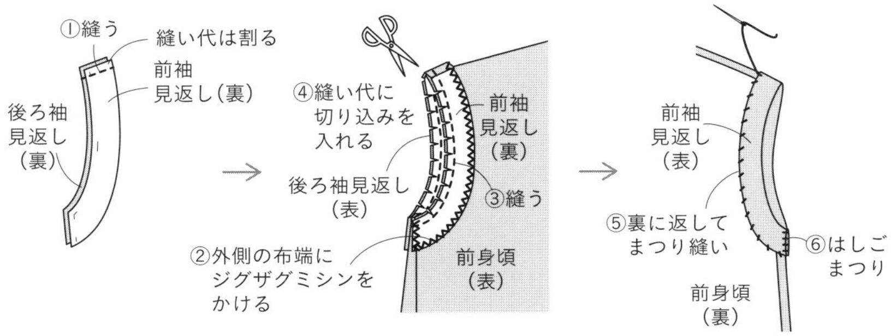

①縫う
縫い代は割る
前袖
見返し（裏）
後ろ袖
見返し
（裏）
④縫い代に
切り込みを
入れる
前袖
見返し
（裏）
後ろ袖見返し
（表）
③縫う
②外側の布端に
ジグザグミシンを
かける
前身頃
（表）
前袖
見返し
（表）
⑤裏に返して
まつり縫い
⑥はしご
まつり
前身頃
（裏）

7 ベルト通しを縫いつける

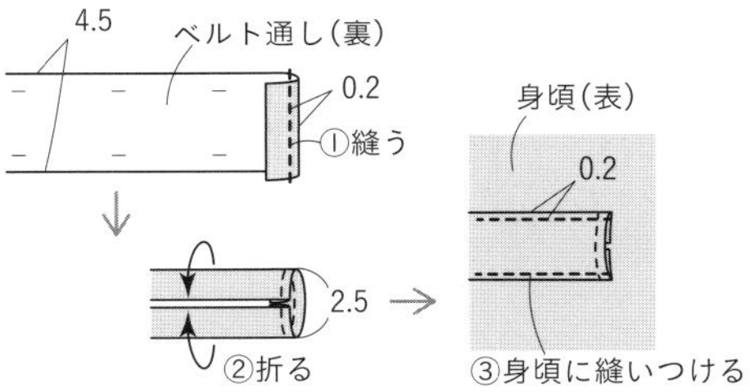

4.5
ベルト通し（裏）
0.2
①縫う
2.5
②折る
身頃（表）
0.2
③身頃に縫いつける

8 裾をまつる

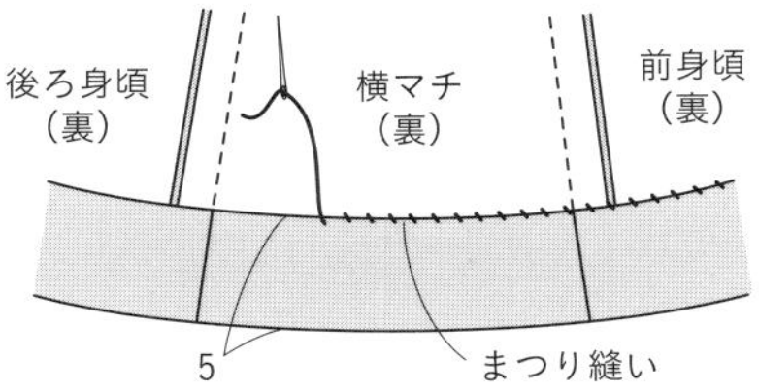

後ろ身頃
（裏）
横マチ
（裏）
前身頃
（裏）
5
まつり縫い

9 ひもを通し、ボタンをつける

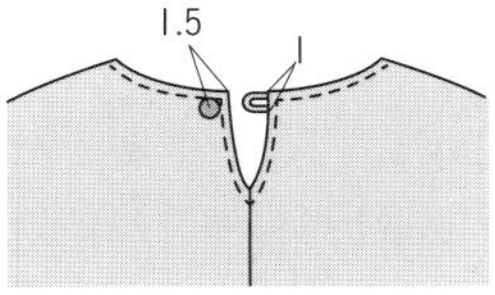

1.5
1

16、

PHOTO
P.68

縞模様のジャンスカ

SIZE
着丈：132cm

材料

着もの地（小紋）——— 36cm幅×990cm
ニット用接着芯 ——— 90×20cm
直径1.8cmのボタン —— 2個

作り方順序

1 前身頃と後ろ見頃を縫い、横マチを縫う
2 袖ぐりに見返しを縫いつける
3 胸当てを作って縫い付ける
4 肩ひもを作ってつける
5 裾をまつる

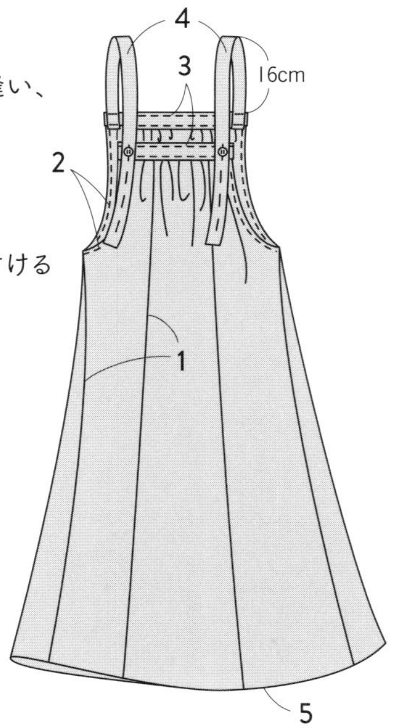

4
3
16cm
2
1
5

製図 実物大型紙 C F A面 実物大型紙 R B面

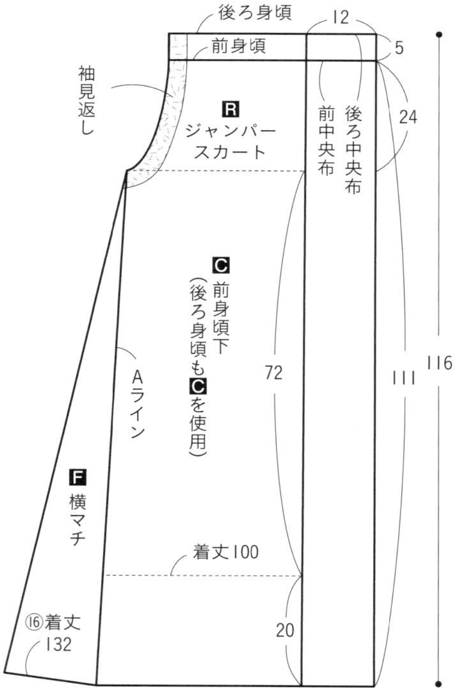

後ろ身頃
前身頃
12
5
袖見返し
R ジャンパースカート
前中央布
後ろ中央布
24
C 前身頃下（後ろ身頃もCを使用）
Aライン
72
111
116
F 横マチ
着丈100
⑯着丈132
20

＊R と C の型紙をつなぎ、さらに C の着丈100 の型紙の裾をそれぞれ 20cm 伸ばす

前胸当て（縫い代なし）

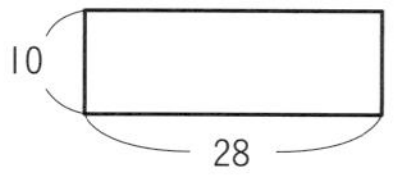

10
28

後ろ胸当て（縫い代なし）

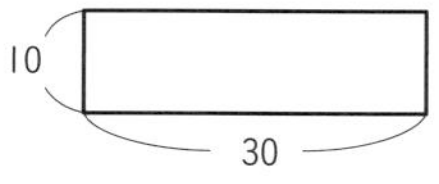

10
30

肩ひも（縫い代なし）

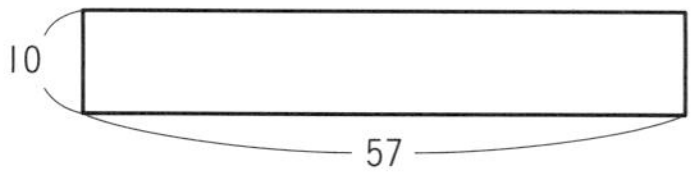

10
57

裁ち方

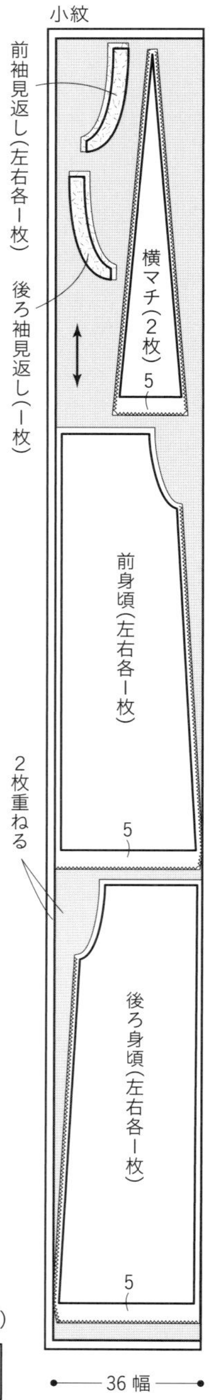

小紋
前袖見返し（左右各1枚）
後ろ袖見返し（1枚）
横マチ（2枚）
5
前身頃（左右各1枚）
5
340
2枚重ねる
後ろ身頃（左右各1枚）
5
36幅

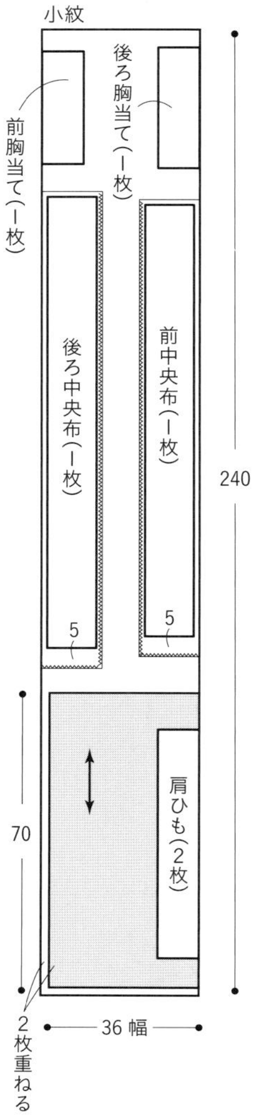

小紋
後ろ胸当て（1枚）
前胸当て（1枚）
後ろ中央布（1枚）
前中央布（1枚）
5
5
240
70
肩ひも（2枚）
2枚重ねる
36幅

＊縫い代は指定以外は 1.5cm
＊前袖見返しと後ろ袖見返しには接着芯 をつけ、外側の縫い代はつけずに裁つ
＊ は、縫い代をジグザグミシンで始末しておく（布のみみは始末せずにそのまま使用）
＊前中央布、後ろ中央布、胸当て、肩ひもは紙に線を引いて自分で型紙を作る

1 前身頃と後ろ身頃を縫い、横マチを縫う

＊ジグザグミシンの図は一部省略しています

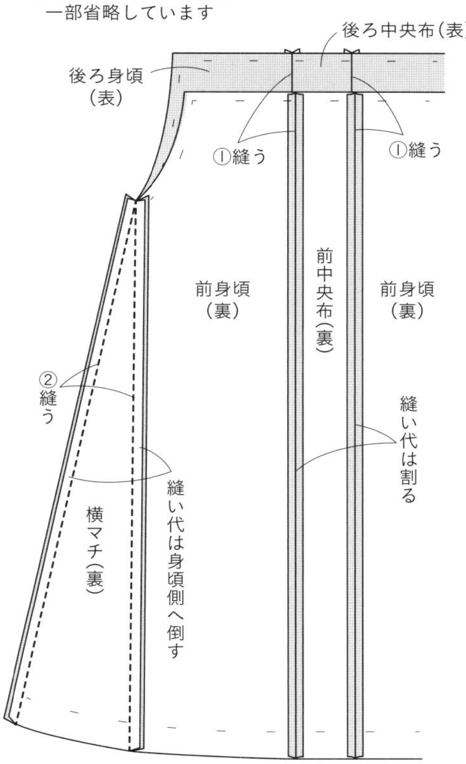

後ろ中央布（表）
後ろ身頃（表）
①縫う
①縫う
前身頃（裏）
前中央布（裏）
前身頃（裏）
②縫う
縫い代は割る
横マチ（裏）
縫い代は身頃側へ倒す

2 袖ぐりに見返しを縫いつける

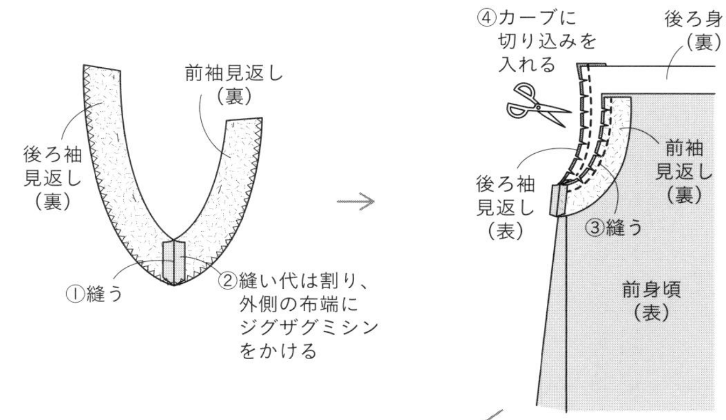

前袖見返し（裏）
後ろ袖見返し（裏）
①縫う
②縫い代は割り、外側の布端にジグザグミシンをかける
④カーブに切り込みを入れる
後ろ身頃（裏）
前袖見返し（裏）
後ろ袖見返し（表）
③縫う
前身頃（表）

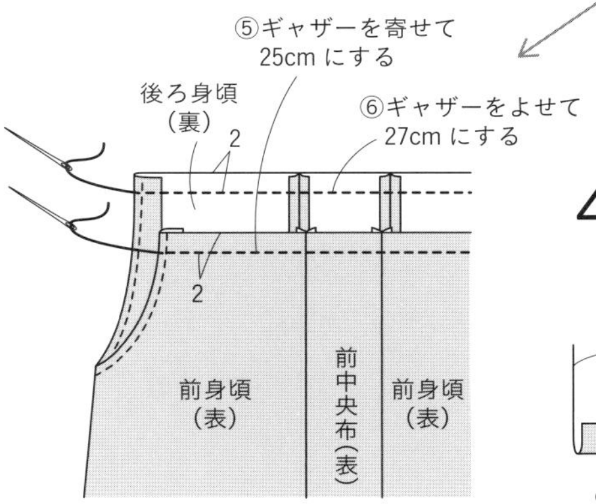

⑤ギャザーを寄せて25cmにする
後ろ身頃（裏）
2
⑥ギャザーをよせて27cmにする
2
前身頃（表）
前中央布（表）
前身頃（表）

3 胸当てを作って縫いつける

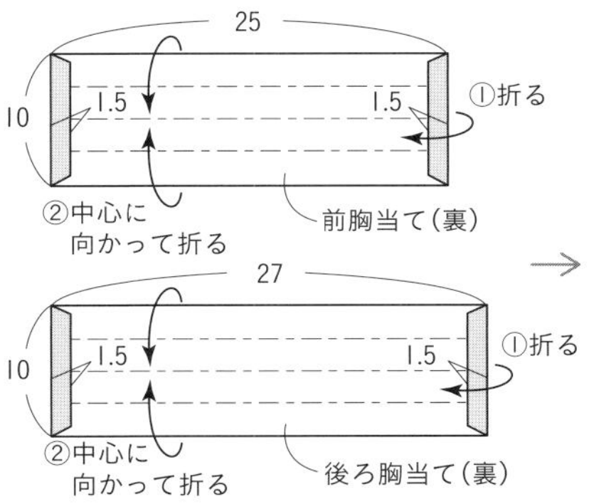

25
10
1.5
1.5
①折る
②中心に向かって折る
前胸当て（裏）
27
10
1.5
1.5
①折る
②中心に向かって折る
後ろ胸当て（裏）

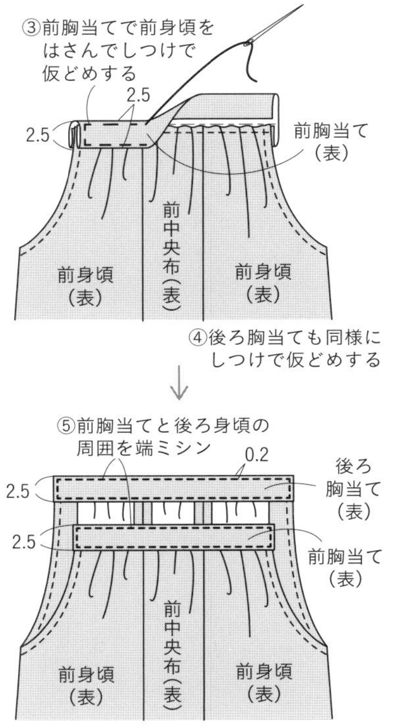

③前胸当てで前身頃をはさんでしつけで仮どめする
2.5
2.5
前胸当て（表）
前身頃（表）
前中央布（表）
前身頃（表）
④後ろ胸当ても同様にしつけで仮どめする
⑤前胸当てと後ろ身頃の周囲を端ミシン
0.2
2.5
後ろ胸当て（表）
2.5
前胸当て（表）
前身頃（表）
前中央布（表）
前身頃（表）

4 肩ひもを作ってつける

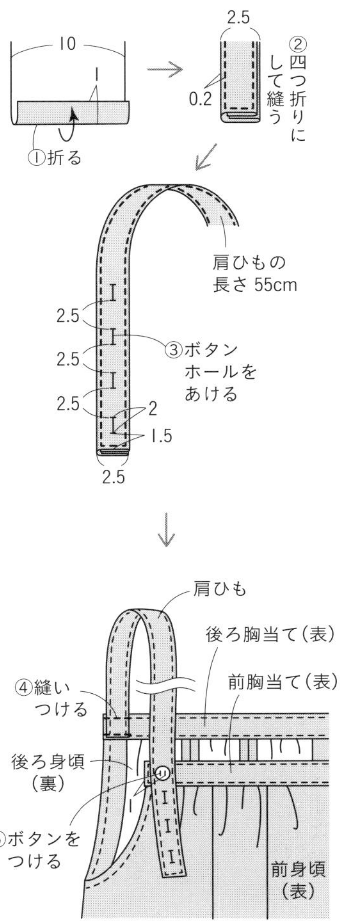

10
1
①折る
2.5
②四つ折りにして縫う
0.2
肩ひもの長さ55cm
2.5
2.5
2.5
③ボタンホールをあける
2
1.5
2.5
肩ひも
後ろ胸当て（表）
前胸当て（表）
④縫いつける
後ろ身頃（裏）
⑤ボタンをつける
前身頃（表）

5 裾をまつる

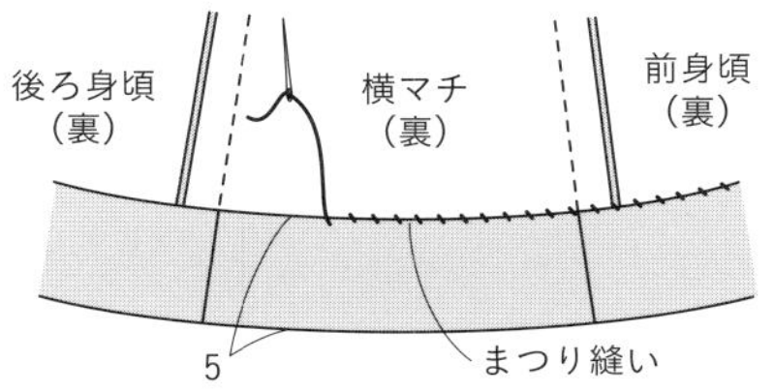

後ろ身頃（裏）
横マチ（裏）
前身頃（裏）
5
まつり縫い

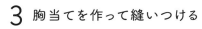

17、

PHOTO
P.70

エプロンジャンパースカート

材料

着もの地（紬）——— 36cm幅×1000cm
見返し用別布 ——— 36cm幅×70cm
ニット用接着芯 ——— 90×50cm
直径1.8cmのボタン —— 2個

作り方順序

1 前身頃を縫う
2 後ろ身頃上に後ろポケットをつける
3 脇を縫う
4 袖ぐりに見返しを縫いつける
5 肩ひもを作ってつける
6 裾とスリットをまつる

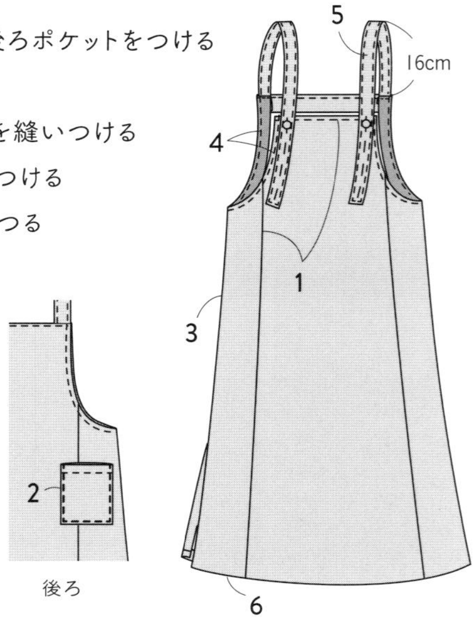

5
16cm
4
1
3
2
後ろ
6

裁ち方

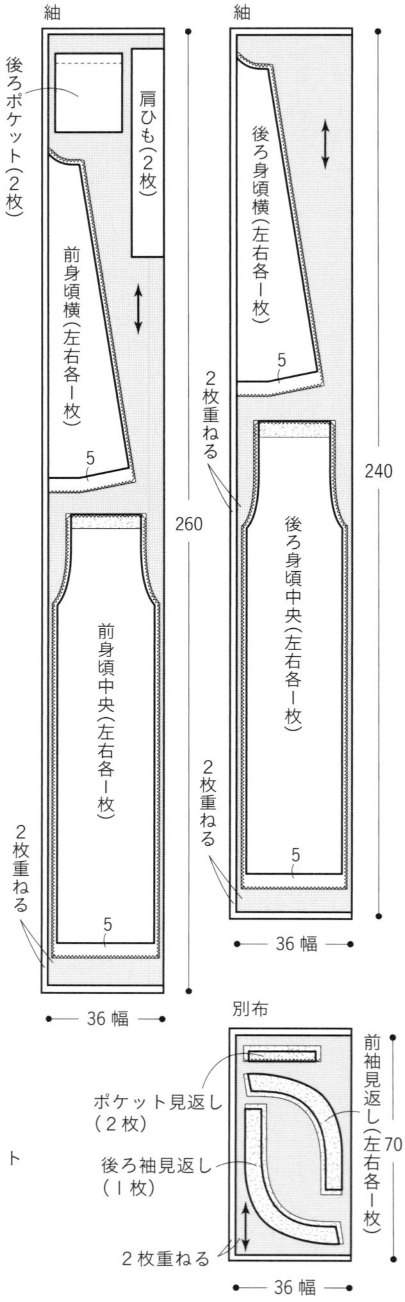

紬
後ろポケット(2枚)
肩ひも(2枚)
前身頃横(左右各1枚)
5
260
前身頃中央(左右各1枚)
2枚重ねる
5
36幅
紬
後ろ身頃横(左右各1枚)
5
2枚重ねる
240
後ろ身頃中央(左右各1枚)
2枚重ねる
5
36幅
別布
前袖見返し(左右各1枚)
ポケット見返し(2枚)
70
後ろ袖見返し(1枚)
2枚重ねる
36幅

製図　実物大型紙 S X B面

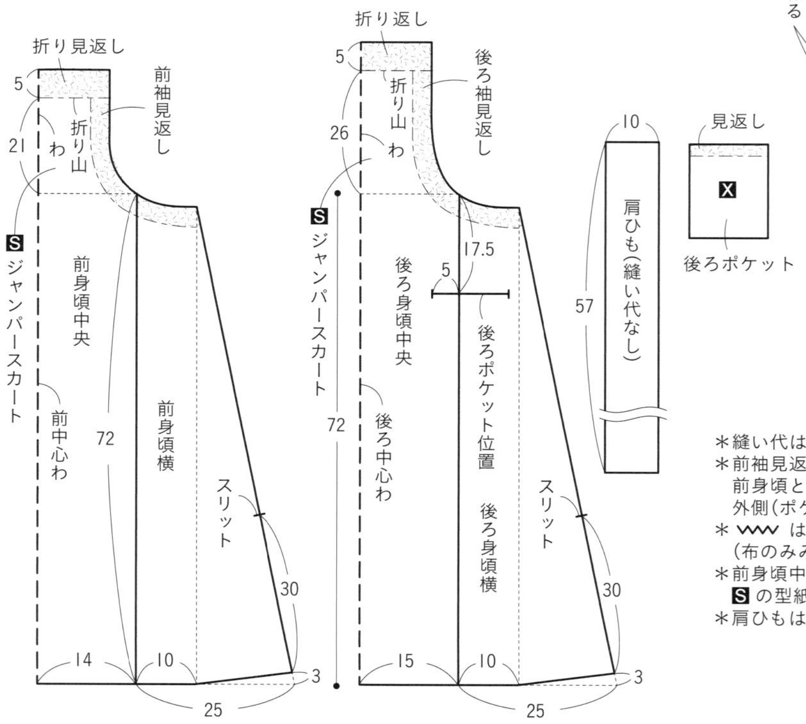

折り見返し
5
前袖見返し
21
わ
折り山
S ジャンパースカート
前身頃中央
前中心わ
72
前身頃横
スリット
30
14
10
3
25
折り返し
5
後ろ袖見返し
26
折り山
わ
S ジャンパースカート
17.5
5
後ろ身頃中央
後ろポケット位置
後ろ中心わ
72
後ろ身頃横
スリット
30
15
10
3
25
10
肩ひも(縫い代なし)
57
見返し
X
後ろポケット

＊縫い代は指定以外は1.5cm
＊前袖見返しと後ろ袖見返し、ポケット見返し、前身頃と後ろ身頃の折り返しには接着芯［ ］をつけ、外側（ポケットは下側）の縫い代はつけずに裁つ
＊ 〰〰 は、縫い代をジグザグミシンで始末しておく（布のみみは始末せずにそのまま使用）
＊前身頃中央、後ろ身頃中央、前身頃横、後ろ身頃横は、S の型紙に線を足して自分で型紙を作る
＊肩ひもは紙に線を引いて自分で型紙を作る

SIZE
着丈：125cm

1 前身頃を縫う

＊ジグザグミシンの図は一部省略しています

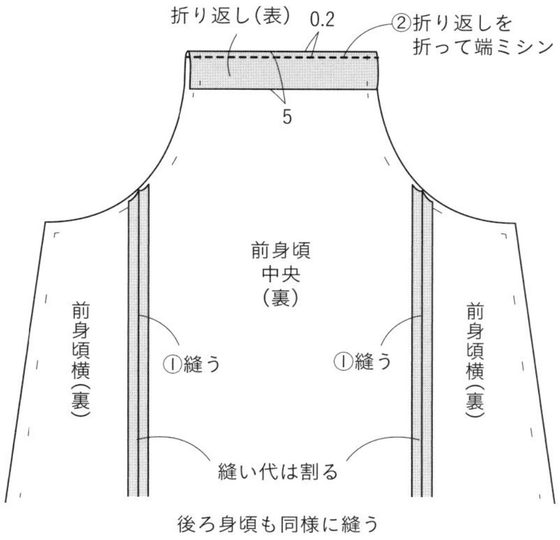
折り返し（表）
0.2
②折り返しを
折って端ミシン
5
前身頃
中央
（裏）
前身頃横（裏）
①縫う
①縫う
前身頃横（裏）
縫い代は割る
後ろ身頃も同様に縫う

2 後ろ身頃に後ろポケットをつける

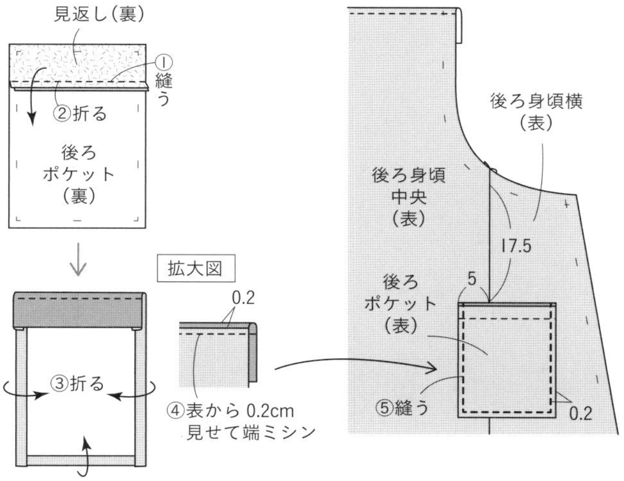
見返し（裏）
①縫う
②折る
後ろ
ポケット
（裏）
拡大図
0.2
③折る
④表から 0.2cm
見せて端ミシン
後ろ身頃横
（表）
後ろ身頃
中央
（表）
17.5
5
後ろ
ポケット
（表）
⑤縫う
0.2

3 脇を縫う

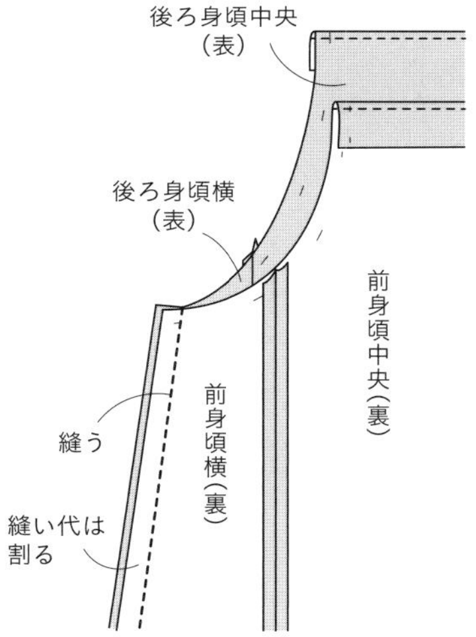
後ろ身頃中央
（表）
後ろ身頃横
（表）
前身頃中央（裏）
前身頃横（裏）
縫う
縫い代は
割る

4 袖ぐりに見返しを縫いつける

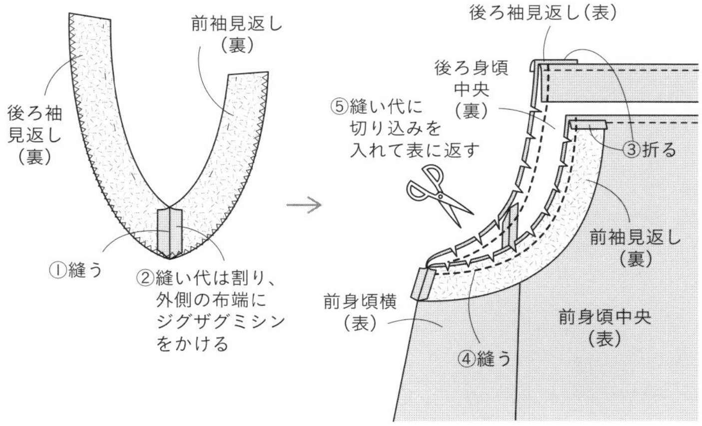
前袖見返し
（裏）
後ろ袖
見返し
（裏）
①縫う
②縫い代は割り、
外側の布端に
ジグザグミシン
をかける
後ろ袖見返し（表）
後ろ身頃
中央
（裏）
⑤縫い代に
切り込みを
入れて表に返す
③折る
前袖見返し
（裏）
前身頃横
（表）
前身頃中央
（表）
④縫う

5 肩ひもを作ってつける

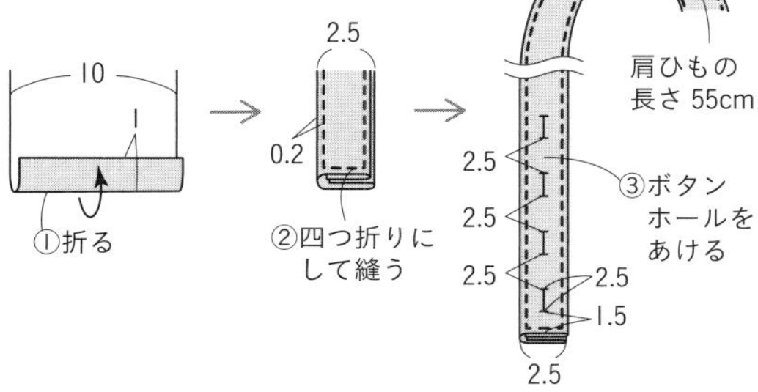
10
1
①折る
2.5
0.2
②四つ折りに
して縫う
肩ひもの
長さ 55cm
2.5
2.5
2.5
③ボタン
ホールを
あける
2.5
1.5
2.5

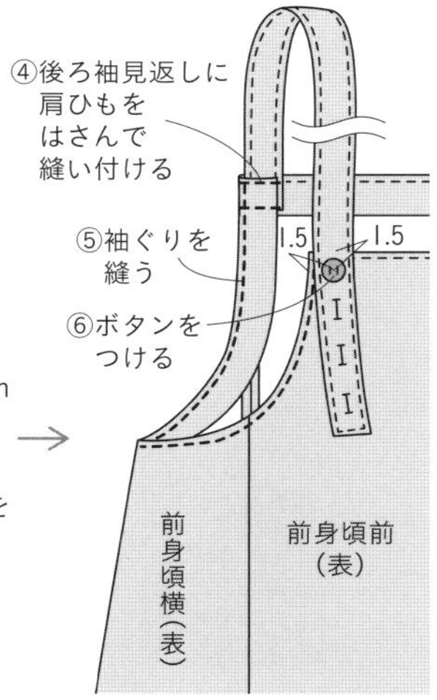
④後ろ袖見返しに
肩ひもを
はさんで
縫い付ける
⑤袖ぐりを
縫う
1.5
1.5
⑥ボタンを
つける
前身頃横（表）
前身頃前
（表）

6 裾とスリットを まつる

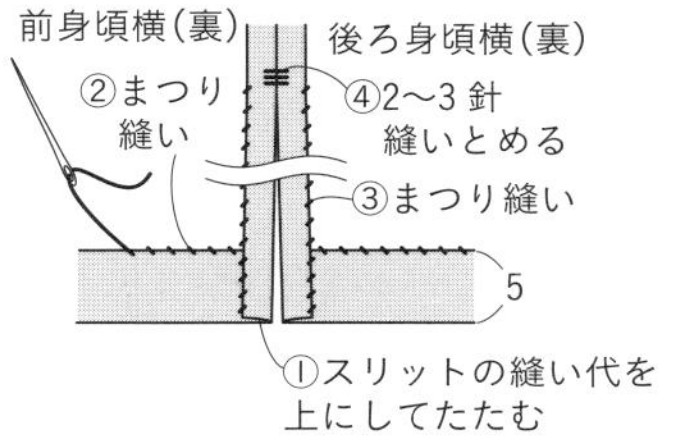
前身頃横（裏）
後ろ身頃横（裏）
②まつり
縫い
④2〜3 針
縫いとめる
③まつり縫い
5
①スリットの縫い代を
上にしてたたむ

18、

PHOTO
P.72

紬と銘仙のスカート

材料

着もの地（銘仙）——— 36cm幅×480cm
着もの地（紬）——— 36cm幅×90cm
3cm幅のゴムテープ ——— 80cm

作り方順序

1 前スカートと後ろスカートを縫う
2 ウエストベルトを作る
3 ウエストベルトをつける
4 裾をまつる

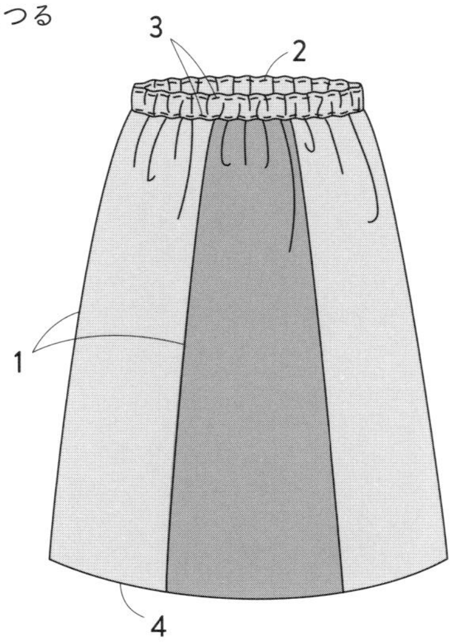

3
2
1
4

製図

実物大型紙 T B面

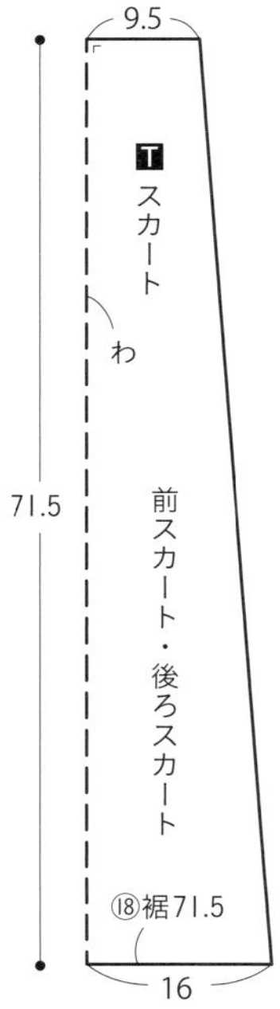

9.5
T スカート
わ
71.5
前スカート・後ろスカート
⑱裾71.5
16

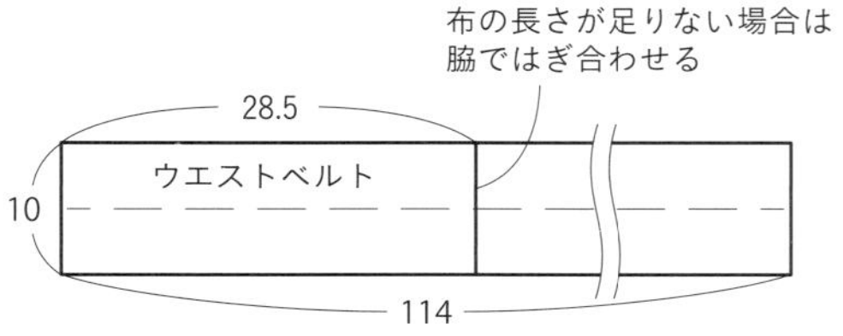

布の長さが足りない場合は
脇ではぎ合わせる
28.5
ウエストベルト
10
114

裁ち方

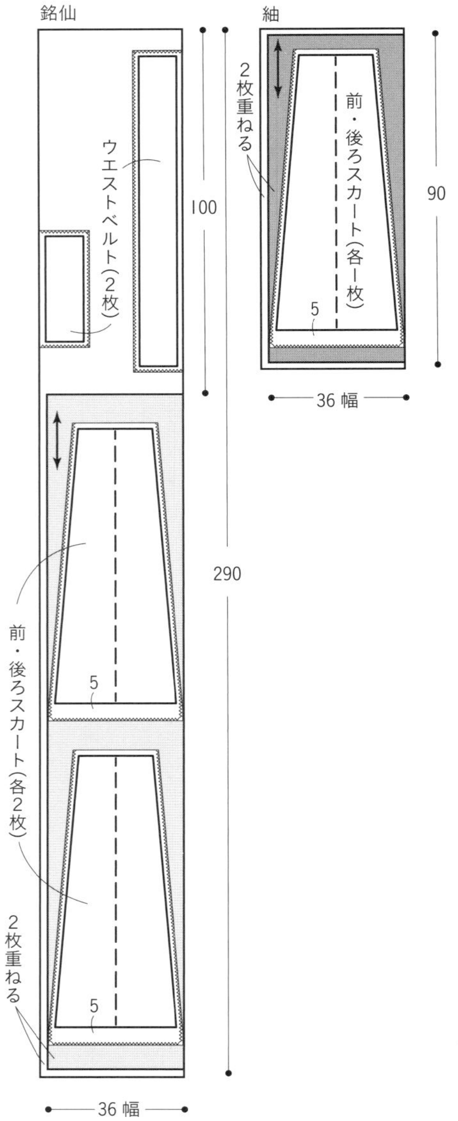

銘仙
ウエストベルト(2枚)
100
290
前・後ろスカート(各2枚)
5
5
2枚重ねる
5
36幅
紬
2枚重ねる
前・後ろスカート(各1枚)
5
90
36幅

＊縫い代は指定以外は1.5cm
＊〰は、縫い代をジグザグミシンで始末しておく(布のみみは始末せずにそのまま使用)
＊ウエストベルトは、線を引いて自分で型紙を作る

SIZE
スカート丈：76.5cm

1 前スカートと後ろスカートを縫う

＊ジグザグミシンの図は一部省略しています

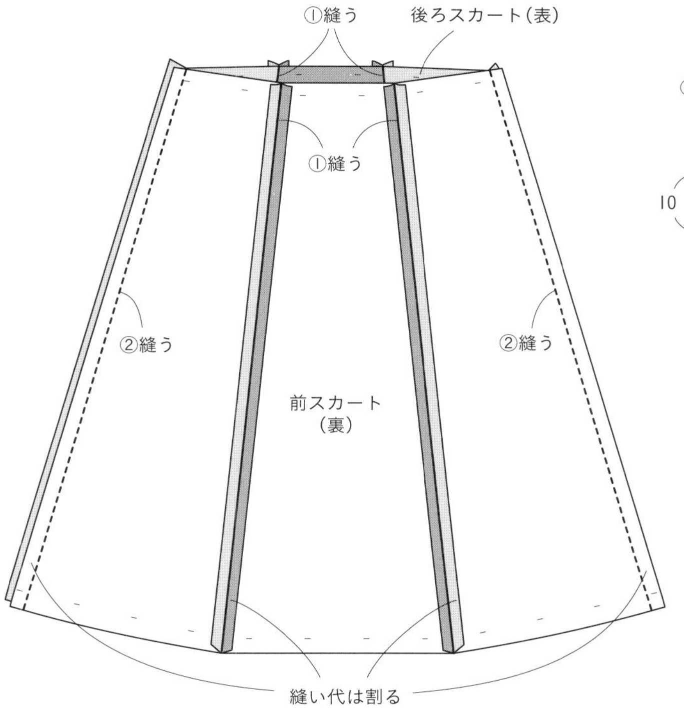
①縫う
後ろスカート（表）
①縫う
②縫う
②縫う
前スカート
（裏）
縫い代は割る

2 ウエストベルトを作る

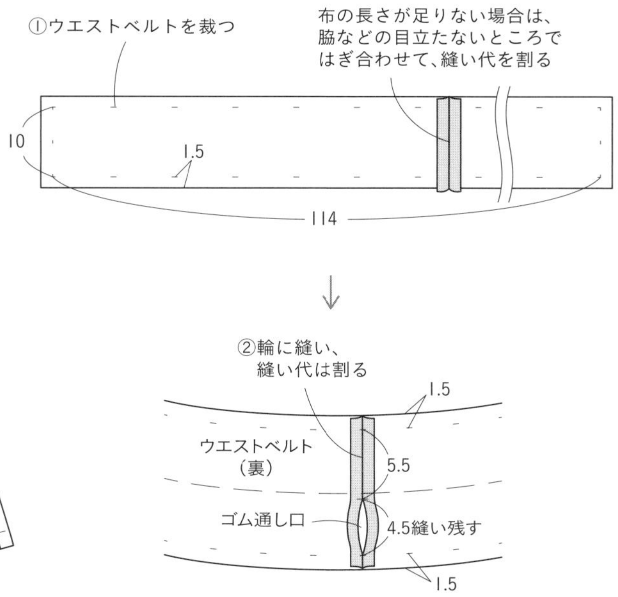
①ウエストベルトを裁つ
布の長さが足りない場合は、
脇などの目立たないところで
はぎ合わせて、縫い代を割る
10
1.5
114
②輪に縫い、
縫い代は割る
1.5
ウエストベルト
（裏）
5.5
ゴム通し口
4.5縫い残す
1.5

3 ウエストベルトをつける

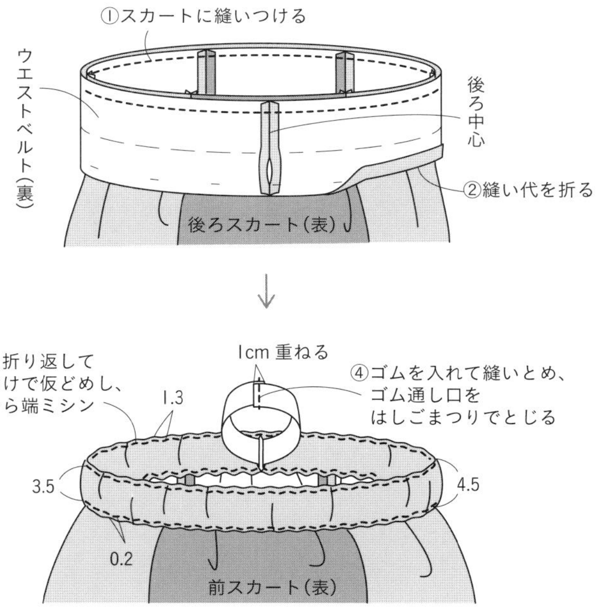
①スカートに縫いつける
ウエストベルト（裏）
後ろ中心
②縫い代を折る
後ろスカート（表）
③裏に折り返して
しつけで仮どめし、
表から端ミシン
1.3
1cm 重ねる
④ゴムを入れて縫いとめ、
ゴム通し口を
はしごまつりでとじる
3.5
4.5
0.2
前スカート（表）

4 裾をまつる

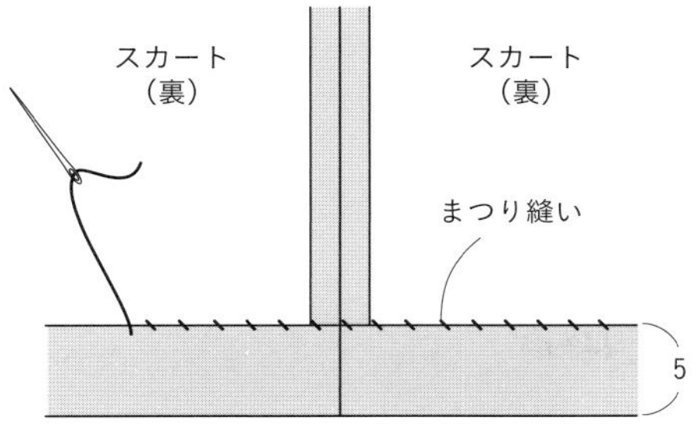
スカート
（裏）
スカート
（裏）
まつり縫い
5

19、

PHOTO
P.73

道行と羽織のスカート

材料

着もの地（道行）――― 36cm幅×520cm
着もの地（羽織）――― 36cm幅×420cm
3cm幅のゴムテープ ―― 80cm

作り方順序

1 前スカートと後ろスカートを縫う
2 ウエストベルトを作る
3 ウエストベルトをつける
4 裾をまつる

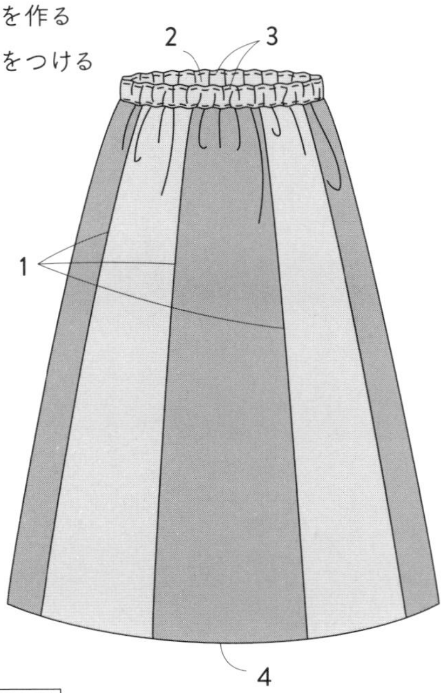
2
3
1
4

製図 実物大型紙 T A面

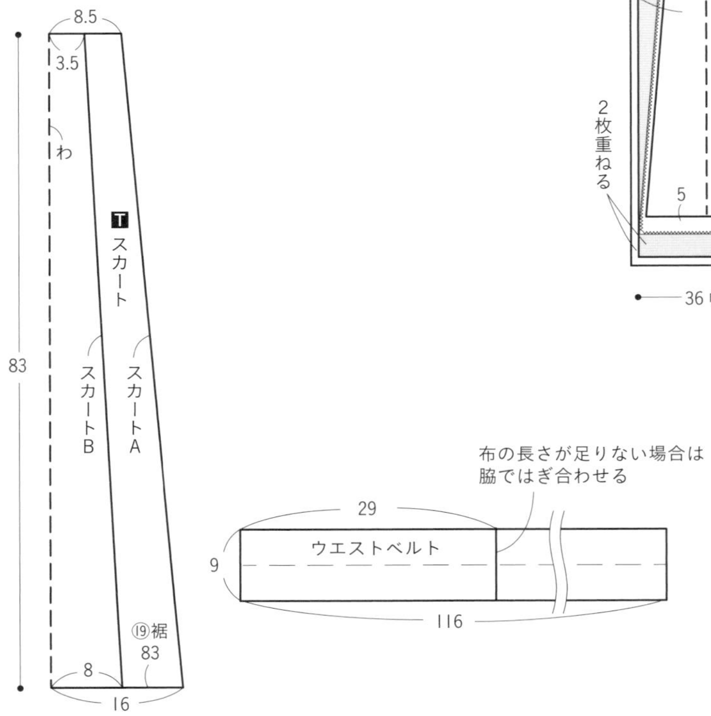
8.5
3.5
わ
T スカート
スカートB
スカートA
83
⑲裾
83
8
16
布の長さが足りない場合は
脇ではぎ合わせる
29
ウエストベルト
9
116

裁ち方

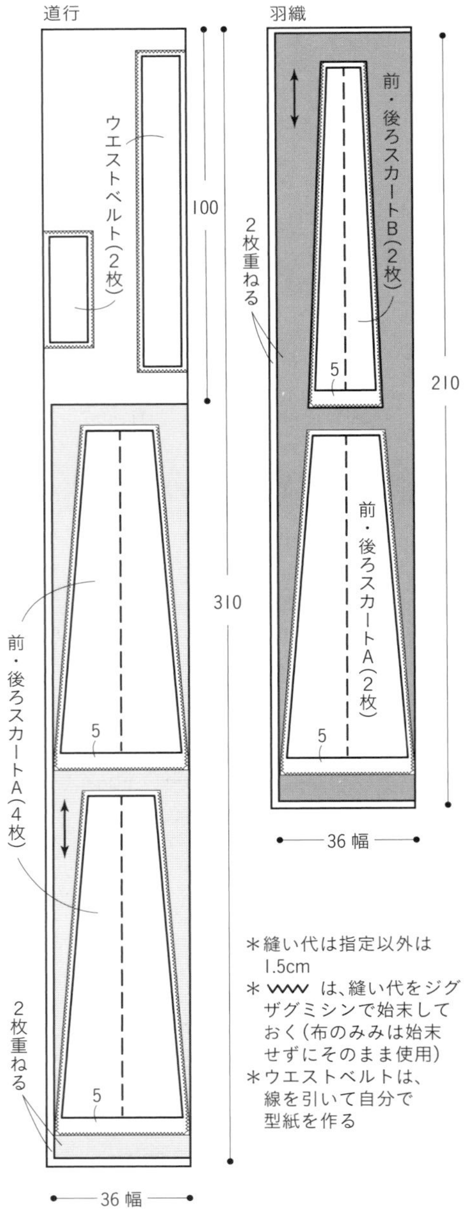
道行
ウエストベルト（2枚）
100
310
前・後ろスカートA（4枚）
5
5
2枚重ねる
36幅
羽織
前・後ろスカートB（2枚）
2枚重ねる
5
前・後ろスカートA（2枚）
5
210
36幅

＊縫い代は指定以外は1.5cm
＊ 〰 は、縫い代をジグザグミシンで始末しておく（布のみみは始末せずにそのまま使用）
＊ウエストベルトは、線を引いて自分で型紙を作る

SIZE
着丈：88cm

1 前スカートと後ろスカートを縫う

＊ジグザグミシンの図は一部省略しています

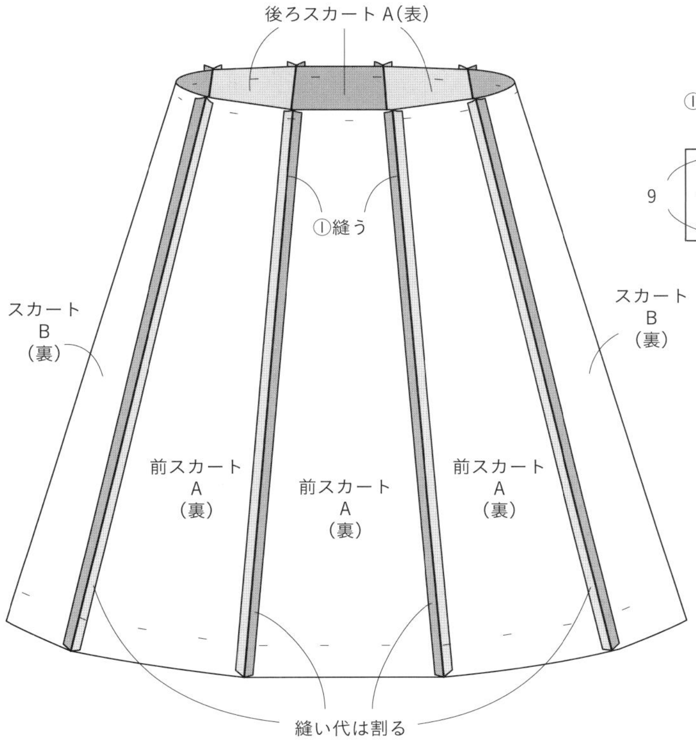

後ろスカートA(表)
①縫う
スカート B (裏)
スカート B (裏)
前スカート A (裏)
前スカート A (裏)
前スカート A (裏)
縫い代は割る

2 ウエストベルトを作る

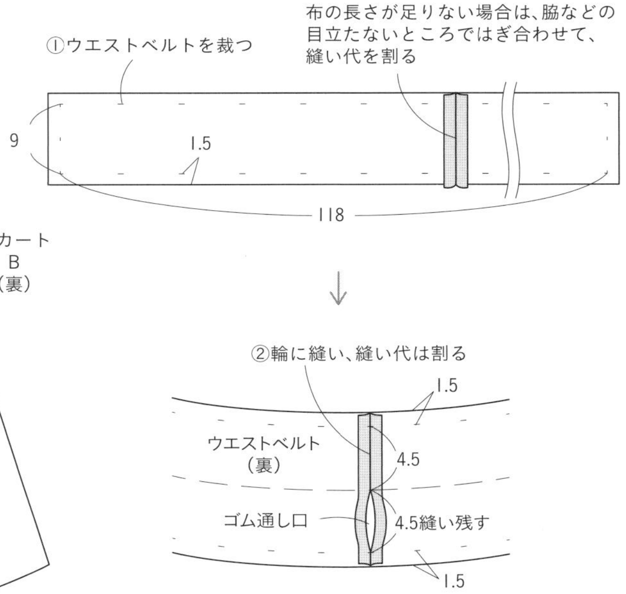

布の長さが足りない場合は、脇などの目立たないところではぎ合わせて、縫い代を割る
①ウエストベルトを裁つ
9
1.5
118
②輪に縫い、縫い代は割る
1.5
ウエストベルト(裏)
4.5
ゴム通し口
4.5縫い残す
1.5

3 ウエストベルトをつける

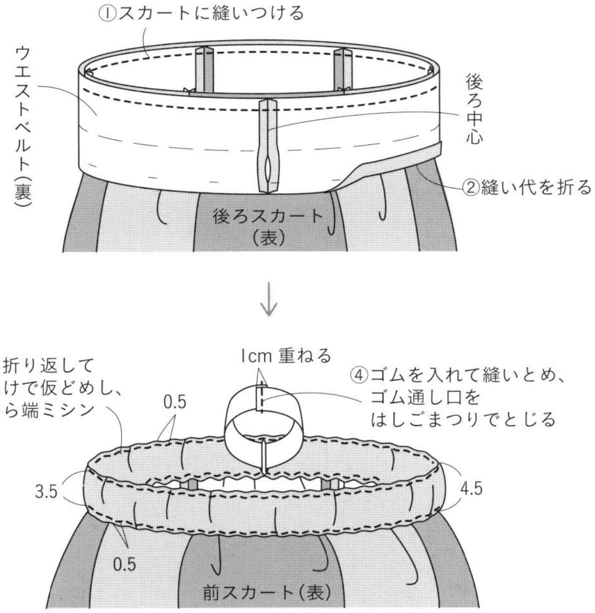

①スカートに縫いつける
ウエストベルト(裏)
後ろ中心
②縫い代を折る
後ろスカート(表)
②裏に折り返してしつけで仮どめし、表から端ミシン
1cm 重ねる
④ゴムを入れて縫いとめ、ゴム通し口をはしごまつりでとじる
0.5
3.5
4.5
0.5
前スカート(表)

4 裾をまつる

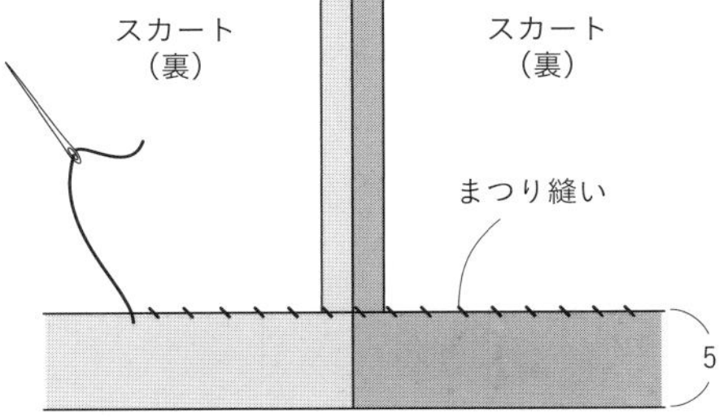

スカート(裏)
スカート(裏)
まつり縫い
5

20、

PHOTO P.74

絽のスカート

材料

着もの地（絽）―――― 36cm幅×720cm
横マチ用別布 ―――― 36cm幅×200cm
3.5cm幅のゴムテープ ―― 80cm

作り方順序

1 前スカートと後ろスカートを縫う
2 ウエストベルトを作る
3 ウエストベルトをつける
4 裾をまつる

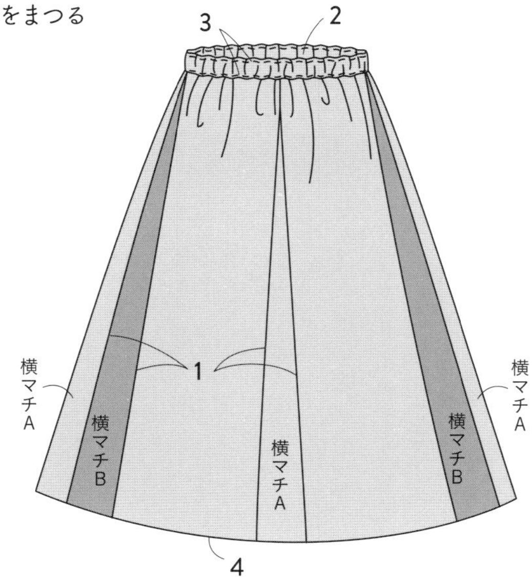

3
2
1
横マチA
横マチB
横マチA
横マチB
横マチA
4

製図 実物大型紙 F A面

28
83.5
前スカート・後ろスカート
Aライン
F 横マチ（A・B）
⑳裾83.5

裁ち方

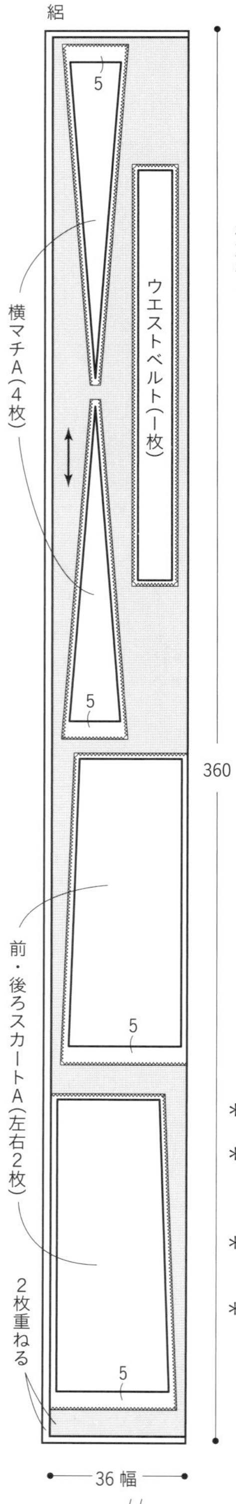

絽
5
横マチA（4枚）
ウエストベルト（1枚）
5
360
前・後ろスカートA（左右2枚）
5
2枚重ねる
5
36幅

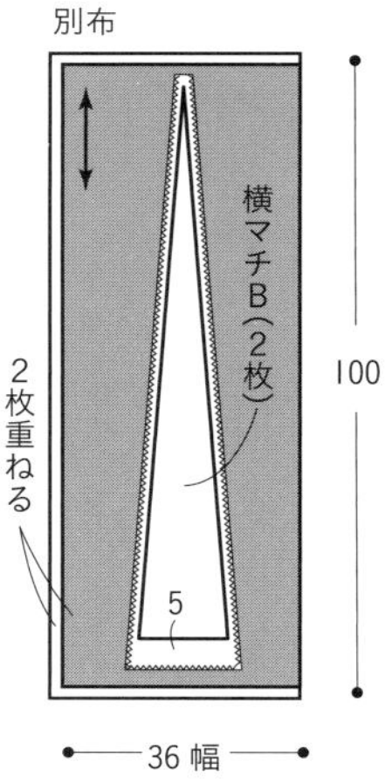

別布
横マチB（2枚）
2枚重ねる
5
100
36幅

＊縫い代は指定以外は1.5cm
＊ ∿∿ は、縫い代をジグザグミシンで始末しておく（布のみみは始末せずにそのまま使用）
＊ウエストベルトは、線を引いて自分で型紙を作る
＊前スカート・後ろスカートは紙に線を引いて自分で型紙を作る

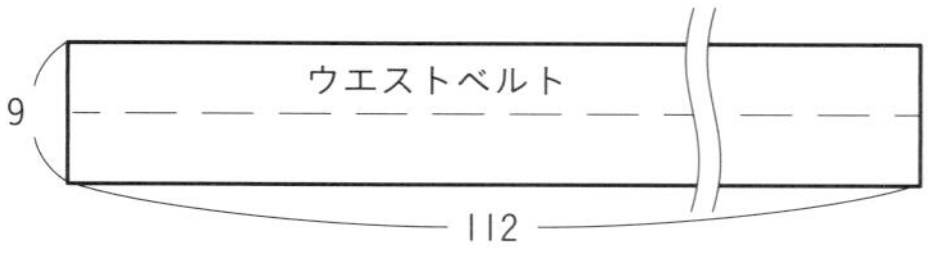

ウエストベルト
9
112

SIZE
スカート丈：88cm

1 前スカートと後ろスカートを縫う

＊ジグザグミシンの図は一部省略しています

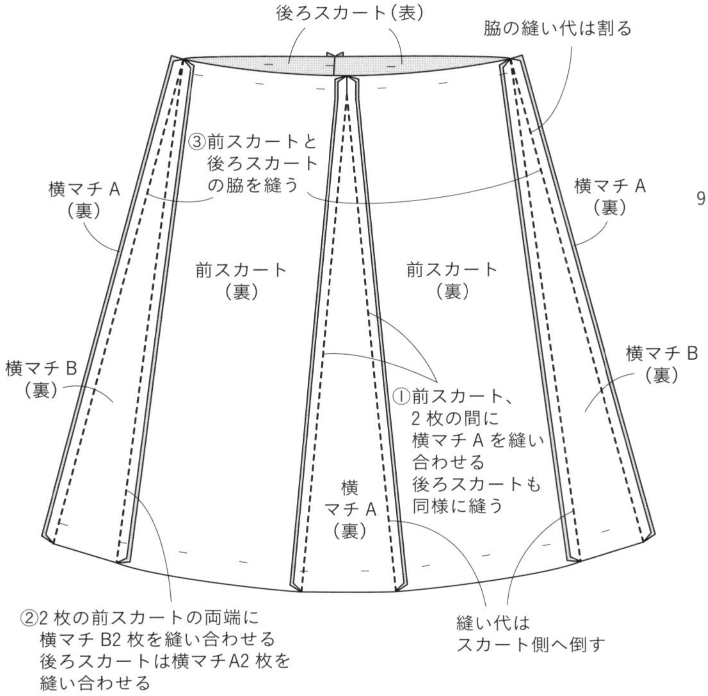

後ろスカート（表）
脇の縫い代は割る
③前スカートと
後ろスカート
の脇を縫う
横マチ A
（裏）
横マチ A
（裏）
前スカート
（裏）
前スカート
（裏）
横マチ B
（裏）
横マチ B
（裏）
①前スカート、
2 枚の間に
横マチ A を縫い
合わせる
後ろスカートも
同様に縫う
横
マチ A
（裏）
②2 枚の前スカートの両端に
横マチ B2 枚を縫い合わせる
後ろスカートは横マチA2 枚を
縫い合わせる
縫い代は
スカート側へ倒す

2 ウエストベルトを作る

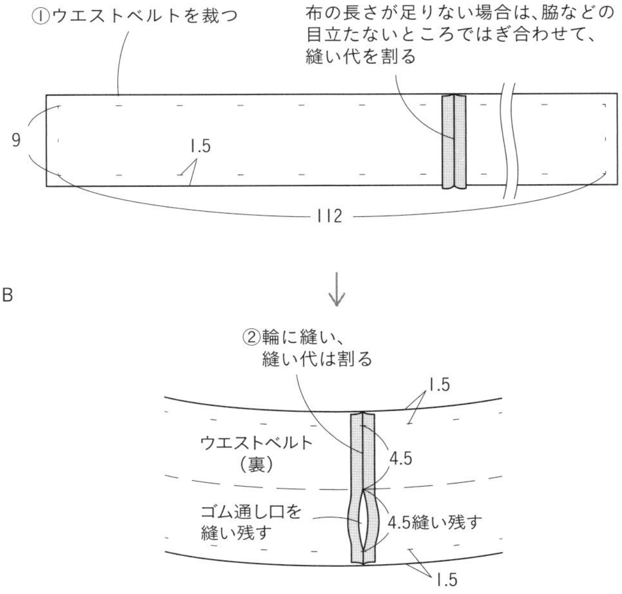

①ウエストベルトを裁つ
布の長さが足りない場合は、脇などの
目立たないところではぎ合わせて、
縫い代を割る
9
1.5
112
②輪に縫い、
縫い代は割る
1.5
ウエストベルト
（裏）
4.5
ゴム通し口を
縫い残す
4.5縫い残す
1.5

3 ウエストベルトをつける

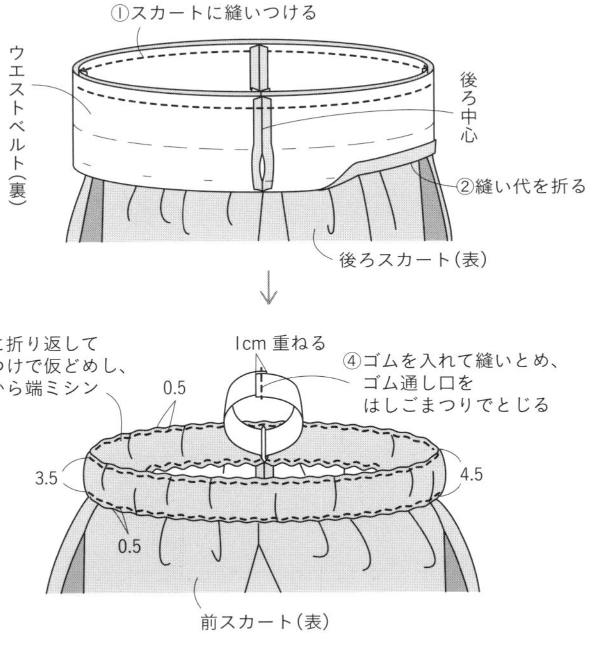

①スカートに縫いつける
ウエストベルト（裏）
後ろ中心
②縫い代を折る
後ろスカート（表）
②裏に折り返して
しつけで仮どめし、
表から端ミシン
1cm 重ねる
④ゴムを入れて縫いとめ、
ゴム通し口を
はしごまつりでとじる
0.5
3.5
4.5
0.5
前スカート（表）

4 裾をまつる

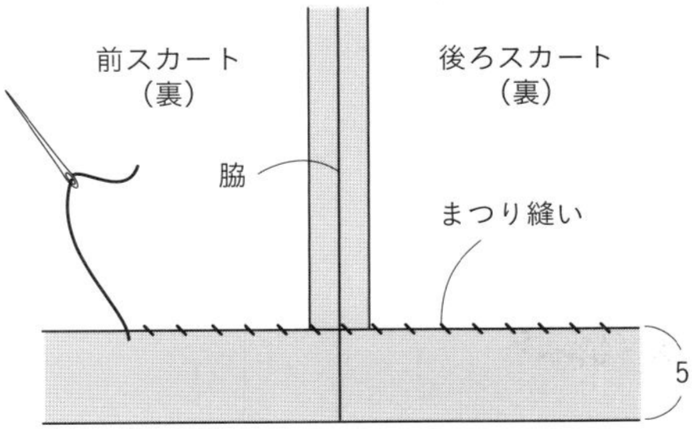

前スカート
（裏）
後ろスカート
（裏）
脇
まつり縫い
5

21、

PHOTO
P.75

絽のジャケット

材料

着もの地（絽）———— 36cm幅×410cm

作り方順序

1 後ろ身頃を縫う
2 肩を縫い、前端と袖ぐりと裾を始末する
3 衿ぐりを始末する

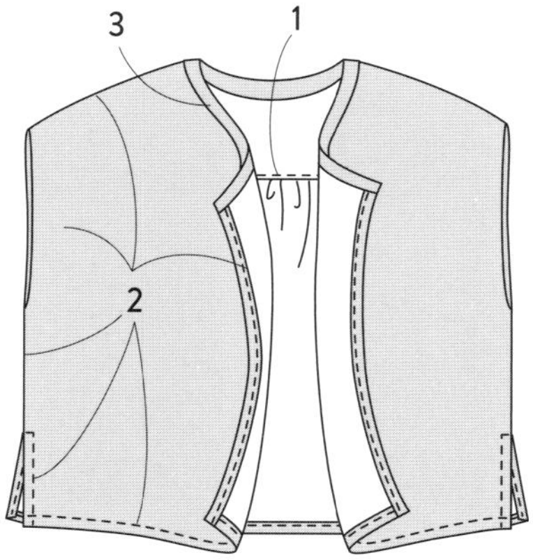

3
1
2

製図 実物大型紙 B C D E A面
実物大型紙 W B面

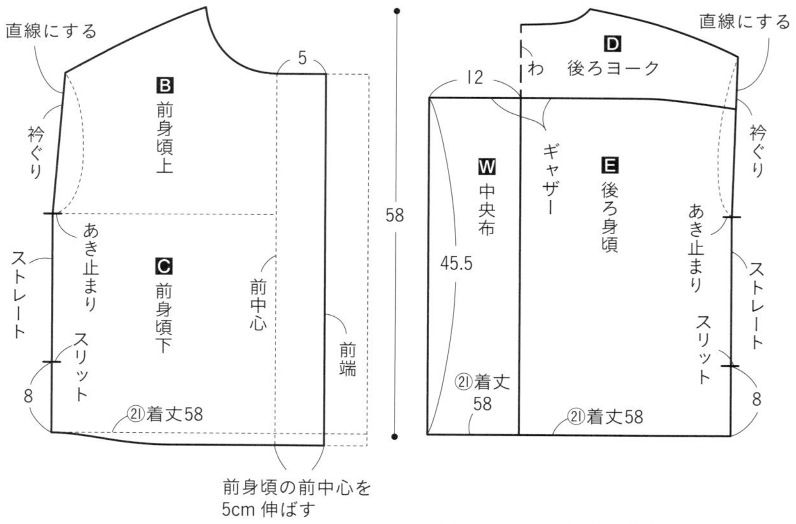

直線にする
5
B
前身頃上
衿ぐり
あき止まり
C
前身頃下
前中心
ストレート
スリット
前端
8
㉑着丈58
58
前身頃の前中心を
5cm 伸ばす
D
わ 後ろヨーク
直線にする
12
W
中央布
ギャザー
E
後ろ身頃
衿ぐり
あき止まり
45.5
ストレート
スリット
㉑着丈
58
㉑着丈58
8

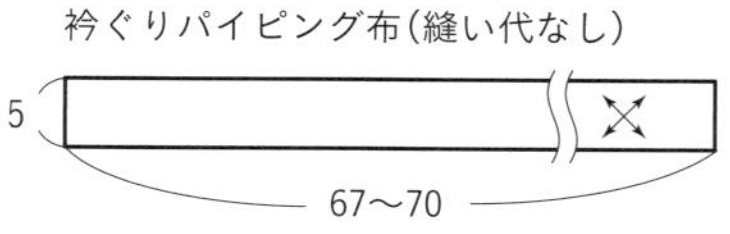

衿ぐりパイピング布（縫い代なし）
5
67〜70

裁ち方

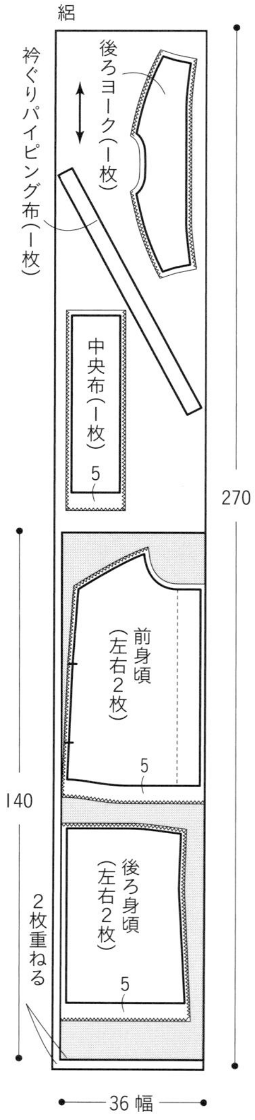

絽
後ろヨーク（1枚）
衿ぐりパイピング布（1枚）
中央布（1枚）
5
270
前身頃
（左右2枚）
5
140
後ろ身頃
（左右2枚）
5
2枚重ねる
36幅

＊縫い代は指定以外は1.5cm
＊ 〰 は、縫い代をジグザグミシンで始末しておく
（布のみみは始末せずにそのまま使用）

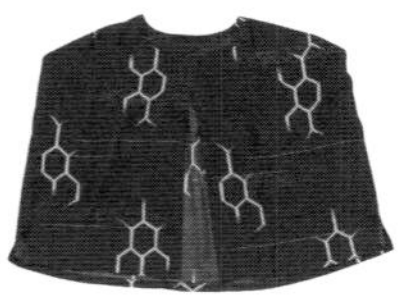

SIZE
着丈：58cm

1 後ろ身頃を縫う ＊ジグザグミシンの図は一部省略しています

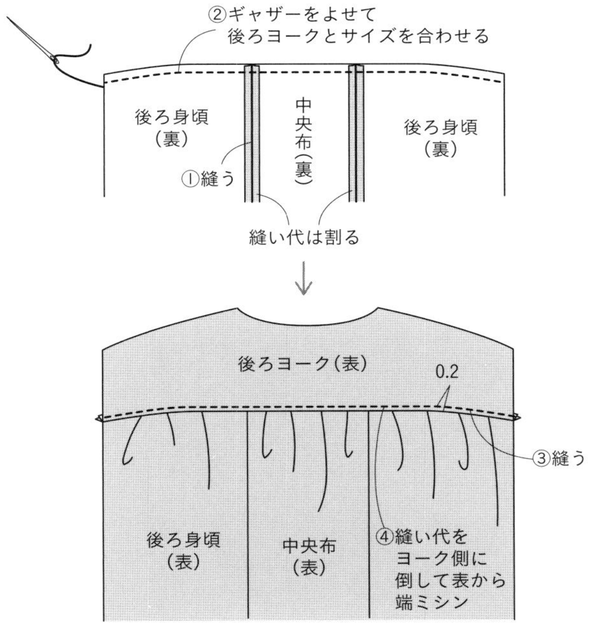
②ギャザーをよせて
後ろヨークとサイズを合わせる
後ろ身頃
(裏)
中央布(裏)
後ろ身頃
(裏)
①縫う
縫い代は割る
後ろヨーク(表)
0.2
③縫う
後ろ身頃
(表)
中央布
(表)
④縫い代を
ヨーク側に
倒して表から
端ミシン

2 肩を縫い、前端と袖ぐりと裾を始末する

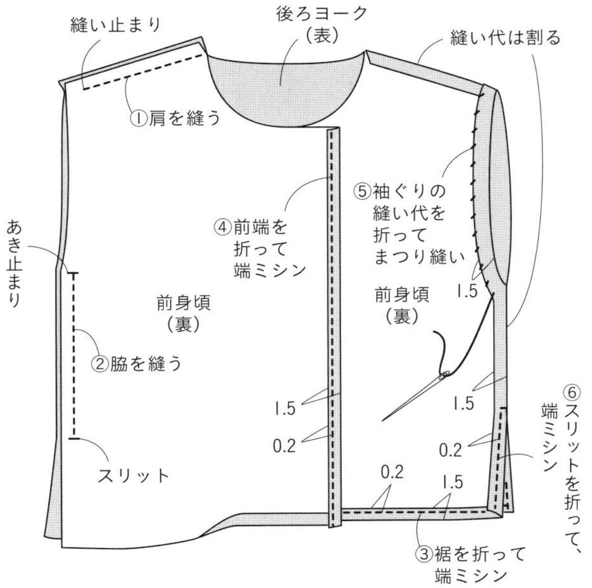
縫い止まり
後ろヨーク
(表)
縫い代は割る
①肩を縫う
あき止まり
④前端を
折って
端ミシン
⑤袖ぐりの
縫い代を
折って
まつり縫い
1.5
前身頃
(裏)
前身頃
(裏)
②脇を縫う
1.5
1.5
0.2
0.2
⑥スリットを折って、端ミシン
スリット
0.2
1.5
③裾を折って
端ミシン

袖ぐりのまつり方

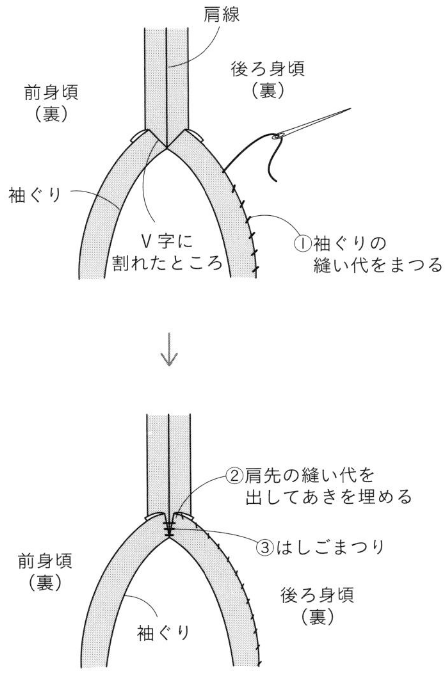
肩線
後ろ身頃
(裏)
前身頃
(裏)
袖ぐり
V 字に
割れたところ
①袖ぐりの
縫い代をまつる
②肩先の縫い代を
出してあきを埋める
③はしごまつり
前身頃
(裏)
後ろ身頃
(裏)
袖ぐり

3 衿ぐりを始末する

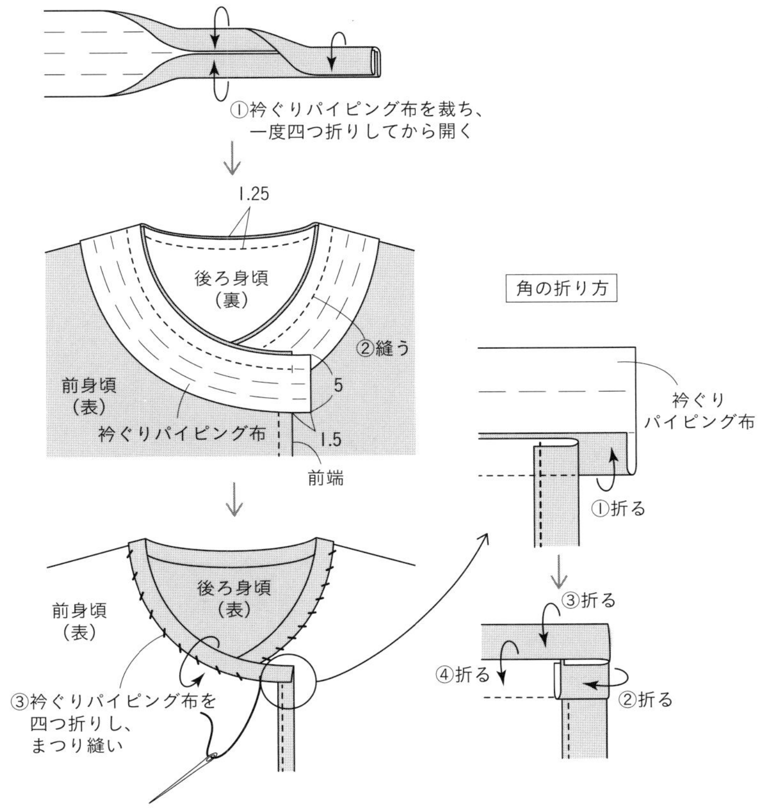
①衿ぐりパイピング布を裁ち、
一度四つ折りしてから開く
1.25
後ろ身頃
(裏)
②縫う
5
前身頃
(表)
衿ぐりパイピング布
1.5
前端
後ろ身頃
(表)
前身頃
(表)
③衿ぐりパイピング布を
四つ折りし、
まつり縫い
角の折り方
衿ぐり
パイピング布
①折る
③折る
④折る
②折る

22、

PHOTO
P.76

縞模様のワイドパンツ

材料

着もの地 ―――― 36cm幅×660cm
3cm幅のゴムテープ ―― 80cm

作り方順序

1 前パンツと後ろパンツと内股を縫う
2 脇と股上を縫う
3 ウエストの始末をする
4 裾をまつる

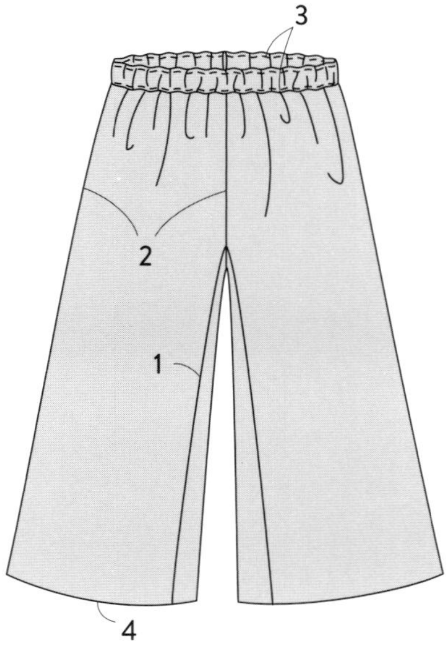

3
2
1
4

製図 実物大型紙 U V B面

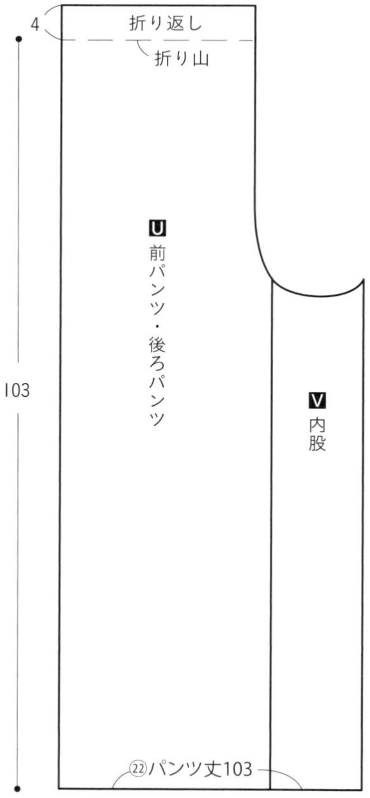

4
折り返し
折り山
103
U
前パンツ・後ろパンツ
V
内股
㉒パンツ丈103

裁ち方

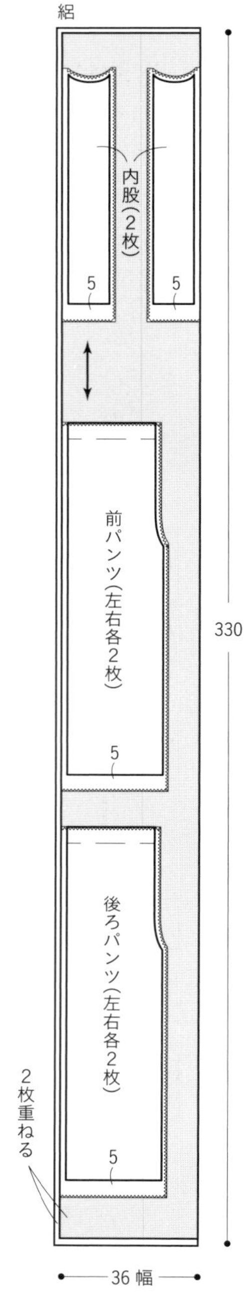

絽
内股(2枚)
5
5
前パンツ(左右各2枚)
5
後ろパンツ(左右各2枚)
5
2枚重ねる
330
36幅

＊縫い代は指定以外は1.5cm
＊　は、縫い代をジグザグミシンで始末しておく（布のみみは始末せずにそのまま使用）
＊ウエストの折り返しには縫い代をつけずに裁つ

SIZE
パンツ丈：103cm

1 前パンツと後ろパンツと内股を縫う

＊ジグザグミシンの図は一部省略しています

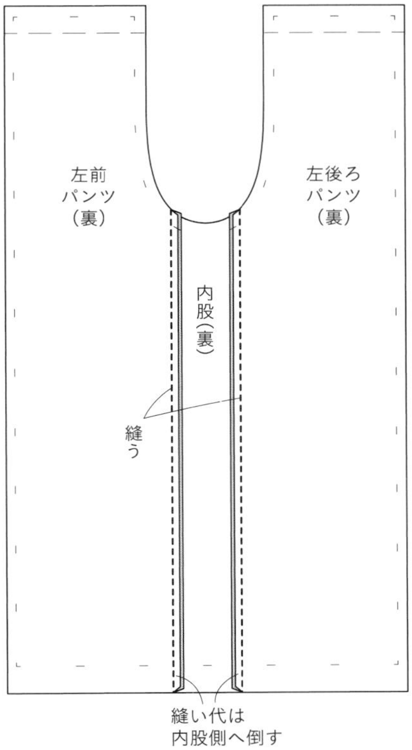
左前パンツ（裏）
左後ろパンツ（裏）
内股（裏）
縫う
縫い代は内股側へ倒す

右パンツも同様に縫う

2 脇と股上を縫う

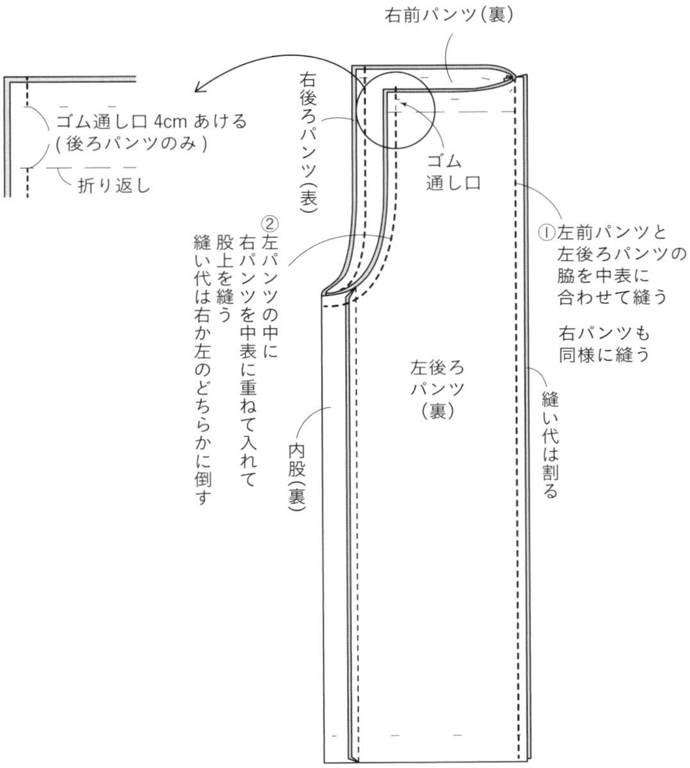
右前パンツ（裏）
右後ろパンツ（表）
ゴム通し口 4cm あける（後ろパンツのみ）
折り返し
ゴム通し口
①左前パンツと左後ろパンツの脇を中表に合わせて縫う
右パンツも同様に縫う
②左パンツの中に右パンツを中表に重ねて入れて股上を縫う
縫い代は右か左のどちらかに倒す
左後ろパンツ（裏）
内股（裏）
縫い代は割る

3 ウエストの始末をする

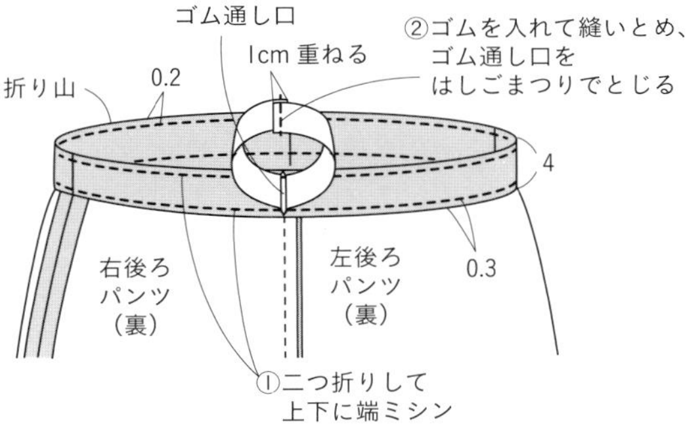
ゴム通し口
1cm 重ねる
②ゴムを入れて縫いとめ、ゴム通し口をはしごまつりでとじる
折り山
0.2
4
0.3
右後ろパンツ（裏）
左後ろパンツ（裏）
①二つ折りして上下に端ミシン

4 裾をまつる

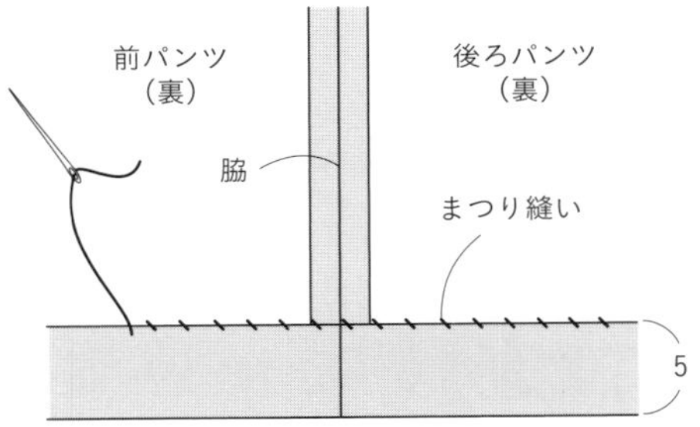
前パンツ（裏）
後ろパンツ（裏）
脇
まつり縫い
5

23、

PHOTO
P.78

銘仙の八分丈パンツ

SIZE
パンツ丈：81cm

材料

着もの地（銘仙）——— 36cm幅×560cm
3cm幅のゴムテープ ——— 80cm

作り方順序

1 前パンツと後ろパンツと内股を縫う
2 脇と横マチと股上を縫う
3 ウエストの始末をする
4 裾をまつる

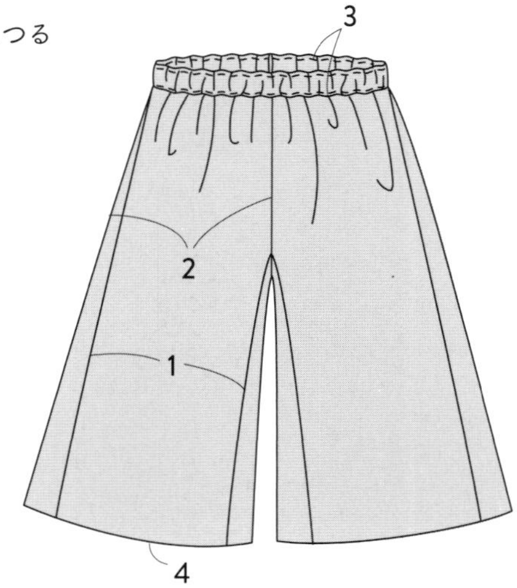
3
2
1
4

製図 実物大型紙 F A面
実物大型紙 U V B面

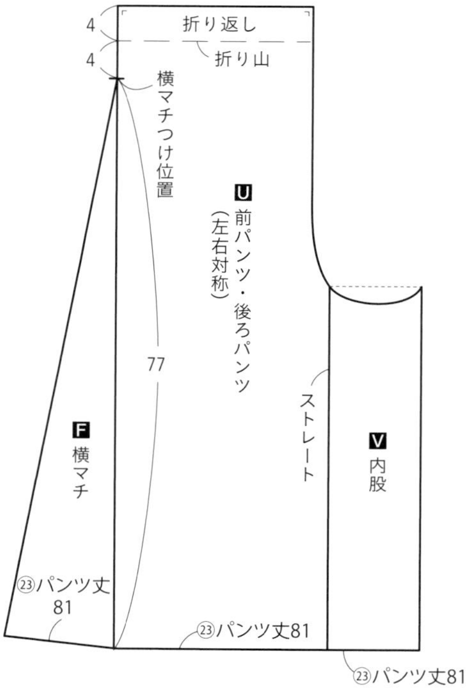
4
折り返し
4
折り山
横マチつけ位置
U 前パンツ・後ろパンツ
（左右対称）
77
ストレート
V 内股
F 横マチ
㉓パンツ丈
81
㉓パンツ丈81
㉓パンツ丈81

裁ち方

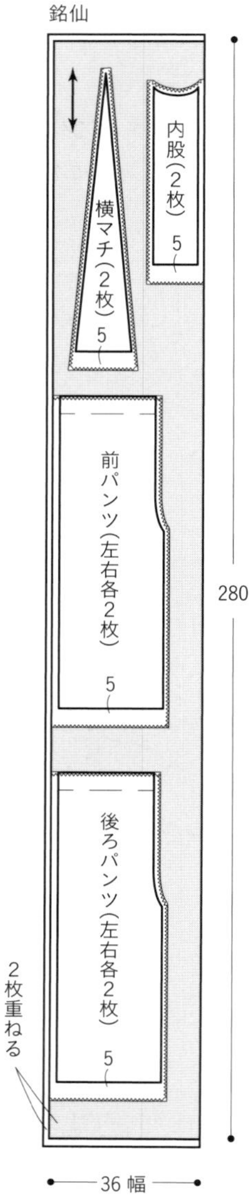
銘仙
内股（2枚）
5
横マチ（2枚）
5
前パンツ（左右各2枚）
5
後ろパンツ（左右各2枚）
5
2枚重ねる
280
36幅

＊縫い代は指定以外は1.5cm
＊〰〰〰 は、縫い代をジグザグミシンで始末しておく
（布のみみは始末せずにそのまま使用）

1 前パンツと後ろパンツと内股を縫う

＊ジグザグミシンの図は一部省略しています

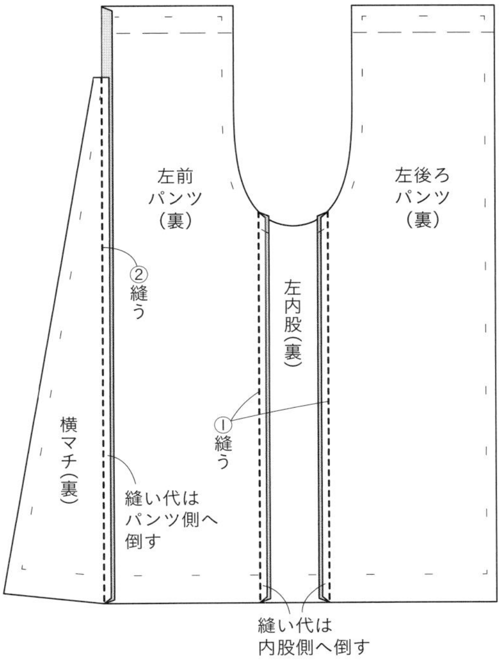
左前
パンツ
(裏)
左後ろ
パンツ
(裏)
②
縫う
左内股(裏)
①
縫う
横マチ(裏)
縫い代は
パンツ側へ
倒す
縫い代は
内股側へ倒す

右パンツも同様に縫う

2 脇と横マチと股上を縫う

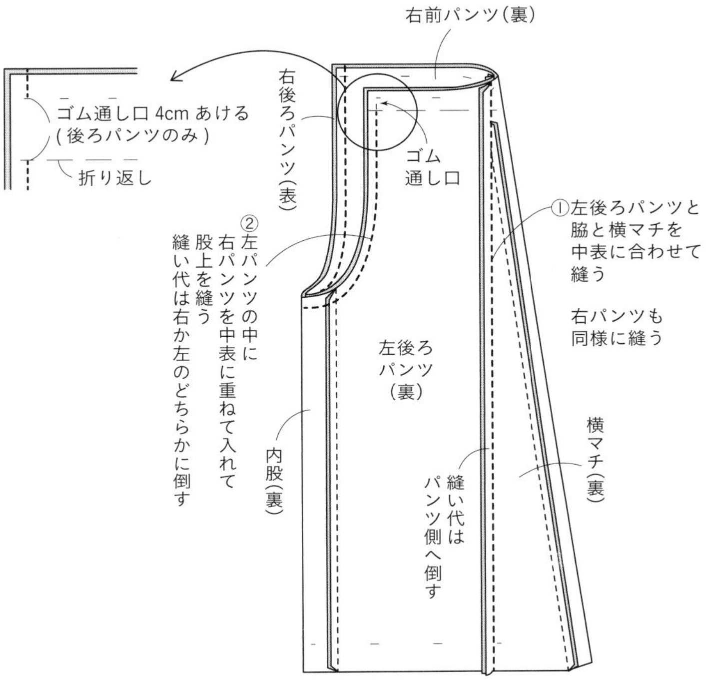
右前パンツ(裏)
ゴム通し口 4cm あける
(後ろパンツのみ)
折り返し
右後ろパンツ(表)
ゴム
通し口
②左パンツの中に
右パンツを中表に重ねて入れて
股上を縫う
縫い代は右か左のどちらかに倒す
①左後ろパンツと
脇と横マチを
中表に合わせて
縫う
右パンツも
同様に縫う
左後ろ
パンツ
(裏)
内股(裏)
縫い代は
パンツ側へ倒す
横マチ(裏)

3 ウエストの始末をする

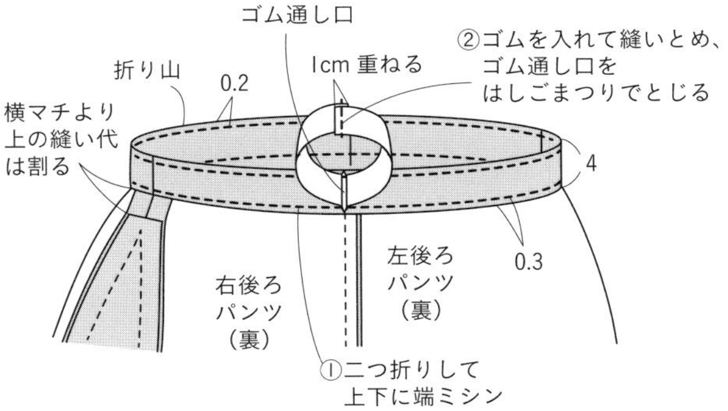
ゴム通し口
②ゴムを入れて縫いとめ、
ゴム通し口を
はしごまつりでとじる
1cm 重ねる
折り山
0.2
横マチより
上の縫い代
は割る
4
0.3
右後ろ
パンツ
(裏)
左後ろ
パンツ
(裏)
①二つ折りして
上下に端ミシン

4 裾をまつる

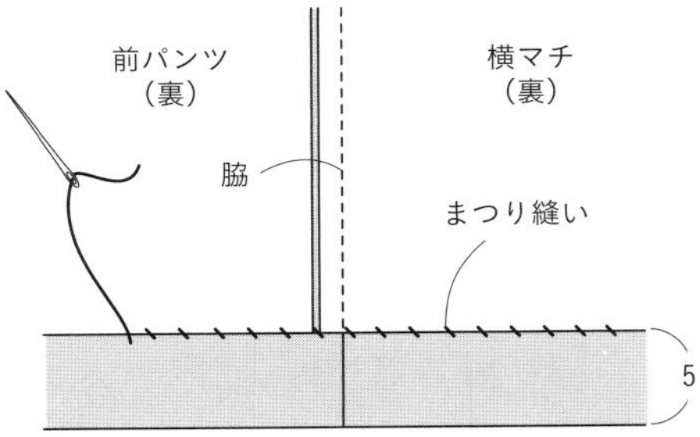
前パンツ
(裏)
横マチ
(裏)
脇
まつり縫い
5

24.

PHOTO
P.79

裾ゴムのもんぺパンツ

SIZE
パンツ丈：78.5cm

材料

着もの地（絣柄）――― 36cm幅×420cm
3cm幅のゴムテープ ―― 80cm
2cm幅のゴムテープ ―― 40cm×2本

作り方順序

1 パンツの脇を縫い合わせる
2 股下を縫い、股上を縫う
3 ウエストの始末をする
4 裾を始末する

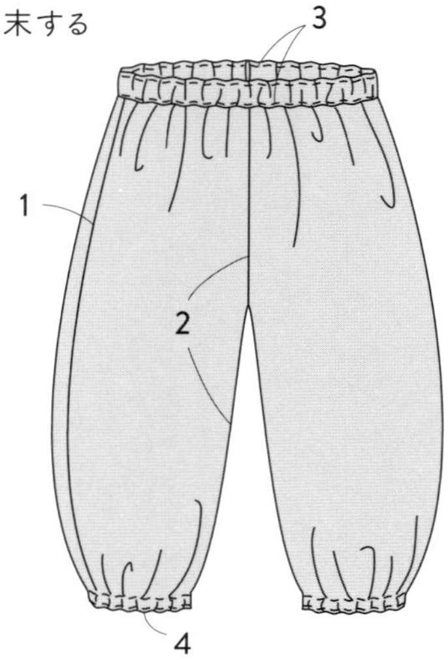

3
1
2
4

製図 実物大型紙 U B面

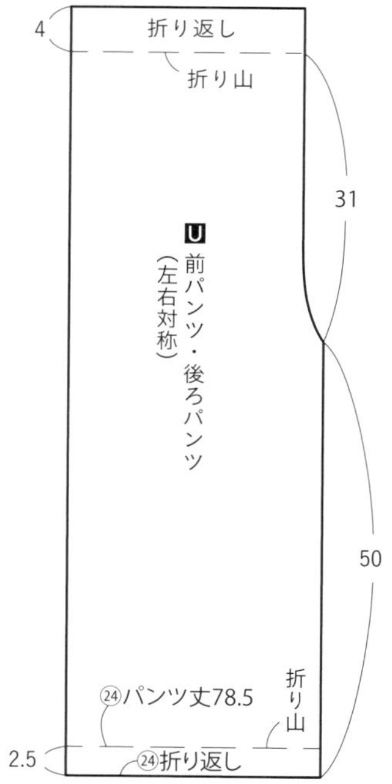

4
折り返し
折り山
31
U 前パンツ・後ろパンツ
（左右対称）
50
㉔パンツ丈78.5
折り山
2.5
㉔折り返し

裁ち方

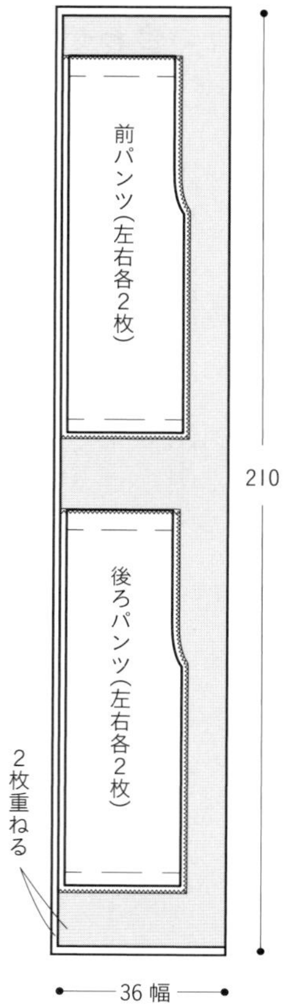

絣柄
前パンツ（左右各2枚）
210
後ろパンツ（左右各2枚）
2枚重ねる
36幅

＊縫い代は指定以外は1.5cm
＊ 〰〰 は、縫い代をジグザグミシンで始末しておく（布のみみは始末せずにそのまま使用）

1 パンツの脇を縫い合わせる

＊ジグザグミシンの図は一部省略しています

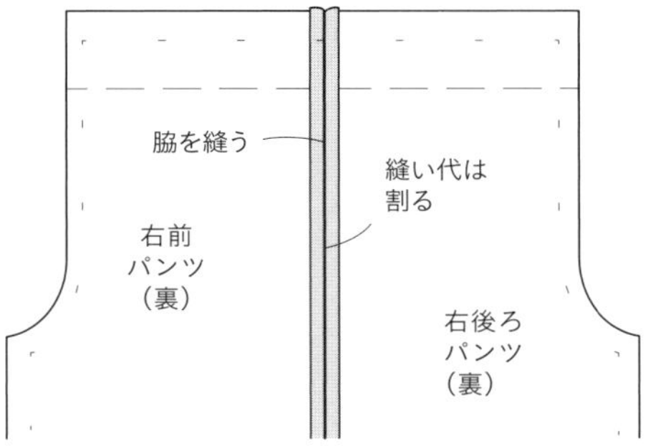

脇を縫う
縫い代は
割る
右前
パンツ
（裏）
右後ろ
パンツ
（裏）

左パンツも同様に縫う

2 股下を縫い、股上を縫う

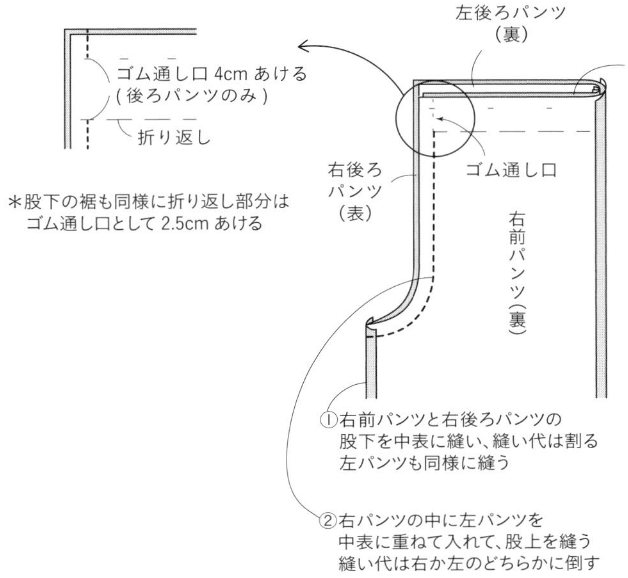

ゴム通し口 4cm あける
(後ろパンツのみ)
折り返し
＊股下の裾も同様に折り返し部分は
ゴム通し口として 2.5cm あける
左後ろパンツ
（裏）
左前
パンツ
（裏）
右後ろ
パンツ
（表）
ゴム通し口
右前パンツ（裏）
①右前パンツと右後ろパンツの
股下を中表に縫い、縫い代は割る
左パンツも同様に縫う
②右パンツの中に左パンツを
中表に重ねて入れて、股上を縫う
縫い代は右か左のどちらかに倒す

3 ウエストの始末をする

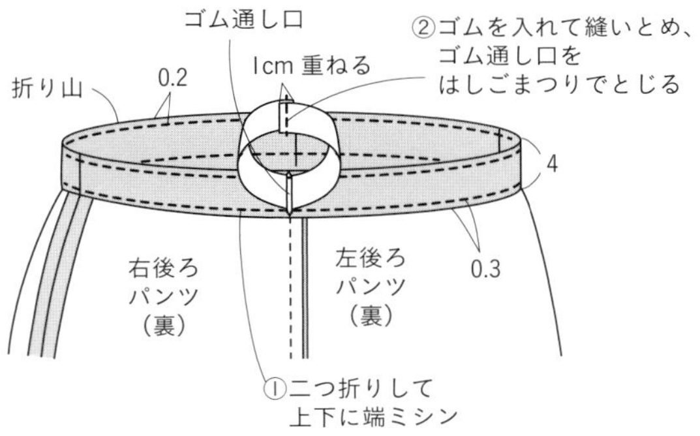

ゴム通し口
1cm 重ねる
②ゴムを入れて縫いとめ、
ゴム通し口を
はしごまつりでとじる
折り山
0.2
4
0.3
右後ろ
パンツ
（裏）
左後ろ
パンツ
（裏）
①二つ折りして
上下に端ミシン

4 裾を始末する

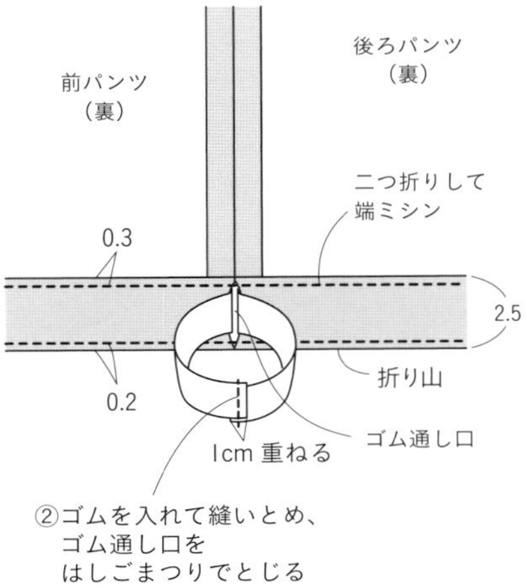

前パンツ
（裏）
後ろパンツ
（裏）
二つ折りして
端ミシン
0.3
2.5
折り山
0.2
ゴム通し口
1cm 重ねる
②ゴムを入れて縫いとめ、
ゴム通し口を
はしごまつりでとじる

藤岡幸子　ふじおかさちこ

洋裁を得意とする祖母と母と、DIYが得意な父の影響で、着ものや帯を素材に、洋服はもとよりアクセサリー、バッグ、インテリアをリメイクするようになる。渋谷での着物リメイク教室を始め、カルチャースクールの講師も務める。著書『もっと素敵に着物リフォーム』（成美堂出版）、『着るのが楽しい 着物リメイクのきほん』（小社刊）他多数。

藤岡幸子着物リメイク教室

東京都渋谷区道玄坂2-18-11
サンモール道玄坂4F　431号
https://fujiokanochi.crayonsite.com/
e-mail　fujiokanochi@yahoo.co.jp
TEL 090-9132-3270　FAX 03-3991-3220

STAFF

ブックデザイン — 八木孝枝

撮影 — 有泉伸一郎（人物）
山本和正（プロセス・静物）
加藤夏子（静物）（朝日新聞出版）

スタイリング — 串尾広枝

ヘアメイク — 高野智子

モデル — ゆり子

イラスト・トレース — 小池百合穂

編集 — 佐々木純子（craft-ark）

校正 — 曽根 歩

編集デスク — 朝日新聞出版　生活・文化編集部（上原千穂）

着《き》ものリメイクのふだん着《ぎ》

基本《きほん》型紙《かたがみ》のアレンジで作《つく》る24の服《ふく》

監　修　藤岡幸子

発行人　片桐圭子

発行所　朝日新聞出版
〒104-8011　東京都中央区築地5-3-2
（お問い合わせ）infojitsuyo@asahi.com

印刷所　図書印刷株式会社

ISBN 978-4-02-334100-5

撮影協力

ANTIPAST
クープ・ドゥ・シャンピニオン　TEL 03-6415-5067

P.34,35 パンツ
P.70,71 ニット
P.74 カーディガン
P.79 ボレロ

オムニゴッド
OMNIGOD事業部　TEL 03-5474-7579

P.52,53 デニムパンツ
P.60,61 デニムパンツ

CALICO : the ART of INDIAN VILLAGE FABRICS
TEL 0742-87-1513

P.10,11 パンツ
P.22 パンツ
P.30,31 ドレス
P.48,49 パンツ
P.58,59 パンツ
P.68,69 ブラウス
P.72 ブラウス

Sashiki
TEL 0467-28-8108

P.52,53　P.56,57　P.62,63　P72 帽子

ジュトメンヌ
デコルテ　TEL 03-3871-0189

P.22　P.66　P.68　P.70　P.72　P.73　P.78 靴

PLAIN PEOPLE
プレインピープル青山　TEL 03-6419-0978

P.44,45 パンツ
P.62,63 ワンピース
P.73 ブラウス
P.75 カットソー
P.76,77 トップス
P.79 ブラウス

プリュス バイ ショセ
TEL 03-3716-2983

P.58,P77 靴／TRAVEL SHOES
P.26　P.30　P.38　P.48　P.79 靴／chausser
P.18　P.34　P.56　P.60,61　P.74／plus by chausser

大和工房
TEL 0120-968-935

P.44,45　P.62,63　P.76 雪駄